Practical Research on Specialty and
Curriculum Innovation of Management Science
and Engineering

管理科学与工程类专业
和课程创新实践研究

祁红梅 王芹鹏 郭义荣 宋晓刚 ◎等著

机械工业出版社
CHINA MACHINE PRESS

本书总结了新财经人才培养改革实践中的经验和创新模式。其中，在专业建设层面，剖析了管理科学与工程学科教育的演进路径，分析预测了现代商贸物流、大数据分析及建筑工程领域对专业人才的需求趋势，并在此基础上构建了一套详尽的专业人才胜任力模型，提炼了各专业的发展特色与实践路径；在课程建设层面，详尽介绍了OBE、课程与竞赛深度融合、混合式教学模式、数字化知识工具、案例教学等一系列新的教学模式、先进的教学理念及高效的教学工具在课程教学中的创新实践与融合应用。此外，结合各专业课程，探讨了如何在专业知识的教学中有效融入课程思政。

本书既可作为管理科学与工程类专业教师的参考资料，又可作为对教育研究感兴趣人员的学习素材。

图书在版编目（CIP）数据

管理科学与工程类专业和课程创新实践研究 / 祁红梅等著． -- 北京：机械工业出版社，2025. 6． -- ISBN 978-7-111-77985-8

Ⅰ．C93-05

中国国家版本馆CIP数据核字第2025R0G599号

机械工业出版社（北京市百万庄大街22号　邮政编码100037）
策划编辑：张有利　　　　　　　责任编辑：张有利　章承林
责任校对：任婷婷　张慧敏　景　飞　　责任印制：单爱军
天津嘉恒印务有限公司印刷
2025年6月第1版第1次印刷
185mm×260mm・13.75印张・330千字
标准书号：ISBN 978-7-111-77985-8
定价：69.00元

电话服务　　　　　　网络服务
客服电话：010-88361066　机　工　官　网：www.cmpbook.com
　　　　　010-88379833　机　工　官　博：weibo.com/cmp1952
　　　　　010-68326294　金　　书　　网：www.golden-book.com
封底无防伪标均为盗版　机工教育服务网：www.cmpedu.com

前言

人工智能、大数据、云计算等数字技术的发展和广泛应用，打破了传统企业的边界和运营模式，颠覆了传统的商业模式与资源配置方式，推动了技术体系、生产体系、政策体系的跨界融合，也对人力资源的创造性智力劳动和创新能力提出了新挑战，对财经管理人才的知识结构、新技术应用以及职业素养、处理复杂问题的能力提出了新要求。

在数字化、信息化浪潮的推动下，管理科学与工程类专业作为推动社会发展的重要力量，面临着前所未有的发展机遇与挑战。其教学与研究工作日益受到广泛关注。作为省属重点骨干院校，河北经贸大学设有物流管理、大数据管理与应用、工程管理三个管理科学与工程类本科专业，以及管理科学与工程一级学科硕士学位授权点、工程管理专业硕士学位授权点（MEM）。为推动专业和课程建设，实现专业优化，完善课程体系，应对产业发展和时代变化对人才提出的要求，提升专业发展的质量，河北经贸大学采取了一系列有效措施。

一是开展新财经人才培养改革，积极开展教学创新。配合学校与教育部教育发展研究中心合作共建"新财经"本科教育实验基地的战略，2019年申报物流管理专业"智慧物流管理"新财经实验班，开展新财经人才培养的先行先试，从课程优化方面开发新财经课程、创新教学内容、提升课程质量等，从师资优化方面开展新财经师资培养、学科融合与校企结合培育师资、提升教学能力等，从环境优化方面建设智慧教室、新增新财经实验室、拓展智能化学习空间等，从评价优化方面树立以学为中心的教学理念、建立多元化质量评价体系等。实验班建设成效显著，招生一志愿报考率、升研率、就业率等显著提高，转专业率明显下降，学生培育质量有了明显提升。

二是推广新财经人才培养模式，带动相关专业提升育人质量。2021年跟进学校新财经人才培养模式成果的全校和全省推广，将新财经人才培养模式在本学科的工程管理、大数据管理与应用等专业进行推广，以"家国情怀、财经知识、信息技术、职业素养、国际视野"的新财经"五维素质能力"人才培养规格，"多元融合协同育人"的新模式和"科技赋能、产教融合、文化滋养"的新财经人才培养体系，对所有专业进行了培养方案的修订，实现了新财经人才培养模式及教学成果的积极推广和有效落地，惠及全院各专业学生。

三是重设课程体系，优化课程结构。各专业根据新财经人才培养要求，梳理课程地图、重设课程体系，尤其突出新财经课程特色。同时以新财经课程体系为应用基础，实现传统课程体系与新一代信息技术学科的交叉融合，开设"智慧+"专业特色课程、"专题教学+实践"特色课程。在教学方式上注重使用先进的教学方法与手段，理论教学与实践教学并重，精心设计实验、实习等实践性教学环节，组织、设计与课程理论部分相配套的案例分析等内容，提升课程内涵与质量。

四是积极开展教学研究，推动实践教学改革创新。围绕新财经改革的各项实践工作，学院鼓励教师一边开展改革实践，一边进行教学总结。近年来围绕专业结构优化与内涵提升、一流课程建设、思政课程改革与课程思政建设、实践教学与创新创业教育、师德师风建设、教师教学能力提升、教学管理与质量保障体系等主题，积极推动教学研究与教学改革的开展。

本书总结了新财经人才培养改革实践中的经验和创新模式。其中，在专业建设层面，剖析了管理科学与工程学科教育的演进路径，分析预测了现代商贸物流、大数据分析及建筑工程领域对专业人才的需求趋势，并在此基础上构建了一套详尽的专业人才胜任力模型，提炼了各专业的发展特色与实践路径；在课程建设层面，详尽介绍了OBE、课程与竞赛深度融合、混合式教学模式、数字化知识工具、案例教学等一系列新的教学模式、先进的教学理念及高效的教学工具在课程教学中的创新实践与融合应用。此外，结合各专业课程，探讨了如何在专业知识的教学中有效融入课程思政。

在未来的发展中，管理科学与工程类专业将继续面临新的挑战和机遇。我们相信，在广大专家学者的共同努力下，管理科学与工程类专业的教学与科研工作将不断取得新的突破和成就，为培养更多优秀的管理科学与工程人才、推动社会进步和经济发展做出更大的贡献。最后，我们要感谢所有参与本书撰写和编辑工作的专家学者，感谢他们的辛勤付出和无私奉献。

目录

前言

第一篇　专业建设篇

管理科学与工程学科新财经教育发展路径研究　/2

河北省现代商贸物流产业人才需求预测研究　/10

河北省大数据人才需求预测研究　/25

河北省建筑业工程管理人才需求测算研究　/35

新财经背景下工程管理人才胜任力模型构建与培养方案修订　/48

大数据管理与应用专业胜任力模型构建与人才培养研究　/62

工程管理专业人才能力需求及创新发展策略研究　/74

工程管理专业新财经特色凝练与实践路径研究　/82

新财经背景下物流管理专业定位分析研究　/89

物流专业科研反哺教学实现路径探究　/101

新财经背景下基于OBE理念的大数据管理与应用专业课程设置　/106

优化创新创业人才培养路径，提升学科竞赛科学化管理水平　/112

新时代应用型本科院校青年教师胜任力特征研究　/122

第二篇　课程建设篇

新财经背景下的"工程经济学"教学创新路径研究　/132

"数据挖掘与商务智能"课程线上线下混合式教学模式探索与实践　/143

"物流系统建模与仿真"课程思政教学探索与实践　/149

数字化知识管理工具在"信息技术与管理"教学中的应用　/157

基于 MOOC 的混合式教学模式构建　/165

"大数据管理概论"课程混合式教学模式探索与实践　/174

案例教学在"大数据管理概论"课程思政建设中的应用　/182

"科技论文写作"课程思政元素挖掘与应用　/189

OBE 教学模式在"大数据存储与管理"课程中的应用　/195

"区块链与供应链金融"课程思政建设探究　/201

新财经背景下 BIM 实训课程赛教融合实施路径研究　/208

第一篇　专业建设篇

管理科学与工程学科新财经教育发展路径研究

◎祁红梅　宋晓刚

[摘　要]　随着人工智能、区块链、新一轮科技革命和产业变革的快速发展，传统的产业生产方式与管理模式也在变革，依托现代信息技术提升管理水平已是必然趋势。面对新形势，高校管理科学与工程学科也面临着创新升级发展的挑战。本文分析了管理科学与工程学科特征及人才培养需求，并以河北经贸大学管理科学与工程学科为例，探讨了学科及专业的新财经教育发展方向，制定了新财经教育发展举措，为学校管理科学与工程学科发展提供了实施路径，也为其他高校管理科学与工程学科创新发展提供了参考。

[关键词]　新财经；管理科学与工程；数智化；学科发展

　　随着人工智能、区块链、物联网等新一代信息技术的快速发展，数智化的新时代已拉开序幕。新兴信息技术的快速发展也引发了传统产业生产方式、产品服务、商业模式、治理结构的变革与升级，同时使得传统的管理科学与工程学科面临着巨大的数智化变革和挑战。基于数字化、大数据分析、人工智能和机器学习等技术，可以更准确地预测和解决管理问题，提高决策的科学性和效率[1]。此外，数字化改革还将改变管理科学与工程学科的组织和协作方式。数智化背景下，管理科学与工程学科教育改革发展是一个必然趋势。为适应数智化时代的发展以及社会对新型管科人才的需求，河北经贸大学率先提出新财经教育。本文以河北经贸大学管理科学与工程学科新财经教育发展为例，研究分析管理科学与工程学科的创新发展路径。

一、管理科学与工程学科特征分析

　　管理科学与工程是一门横跨自然科学、工程科学和社会科学的交叉学科，其研究范畴不仅包括自然科学和工程技术中的管理问题，还包括社会经济发展中的管理问题[2]。管理科学是通过严谨的科学方法对不同层次的人类社会经济组织中的管理和经济活动的客观规律进

㊀　河北省教育科学"十四五"规划课题：智能制造战略背景下多方联动的复合型数字管理人才培养体系研究（2202075）。河北省高等教育教学改革研究与实践项目："新财经"背景下工程管理专业人才能力需求及特色发展路径研究（2022GJJG165）。

行探索的学科，其使命在于认识管理和经济活动的客观规律，拓展管理科学的知识前沿和边界，并利用对于这些规律的新认知，主动服务于管理和经济活动效率和效果的提升，响应国家重大战略需求，提升企业综合竞争能力，支持社会组织健康发展[3-5]。无论是宏观的国民经济与社会发展战略，还是微观的企业或社会组织的高效运行策略，在决策、评估与优化管理中都离不开对相关管理和经济活动基本规律的认知和应用[6]。管理科学与工程学科的范围涵盖理论、方法与技术、应用与实践三个层面，它从系统思想出发，发展出优化、决策、统计、行为等基础理论，形成了复杂科学理论、系统工程理论、控制理论、组织理论、信息理论、运筹学理论、博弈论等理论和方法体系，研究工业工程、物流与供应链、大数据管理、风险管理、工程管理、交通运输等应用领域的管理科学问题[7-8]。由上述分析可以看出，管理科学与工程学科人才培养具有以下鲜明特征。

1. 学科交叉融合

管理科学与工程学科综合了多个学科领域的知识，如经济学、数学、工程学、计算机信息科学等，以解决管理和工程实践中的问题，因此需要学科人才具备跨学科的能力，能够综合运用不同学科的理论和方法。

2. 注重基础知识的应用

数学和计算机信息技术是管理科学与工程学科研究的重要工具，近年来，定量分析、模拟仿真等方法在管理学领域应用十分广泛，所以数学、计算机等基础知识在对管理问题进行预测、决策、优化和调控的过程中十分重要。

3. 注重理论与实践的紧密结合

管理科学与工程学科是其他管理学科的理论基础，所以应十分重视管理科学领域理论体系的探索与创新。同时管理科学与工程也是经世致用的学科，如果其管理理论与方法的凝练脱离了管理实践，那么其说服力、解释力、分析力、预测力和控制力都无法得到保证[9-10]。所以，理论与实践的有效融合，是管理科学与工程学科教育改革的重点。

4. 系统性

基础思维、基础理论和方法体系的培育更需要系统思维的原则和宽广的理论基础，所以管理科学与工程学科关注整体系统，强调系统思维和系统方法的运用，以提高组织的综合效率和效益。

5. 创新思维

管理科学与工程学科更加注重培养人才的创新思维。无论是通过理论创新应用于实践，还是在实践创新中凝练理论，均能培养学科人才的创造力和创新力，使项目不断增值并能够为组织和社会创造价值。

二、管理科学与工程学科人才培养需求分析

通过学习分析政府工作报告、中央经济工作会议报告、国家领导重要讲话、《中华人民

共和国国民经济和社会发展第十四个五年规划和2035年远景目标纲要》、党的"二十大"报告、各项指导意见（如《关于推动智能建造与建筑工业化协同发展的指导意见》）、行业规划（如《新一代人工智能发展规划》）以及《河北省国民经济和社会发展第十四个五年规划和二〇三五年远景目标纲要》、河北省政府工作报告等文件，汇总了与管理科学与工程学科有关的国家与地方重大发展需求，如表1-1所示，为管理科学与工程学科新财经教育改革提供了方向。

表1-1 管理科学与工程领域社会发展需求

层级	发展需求	详细阐释
国家战略发展需求	提升产业链供应链水平，建设现代化产业体系	加强与供应链上下游企业的合作与协同，实现资源共享、风险共担，提升整个供应链的效率和稳定性
	统筹推进基础设施建设	构建系统完备、高效实用、智能绿色、安全可靠的现代化基础设施体系，同时系统布局新型基础设施
	加快发展方式绿色转型，积极稳妥推进碳达峰碳中和	推动能源清洁低碳高效利用，推进工业、建筑、交通等领域清洁低碳转型
	加快数字化发展，打造数字经济新优势	充分发挥海量数据和丰富应用场景的优势，促进数字技术与实体经济深度融合；赋能传统产业转型升级，催生新产业新业态新模式，壮大经济发展新引擎
	实施城市更新行动	建设宜居城市、绿色城市、韧性城市、智慧城市
	推进高水平对外开放	增强国内国际两个市场资源联动效应，提升贸易投资合作质量和水平，推动"一带一路"高质量发展
河北省战略发展需求	建设现代化基础设施体系，助推产业结构迭代升级	统筹推进新型基础设施和传统基础设施建设，打造智能绿色、安全可靠的现代化基础设施体系
	高标准高质量推进雄安新区建设发展	推广绿色低碳城市建设模式，有序推进海绵城市、韧性城市、无废城市建设
	提升产业链供应链现代化水平	加强产业协同和技术合作攻关，增强产业链韧性
	加快数字化发展，建设数字河北	把数据作为关键生产要素，促进数字经济和实体经济深度融合，加快推进数字产业化、产业数字化，打造数字经济新优势
	加快推进碳达峰碳中和	加快重点行业、重点领域绿色低碳发展，力争走在全国碳达峰前列，为实现碳中和夯实基础
	深度融入"一带一路"建设，提升对外经贸合作水平	围绕加强设施联通，积极参与沿线国家基础设施建设，加快陆海新通道建设，完善空港物流枢纽，畅通人流物流大通道，保障国际物流链畅通

结合国家战略与地方发展对管理科学与工程学科的社会需求分析，同时根据文献研究、专家调研访谈等形式，得出管理科学与工程学科的未来发展趋势及对学科人才培养的能力需求如下。

1. 大数据分析能力

随着大数据技术的快速发展，管理科学与工程学科更加趋向于大数据驱动的决策、评估与优化等管理。大数据分析、数据挖掘和机器学习等技术在管理科学与工程学科人才培养中越来越重要，同时在实践中，这些技术也能帮助管理者更好地了解和应对复杂的业务环境。

2. 智能化管理能力

人工智能技术的发展将为管理科学与工程学科提供更多的智能化工具和方法。智能决策支持系统、智能供应链管理和智能制造等技术和应用将帮助企业提高生产效率和管理效能，所以智能化技术是对学科人才能力培养提出的新时代要求。

3. 复杂管理能力

随着社会的发展，工程项目逐步向规模巨大、环境复杂、技术先进、建设与生命期长、一体化程度高的大型复杂项目发展，对国家或区域政治、经济、社会、国防安全等具有重大作用。以复杂系统为研究对象的管理科学与工程学科在发展中必然会产生很多依据复杂性思维才能解决的复杂性管理问题，也必然会出现人才培养从系统性到复杂性的重大演变趋势[11]。

4. 可持续管理能力

新时代背景下管理科学与工程学科将趋向于更加关注可持续发展的问题。企业社会责任、环境管理和资源优化等方面的研究将受到越来越多的关注，促进企业和社会的可持续发展。所以在管理科学与工程学科人才能力培养中也需要更加关注对可持续管理能力的培养。

5. 国际化管理能力

随着"一带一路"倡议的推进与全球化的深入发展，管理科学与工程学科更加注重国际化。国际化的研究和教育合作将成为发展的重要方向，为学科人才培养与教育提供更广阔的国际化交流和合作平台[12]。国际化管理能力也将在学科人才培养中越来越重要。

三、管理科学与工程学科现状及特色分析

河北经贸大学拥有经济、管理、法律等优势学科，管理科学与工程作为一级重点学科，在新财经教育发展过程中，需要依托学校的主流学科优势，构建自身的发展特色。河北经贸大学管理科学与工程学科于 2011 年被批准为校级重点学科。目前下设物流管理、大数据管理与应用、工程管理三个本科专业，其中物流管理为国家级一流专业，工程管理为河北省一流专业。此外，还拥有科学评估与决策优化、智慧供应链协同与创新两个非实体研究中心和智慧物流实验室、工程管理实验室、河钢数字大数据联合实验室三个实验中心，这三个实验中心为该学科的教学研究提供了平台支撑。

物流管理专业目前为学校"智慧物流管理"新财经实验班，面向国家"一带一路"倡议、"互联网+"和现代物流产业发展的需要，追踪现代物流科技变革前沿，依托经济学、管理学、信息技术等相关学科，着眼于物联网、大数据、人工智能发展环境特征，聚焦智慧物流的数字化运营，突出工学和管理学结合的新财经特色。大数据管理与应用专业作为新设专业，依托学校管理学、信息科学、计算机科学与数据科学技术等学科和专业优势，致力于培养掌握大数据分析思想、系统设计与开发方法、大数据管理和典型行业应用等方面知识能力的、具备家国情怀和国际视野的高水平复合型人才，特色和方向是围绕商贸物流大数据的数据资源管理和应用开发。工程管理专业依托学校经管法学科优势，面向国家"一带一路"倡议和"智能建造"发展趋势，围绕京津冀一体化建设、雄安新区建设等区域重要需求，在河北省一流专业建设点的基础上，结合新财经教育改革，根据学校财经类学科特色，依托人工智能、大数据、BIM（建筑信息模型）等新兴信息技术，致力于培养具有"家国情怀、财

经知识、信息技术、职业素养、国际视野"的复合型、应用型高素质工程管理专业人才，其中重点突出培养学生工程投融资与造价管理、智能工程管理的专业特色能力，努力建设成为国内财经特色鲜明的高水平工程管理专业。

四、管理科学与工程学科新财经教育发展方向探索

新财经教育改革背景下，河北经贸大学管理科学与工程学科致力于促进新的学科生长点并服务于国家与地方战略需求的发展目标。管理科学与工程学科的总体发展思路是面向国家和河北省地方战略需求，根据学科特色资源，前瞻部署和重点支持具有新财经特色与时代方向引领作用的管理理论研究和应用型实践的教育教学。加强与数学、信息科学等多个学科的融合发展和集成创新，构建具有创新性管理科学与工程学科的教学改革模式，提升服务国家战略和地方经济管理实践的能力。

新财经就是在经济新业态下打造具有鲜明财经特色的创新人才培养新体系。新财经的主要内涵首先是专业数字化改造升级，提升人才培养质量；然后是优化人才培养体系，打造鲜明财经特色；最后是全面教育改革，培养新时代创新人才[13]。河北经贸大学管理科学与工程学科面向国家发展重大战略需求以及河北省地方经济发展需求，结合自身师资教学资源和财经类学科的特色优势，积极将新兴信息技术融入教学改革和人才培养体系，并凝练学科财经特色发展方向，进行新财经教育发展。

结合社会发展现实需求与学科自身的资源特色，河北经贸大学管理科学与工程学科的新财经教育改革特色方向为复杂系统决策与优化。复杂系统决策与优化是在新一代信息技术背景下实现复杂系统管理决策计算的重要工具和基础，主要通过结合领域知识、运筹学理论和人工智能、量子计算等新一代信息技术，提高复杂系统的管理水平与商业化实践能力[14]。复杂系统决策与优化主要关注工程项目投资管理、智慧供应链优化管理、大数据决策与优化等领域的研究。具体研究内容包括：工程投融资决策；工程智能管理；商贸物流与供应链管理；物流系统规划；物流人工智能；数字化平台管理；知识挖掘与创新；大数据驱动的管理决策创新等问题。

物流管理专业的新财经教育改革特色方向为智慧供应链协同与创新。该方向基于信息与通信技术的发展，在供应链管理中利用智能技术和信息化手段，实现供应链各环节间的高效协同和创新，其核心是信息共享和协同合作。该方向通过物联网、云计算、大数据分析等技术手段，收集和处理供应链中各个环节的信息，将其转化为有用的知识和洞察力，供供应链各方共享和利用。同时，通过协同合作，各环节之间可以实现实时、准确的信息传递和协调，从而实现供应链的高效运转。该方向主要关注供应链管理中多主体竞合、平台经济、渠道冲突与创新、网络优化、机制设计等领域的研究。具体研究内容包括：数字化供应链协同与智能化决策；多主体合作与协同管理；可持续供应链与绿色物流创新；供应链金融；应急物流与供应链网络韧性；物流网络优化与设计；智慧物流与运营决策；直播电商模式分析与优化；电商平台营销策略优化等问题。

大数据管理与应用专业的新财经教育改革特色方向为数据科学与智能决策。该方向主要关注大数据驱动的信息管理、商业模式创新、项目决策优化等领域的研究。具体研究内容包括智

能计算与大数据驱动下的管理决策创新、商务数据挖掘与分析、知识挖掘与创新、模式识别与机器学习、智能数据可视化分析、项目智能决策分析、推荐系统设计与优化、商务智能等。

工程管理专业的新财经教育改革特色方向为工程项目智能决策与优化。智能决策将人工智能技术体系化地嵌入决策制定、分析、实施和反馈流程，采用更加主动和全面的视角，面向未来可能发生的场景和情境进行积极的推演预测和前瞻性分析。该领域的主要研究方向有认知决策、知识决策、系统决策、投资决策。

五、管理科学与工程学科新财经教育发展举措

学科发展的基础是人才。河北经贸大学管理科学与工程学科根据团队教师的研究方向确定学科的特色发展方向，再根据学科方向打造了专业特色，并积极建设具有学科特色的一流课程，制定具有特色优势的人才培养体系，从而支撑学科与专业协同发展。

（一）持续凝练和优化学科发展方向

高校管理科学与工程学科可根据学校教师的研究方向和研究专长，围绕国家重大战略及区域经济发展需求，持续凝练和优化学科发展方向。高校通过合作研究和项目申报等方式，建立高水平学科团队，提高团队整体实力，并在国家级课题、高水平学术期刊、省级以上评选活动等领域产出高级别科研成果。鼓励开展学科交叉研究，引入相关学科领域的知识和方法，促进学科的跨界融合，拓宽研究思路和方法，激发创新活力，促进学科创新发展。在科研考核、绩效发放等相关政策的制定中，引导学校教师和其他相关学科的教师加入团队，并积极向学科研究方向转型靠拢，从而不断凝练学科方向。

（二）加强师资队伍建设

通过引进优秀的博士研究生以及海外留学归国人员，增强学科的师资力量，同时鼓励现有教师攻读博士学位，提升整体教学和科研水平。针对学科带头人缺乏的问题，开展人才引进计划，吸引国内外优秀学者个人或带团队加盟学科。积极鼓励教师参与国内外各类培训、学术交流和合作研究，提升教学水平和学科研究能力。此外，学科还需要加强科研项目管理，做好科研项目的规划、组织和管理工作，为科研团队成员提供项目申报、学术论文写作培训和学术支持，加强科研成果的转化和应用，推动科研成果的产业化和市场化。

（三）打造专业特色

打造专业特色即依托河北经贸大学经管法的资源背景，与省内其他高校以工科为背景的学院错位发展，凸显优势，打造独具"财经"特色的管科学院。这既是学校学科资源和特色能够给予有力支撑的，也是由学院各专业长期发展的历程、师资力量和教学条件所决定的，更是融入学校未来新财经发展战略的必然选择。河北经贸大学管理科学与工程学科根据学科方向以及教师的科研方向凝练转型，针对不同专业开展了新财经教育改革升级。各专业融入复杂系统管理理论以及数字技术，对专业进行了全面的数字化升级改造，全面实现了学科专业的特色打造与升级。

（四）构建高水平人才培养体系

根据学科发展方向和专业特色建设，重构人才培养体系。以新财经智慧物流实验班和一流专业建设为契机，以一流课程思政、一流教材、一流课程、一流教学团队、一流专业建设为抓手，推进全员、全程、全方位育人工作，不断提高学生培养质量和就业率等硬指标。在人才培养过程中，发挥管理类学生兼备的工科生普遍具有的踏实、认真、勤奋、严谨的独特优势，在理论和实践学习中，培育认真钻研、用心思考、善于总结、探索规律的学习特色和风气，逐步将学生培育成读理论书、行实践路、得融通理的"研究型"人才。

（五）拓宽人才培养渠道

管理科学与工程学科可以加强实践教学，通过实地调研、企业实习、项目实践等方式，让学生亲身参与实际问题的解决过程，培养实践能力和解决问题的能力；可以加强与企业、研究机构的合作，开展产学研一体化的人才培养模式；可以建立实习基地、技术研发中心等平台，让学生在实际工作中获得锻炼和培养，同时也能为企业提供专业人才支持。此外，学科还需要加强创新创业教育，培养学生的创新精神和创业能力。

（六）强化国际交流与合作

加强学科国际交流与合作，引进国际先进教学和研究资源，提高学科的国际化水平。积极参与国际学术组织和合作项目，扩大学科的国际影响力和竞争力。学科可与国际知名的管理科学与工程学科研究机构或期刊编辑部建立长期合作关系，共享资源和研究成果，开展联合研究项目，积极将国际合作研究成果发表在国际知名学术期刊上，邀请国际知名学者讲授最新研究成果，促进国际学术交流和合作，提高学科的国际学术影响力。此外，还可鼓励学生和教师参加国际交流项目，如交换学生和访问学者计划，以扩大学生和教师的国际视野，增强跨文化交流能力。学科还应积极参与国际学科评估与认证，提高学科的国际认可度和竞争力。

参考文献

[1] 索贵彬，李佳荟，牛建广，等. "三新"视域下中国管理科学与工程学科主题研究领域及趋势分析 [J]. 河北地质大学学报，2023，46（3）：126-131.

[2] 邱均平，付裕添，张蕊，等. 数智时代管理科学与工程的发展特点及趋势分析：基于科研、教育与技术应用视角 [J]. 中国科技论坛，2023（6）：130-141.

[3] 高攀，刘顺，周立. "双一流"建设背景下研究生多元化培养模式探索：以S大学管理科学与工程学科为例 [J]. 现代商贸工业，2022，43（18）：117-119.

[4] 李建平，吴登生，郝俊. 技术驱动的管理科学与工程研究 [J]. 中国管理科学，2022，30（5）：9-14.

[5] 吴建军，吕莹. 全球变局下的管理科学与工程研究 [J]. 中国管理科学，2022，30（5）：21-26.

［6］舒嘉，丁溢，倪文君. 管理科学与工程理论与方法突破若干重点前沿领域［J］. 中国管理科学，2022，30（5）：27-30.

［7］余玉刚，霍红，郑圣明，等. 管理科学与工程学科"十四五"发展规划以及若干思考［J］. 管理科学学报，2023，26（1）：142-158.

［8］余玉刚，郑圣明，李建平，等. 管理科学与工程学科"十四五"重点前沿领域的顶层布局与具体内容：面向基础科学理论与国家重大需求［J］. 中国管理科学，2022，30（5）：1-8.

［9］李敏强，冯海洋. 中国管理实践导向的管理科学与工程理论与方法［J］. 中国管理科学，2022，30（5）：15-20.

［10］盛昭瀚，霍红，陈晓田，等. 笃步前行 创新不止：我国管理科学与工程学科70年回顾、反思与展望［J］. 管理世界，2021，37（2）：185-202，13，213.

［11］盛昭瀚，薛小龙，安实. 构建中国特色重大工程管理理论体系与话语体系［J］. 管理世界，2019，35（4）：2-16，51，195.

［12］吴杰，姬翔，余玉刚，等. 管理科学与工程学科"十四五"发展战略研究：学科界定与保障政策［J］. 管理学报，2022，19（1）：1-7.

［13］祁红梅，宋晓刚. "新财经"背景下管理科学与工程学科创新发展路径研究［J］. 河北经贸大学学报（综合版），2022，22（2）：38-44.

［14］郑弦，罗纯熙，陈嘉滢，等. 财经院校管理科学与工程类专业数字化能力培养模式研究：基于"新文科"理念［J］. 工程经济，2021，31（11）：66-69.

河北省现代商贸物流产业人才需求预测研究

◎王芹鹏 杜晓丽

[摘 要] 在京津冀协同背景下,河北省由于得天独厚的区位优势,承担着建设全国现代商贸物流重要基地的重大历史使命,现代商贸物流产业已被确定为河北省的十二大主导产业之一。为进一步推动该产业的发展,本研究通过对官方文件的分析,了解该产业涉及的职业、专业、岗位等情况;然后,通过对智联招聘网站数据的收集与分析,对产业当前人才需求情况,尤其是高校毕业生的人才需求情况进行分析,并基于已有数据开展了人才需求测算。该研究可明晰当前现代商贸物流产业的人才需求情况,为教育部门进行产业相关学科优化提供方向,进而推动现代商贸物流产业发展。

[关键词] 现代商贸物流产业;人才需求;人才培养

一、引言

现代商贸物流产业是多产业融合的复合型服务业,是国民经济的基础性、先导性产业,是连接生产和消费的桥梁纽带。有关现代商贸物流的定义学术界还未形成统一认识。蔡南珊[1]将商贸物流定义为物流配送活动。2011年3月14日,国务院三部委联合发布的《商贸物流发展专项规划》中将商贸物流定义为:与批发、零售、住宿、餐饮、居民服务等商贸服务业及进出口贸易相关的物流服务活动。王之泰[2]认为该界定过于具体,不利于科学研究,因此,他将商贸物流定义为:商贸活动进行的物流活动。张勇和赵婉华[3]将商贸物流看作一种现代物流管理技术和组织方式。本文认为,现代商贸物流是与商贸服务业相关的物流管理技术、组织方式和服务形式的综合。

针对现代商贸物流产业发展,学术界已进行了多方面的探索。邓欣[4]针对互联网环境下的现代商贸物流产业发展以及转型进行了研究。张春娇[5]在分析我国商贸物流产业发展

⊖ 河北省高等教育教学改革研究与实践项目:新财经建设背景下管理类专业产教融合教学改革研究——以管理科学与工程学院为例(2022GJJG168)。河北省教育科学规划项目:基于新财经教育改革的产教融合模式研究(2302053)。河北经贸大学教学研究项目:新财经背景下管理类专业产教融合教学改革研究(2022JYZ06)。教育部产学合作协同育人项目:复合型人才培养的教学内容和课程体系改革(231102817245503)。

概况的基础上，阐明了商贸物流企业传统营销模式存在的主要问题，并提出了对策建议。杨蔚民[6]针对商贸物流产业"链长制"的制度设计、实施路径与风险防范展开了研究。可见，当前有关学者们多从新兴技术和组织方式角度开展有关商贸物流产业发展的研究。由于得天独厚的区位优势、"海陆空"交通优势以及国家重大战略优势，党中央、国务院赋予河北建设全国现代商贸物流重要基地的重大历史使命，这也是深入实施京津冀协同发展战略的重要抓手。在河北省现代商贸物流产业发展方面，张勇和赵婉华[3]对河北省发展现代商贸物流产业集群的基础和条件进行了阐述，并提出创新发展思路。张贵炜等[7]针对河北邯山经济开发区商贸智慧物流园构建问题进行了探索。石林[8]则从京津冀商贸物流业协同创新发展体系构建的角度展开了研究。李杰和黄欢[9]也进行了类似的研究。可见，当前有关河北省现代商贸物流产业的研究如火如荼。但有关该产业人才需求分析的研究还较缺乏。

高校作为人才培养的摇篮和人才聚集地，应围绕产业需求、针对产业特点、依托产业发展，为产业培养高素质专门人才，因此本文对河北省现代商贸物流产业专业人才需求进行分析与测算，可为河北省该产业相关学科优化提供参考借鉴，提升高等教育服务经济社会发展的能力，进而推动现代商贸物流产业发展，提升该产业服务经济社会发展的能力。

二、产业发展现状与前景

现代商贸物流产业在促进生产、引导消费、推动经济结构调整和经济增长方式转变等方面发挥着重要作用。高质量推进河北省现代商贸物流重要基地建设，对支持构建新发展格局和建设新时代现代化经济强省、美丽河北具有十分重要的意义。随着京津冀协同发展的不断推进，当前河北省现代商贸物流产业发展呈现出以下特点。

（一）产业发展前景广阔，对经济促进作用明显

在京津冀协同发展中，现代商贸物流产业综合实力实现新突破。在北京非首都功能疏解中，河北省主动承接北京区域物流功能转移工作，深化与京津物流基础设施建设分工协作，建设了一批现代商贸物流基础设施。2022年社会消费品零售总额达到13 720.1亿元，其中按经营单位所在地统计，城镇消费品零售额完成11 731.3亿元，乡村消费品零售额完成1 988.8亿元；现代商贸物流产业实现增加值6 262.4亿元，占河北省生产总值比重达到14.78%。2022年河北省物流费用与地区生产总值的比率较2018年下降1.62%，其中全年批发和零售业增加值3 429.1亿元，交通运输、仓储和邮政业增加值3 013.3亿元。与装备制造、钢铁产业共同构成河北省经济发展的三大支柱，2018—2022年河北省社会商贸物流总额及增长情况如表2-1所示。

表2-1 2018—2022年河北省社会商贸物流总额及增长情况

指标	年份				
	2018	2019	2020	2021	2022
商贸物流总额（亿元）	5 328.8	5 808.5	5 707.4	6 323.9	6 262.4
增长率（%）	4.58	9.00	-1.74	10.80	-0.97

数据来源：河北省统计局。

（二）基础设施不断完善，服务能力进一步增强

2022 年，河北省基础设施支撑能力不断增强，路网密度达全国平均水平的 2 倍左右，高速公路通车里程 8 325.8km，居全国第 4。延崇高速公路主线、张承高速崇礼南路段建成使用，大兴国际机场建成通航，运输机场有十多个。京张高铁等相继建成通车，交通网络规模持续扩大，省内市市通高铁目标均已实现，"轨道上的京津冀"便捷通勤圈已形成。石家庄等 6 市列入国家物流枢纽承载城市。沿海港口货物吞吐量实现 12.8 亿吨，居全国第 3 位。沿海港口集装箱吞吐量 498.3 万标准箱。内畅外联服务网络不断拓展，63 条集装箱航线通达国内外 100 多个港口，30 条多式联运线路辐射全国 133 个城市，3 家跨境电子商务综合试验区、7 条国际货运航空航线和 13 条国际班列线路紧密对接"一带一路"沿线国家和地区。全年邮政行业业务总量达 536.0 亿元，其中邮政函件业务量为 1 212.3 万件，包裹业务量为 129.5 万件，快递业务量为 52.7 亿件。全省运输运行整体态势良好，2022 年河北省货物和旅客运输量如表 2-2 所示。

表 2-2　2022 年河北省货物和旅客运输量

指标	单位	绝对值
货物运输总量	亿吨	24.1
其中：铁路	亿吨	3
公路	亿吨	19.7
货物运输周转量	亿吨公里	15 018.4
其中：铁路	亿吨公里	5 506
公路	亿吨公里	7 890.3
旅客运输总量	亿人	0.9
其中：铁路	亿人	0.4
公路	亿人	0.4
旅客运输周转量	亿人公里	382.2
其中：铁路	亿人公里	345.4
公路	亿人公里	36.8
机场旅客吞吐量	万人	686
沿海港口货物吞吐量	亿吨	12.8

数据来源：河北省交通运输厅。

（三）不断激活发展新动能，产业竞争力提升到新阶段

伴随着新一轮科技革命和产业变革，数字技术广泛应用于现代商贸物流产业。大数据、人工智能、区块链等新一代信息技术，标准化、自动化装备在产业中的应用范围不断扩大，河北省现代商贸物流产业在现代科技的支撑下实现了进一步发展，在成为中国式现代化建设的先行区、示范区的过程中，不断提升产业竞争力。线上线下融合的发展模式不断优化，物流要素聚集能力实现大幅度提高。截至 2022 年 5 月，河北省 A 级物流企业累计达到 144 家，其中 5A 级 19 家，发挥了产业转型引领带动作用。同时，5 个城市进入全国快递业务量 50 强。

可见，河北现代商贸物流产业发展水平不断提升、产业竞争力逐渐增强、发展潜力巨

大。现代商贸物流产业是在传统物流产业基础上顺应时代发展应运而生的，产业相关人才包括基础操作人才、经营管理人才、技能技术人才三类。在数字技术发展快、区域经济快速增长的背景下，其人才具有基础操作类和信息技术融合类相结合的特点，体现产业智慧化、数字化发展趋势。同时，由于公众对于现代商贸物流产业发展前沿认知片面、缺乏了解，为促进各类高素质人才流向现代商贸物流产业，需要在人才需求测算的基础上，从政府、高校、社会等方面采取应对措施。

三、产业相关人才需求现状

（一）现代商贸物流产业涉及的职业

本文将现代商贸物流产业人才分为批发与零售服务人员，交通运输、仓储物流和邮政业服务人员。依据《中华人民共和国职业分类大典（2022年版）》，该产业的相关职业共包括66个职业，如采购员、电子商务服务人员、供应链人员、仓储工、快递员等，涉及市场营销、电子商务、物流管理等专业。

（二）基于智联招聘网站的现代商贸物流产业人才需求现状分析

1. 数据采集

为保障数据采集的全面性、科学性及准确性，根据《中华人民共和国职业分类大典（2022年版）》，并结合在智联招聘网站上的初步筛选，将现代商贸物流产业有关的职业分为2大类，7中类，20小类，例如交通运输服务人员中的职业划分中包括道路货运代理服务员，但在智联招聘网站搜索到的多为国际贸易中的货运代理人员，故未采集该数据。具体职业分类如表2-3所示。

表2-3 数据采集职业分类汇总

大类	中类	小类
交通运输、仓储物流和邮政业服务人员	装卸搬运和运输代理服务人员	装卸搬运工、客运售票员
	仓储物流服务人员	仓储员、理货员、供应链管理员、物流员
	邮政和快递服务人员	邮件分拣员、邮件转运工、快递员
	交通运输服务人员	铁路列车乘务员、铁路车站服务人员、道路货运服务人员、道路运输调度员
批发与零售服务人员	电子商务服务人员	电子商务服务人员、直播销售员、商品选品员
	购销服务人员	采购员
	商品销售人员	营销员、营业员、摊商

采用企业招聘数据分析方法，借助后羿采集器对智联招聘网站数据进行全面搜索分析。在上述职业分类的基础上，将各小类职业作为单一搜索关键词，选择工作地点为"河北省"，工作类型为"全职"，并将岗位名称、学历、工作经验、公司性质、公司名称、薪资、招聘人数等作为搜索字段，获得原始数据15 202条，每一类职业的具体检索信息数如表2-4所示。

表 2-4　采集数据及数据清洗后的结果汇总

大类	中类	小类（检索关键词）	初始数据量	清洗后数据量	招聘总人数	备注	合计
交通运输、仓储物流和邮政业服务人员	装卸搬运和运输代理服务人员	装卸搬运工	1 002	993	19 830	删除信息缺失数据	24 117
		客运售票员	1 001	658	4 287	删除景区售票员、收银员、前台、打字员等	
	仓储物流服务人员	仓储员	1 002	990	6 830	删除信息缺失数据	33 969
		理货员	1 000	991	23 675	删除信息缺失数据	
		供应链管理员	211	79	219	删除信息缺失数据	
		物流员	1 002	802	3 245	删除仓储、分拣等岗位	
	邮政和快递服务人员	邮件分拣员	992	986	21 392	删除信息缺失数据	29 989
		邮件转运工	996	0	0	与转运相关的很少且大多数据属于其他分类，故全删除	
		快递员	332	322	8 597	删除信息缺失数据	
	交通运输服务人员	铁路列车乘务员	212	209	4 590	删除信息缺失数据	7 768
		铁路车站服务人员	333	233	2 844	删除门卫、共享单车调度、保安等岗位数据	
		道路货运服务人员	62	59	131	删除信息缺失数据	
		道路运输调度员	122	89	203	删除车间生产调度数据	
	该大类合计		8 267	6 411	95 843		
批发与零售服务人员	电子商务服务人员	电子商务服务人员	999	617	3 421	删除信息缺失数据	3 557
		直播销售员	1 001	23	113	留下与网络、直播相关的岗位	
		商品选品员	1 001	14	23	留下与选品有关的岗位	
	购销服务人员	采购员	1 000	964	1 489	删除信息缺失数据	1 489
	商品销售人员	营销员	932	901	5 206	删除信息缺失数据	17 573
		营业员	1 000	952	4 325	删除信息缺失数据	
		摊商	1 002	910	8 042	删除商务拓展相关数据	
	该大类合计		6 935	4 381	22 619		
总计			15 202	10 792	118 462		

2. 数据清洗

针对每一类职业的采集数据结果，首先将信息有缺失的数据删除。然后，参照《中华人民共和国职业分类大典（2022年版）》，将采集数据中岗位名称与岗位主要任务介绍不相符的删除，如客运售票员中不包含景区售票员、收银员等岗位，应删除。最后，由于许多岗位并不是只属于一类岗位，如邮件转运岗位已被物流员与邮件分拣岗位全包括，此时可将该数据全删除。经过上述数据分析、筛选、清洗，获得有效数据 10 792 条，合计招聘总人数 118 462 人。其中，交通运输、仓储物流和邮政业服务人员相关有效数据 6 411 条，招聘人数合计 95 843 人；批发与零售服务人员相关有效数据 4 381 条，招聘人数 22 619 人。详细的数据清洗结果如表 2-4 所示。

3. 数据分析

（1）各类岗位招聘人数分布情况分析。图 2-1 所示为各类岗位招聘人数分布图，通过观察可知，在现代商贸物流产业人才需求方面，对于理货员、邮件分拣员和装卸搬运工的需求最高，这再次说明现代商贸物流产业属于典型的劳动力密集型产业，从业门槛低、吸纳就业能力强。而对于新兴岗位如直播销售员、商品选品员的需求较少，这与人们对于新兴岗位的认知有关。而对于偏专业技能的岗位，如供应链管理员、道路运输调度员的需求也相对较低。这可能与智联招聘网站属于社会招聘，而针对技能岗位，企业更多采用自身发布招聘公告的方式进行人才选拔有关。

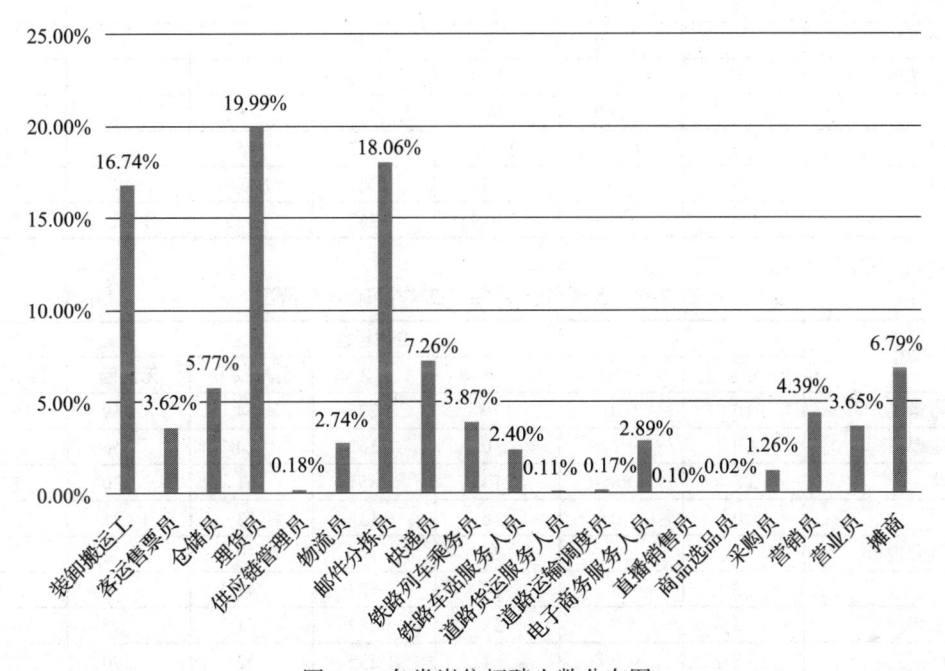

图 2-1　各类岗位招聘人数分布图

（2）有关人才学历与工作经验的数据分析。根据清洗后的数据，对每一类岗位的学历分布和工作经验要求情况进行汇总。具体来说，将学历分为硕士、本科、专科、中专/中技、高中、初中及以下、学历不限 7 种；将工作经验分为 10 年以上、5～10 年、3～5 年、1～3 年、1 年以下、无经验和经验不限 7 种，并给出整体角度各学历层次和工作经验的人员占比情况，汇总结果如表 2-5、表 2-6、表 2-7 所示，各岗位人才需求特点如表 2-8 所示。

表 2-5　各岗位人才需求学历分布情况　　　　　　　　　（单位：人）

岗位	硕士	本科	专科	中专/中技	高中	初中及以下	学历不限
装卸搬运工	0	1	26	473	214	521	18 595
客运售票员	0	2	1 228	1 559	605	242	651
仓储员	7	284	954	178	217	99	5 091
理货员	0	13	1 567	416	282	454	20 943
供应链管理员	0	52	109	1	3	0	54
物流员	0	280	850	170	171	5	1 769
邮件分拣员	0	1	16	108	160	258	20 849
快递员	0	0	0	1 328	14	158	7 097

(续)

岗位	学历						
	硕士	本科	专科	中专/中技	高中	初中及以下	学历不限
铁路列车乘务员	0	0	251	2 326	387	76	1 550
铁路车站服务人员	10	21	178	1 351	246	75	963
道路货运服务人员	0	2	4	4	1	1	119
道路运输调度员	0	22	96	6	13	0	66
电子商务服务人员	11	329	1 432	529	240	8	872
直播销售员	0	0	31	30	1	6	45
商品选品员	0	3	18	0	0	0	2
采购员	0	260	966	82	61	2	118
营销员	0	1 753	2 597	172	151	3	530
营业员	0	87	644	711	1 096	49	1 738
摊商	0	129	2 019	262	335	28	5 269

表 2-6 各岗位人才需求工作经验分布情况　　　　　（单位：人）

岗位	工作经验						
	10年以上	5～10年	3～5年	1～3年	1年以下	无经验	经验不限
装卸搬运工	10	0	179	225	64	969	18 383
客运售票员	0	1	0	1 362	24	56	2 844
仓储员	8	88	213	851	61	20	5 589
理货员	0	0	0	135	73	1 421	22 046
供应链管理员	1	11	26	40	0	2	139
物流员	5	88	324	584	42	16	2 186
邮件分拣员	0	0	38	283	61	95	20 915
快递员	5	0	1	1 235	52	290	7 014
铁路列车乘务员	0	0	0	191	0	81	4 318
铁路车站服务人员	0	5	23	65	15	20	2 716
道路货运服务人员	0	3	1	42	1	0	84
道路运输调度员	0	2	20	47	1	0	133
电子商务服务人员	0	10	48	1 110	147	62	2 044
直播销售员	0	0	0	6	1	15	91
商品选品员	0	0	3	5	0	1	14
采购员	1	51	285	701	37	12	402
营销员	0	0	25	1 905	117	222	2 937
营业员	0	2	20	1 046	123	103	3 031
摊商	0	31	320	961	160	673	5 897

表 2-7 整体角度各学历层次和工作经验人员占比情况

学历	硕士	本科	专科	中专/中技	高中	初中及以下	学历不限
人数	28	3 239	12 986	9 706	4 197	1 985	86 321
占比	0.02%	2.74%	10.96%	8.19%	3.54%	1.68%	72.87%
工作经验	10年以上	5～10年	3～5年	1～3年	1年以下	无经验	经验不限
人数	30	292	1 526	10 794	979	4 058	100 783
占比	0.03%	0.24%	1.29%	9.11%	0.83%	3.43%	85.07%

表 2-8　各岗位人才需求特点

岗位	人才需求特点
装卸搬运工	以学历不限和经验不限为主
客运售票员	专科、中专/中技、高中的占比分别为 28.64%、36.37%、14.11%，学历不限仅占 15.19%；经验不限和 1～3 年工作经验占比分别为 66.34%、31.77%
仓储员	对本科学历人才有需求的企业主要集中于合资企业、上市企业、股份制企业和国企，且主要以管理岗为主，如仓储物流经理、物流计划总监、仓储主管等
理货员	偏向于学历不限和经验不限
供应链管理员	以本科和专科人才为主，分别占该岗位总人数的 23.74%、49.77%，其中本科学历人才从事供应链管理、供应链总监等岗位，专科人才从事供应链销售、供应链专员等岗位
物流员	主要以经验不限和学历不限为主，其次是专科学历和拥有 1～3 年工作经验的人才
邮件分拣员	偏向于学历不限和经验不限
快递员	以学历不限和经验不限为主
铁路列车乘务员	中专/中技占比最高，为 50.68%；其次为学历不限，占比 33.77%；94.07% 不要求经验，对于本科和硕士无需求，也不要求具有 3 年以上的工作经验
铁路车站服务人员	中专/中技占比最高，为 47.5%；其次为学历不限，占比为 33.86%；经验不限占到 95.5%
道路货运服务人员	偏向于学历不限和经验不限，且主要以货运驾驶员为主
道路运输调度员	本科和专科占比为 10.84%、47.29%，其中专科以运输调度员为主；1～3 年工作经验占比为 23.15%，经验不限占比为 65.52%
电子商务服务人员	对于本科、专科学历人才需求占比超过该岗位总需求的 50%
直播销售员	学历不限、专科、中专/中技占比最高，分别为 39.82%、27.43%、26.55%；经验不限占到 80.53%
商品选品员	总需求人数只有 23 人
采购员	本科学历和专科学历人才占比分别为 17.46% 和 64.88%，1～3 年、3～5 年工作经验占比分别为 47.08%、19.14%
营销员	本科学历和专科学历人才占比分别为 33.67% 和 49.88%，经验不限和 1～3 年经验占比为 56.42%、36.59%
营业员	偏向于学历不限和经验不限，同时对专科（14.89%）、中专/中技（16.44%）和高中（25.34%）学历人才也有一定需求
摊商	偏向于学历不限和经验不限，其次为专科（25.11%）和 1～3 年工作经验（11.95%）

通过分析表 2-5 至表 2-8 可知以下内容。

- 仅仓储员、铁路车站服务人员、电子商务服务人员对硕士学历人才有需求，且主要以从事高校教师为主。
- 营销员、电子商务服务人员、仓储员、物流员、采购员对本科学历人才需求量最高，分别为 1 753、329、284、280、260。快递员和铁路列车乘务员对本科学历人才需求数均为 0。其中，快递员对于专科学历人才也无需求。
- 装卸搬运工、仓储员、理货员、物流员、邮件分拣员、快递员、道路货运服务人员、营业员和摊商等岗位在招聘人才时，更倾向于学历不限，且该类人群在其岗位招聘总人数中占比均为最高。上述岗位均属于商贸物流基础操作岗位，对专业技能要求低，且市场需求量大，故学历不限是企业招聘该类岗位的首选。

- 客运售票员、供应链管理员、铁路车站服务人员、电子商务服务人员、采购员等岗位，在人才需求方面，更偏重于专科、中专/中技学历人才，同时对本科学历人才也有一定的需求。
- 现代商贸物流产业所有岗位在招聘人才时，整体以学历不限和经验不限为主。现代商贸物流产业对不限学历人才的需求超过70%，由此也说明该产业的工作中还有大量的操作性工种，对知识技术要求不高。其次，对于专科和中专学历人才的需求量也较高。除此之外，拥有1～3年工作经验的人才更能获得企业青睐。

结合表2-5至表2-8计算可得，对本科学历人才需求量排名前三的岗位是营销员、电子商务服务人员、仓储员，分别占本科学历需求总人数的54.12%、10.16%、8.77%。对专科学历人才需求量排名前五的岗位是营销员、摊商、理货员、电子商务服务人员、客运售票员，分别占专科学历需求总人数的20.00%、15.55%、12.07%、11.03%、9.46%，具体如表2-9、表2-10所示。

表2-9 对本科学历人才需求量排名前三的岗位

岗位	营销员	电子商务服务人员	仓储员
本科学历人才需求量	1 753	329	284
占比	54.12%	10.16%	8.77%

表2-10 对专科学历人才需求量排名前五的岗位

岗位	营销员	摊商	理货员	电子商务服务人员	客运售票员
专科学历人才需求量	2 597	2 019	1 567	1 432	1 228
占比	20.00%	15.55%	12.07%	11.03%	9.46%

为增强研究的可读性，本文对数据的可视化做出了进一步处理，将现代商贸物流产业人才需求的学历占比情况和工作经验占比情况分别采用饼状图进行说明，如图2-2和图2-3所示。

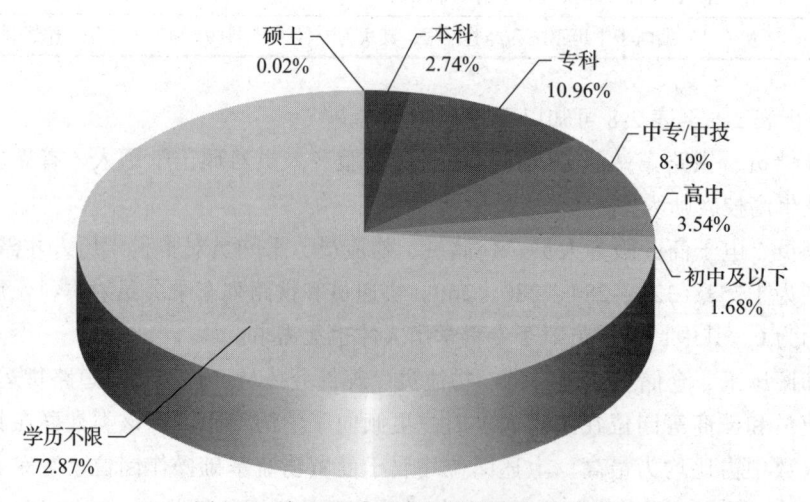

图2-2 产业人才需求的学历占比分布图

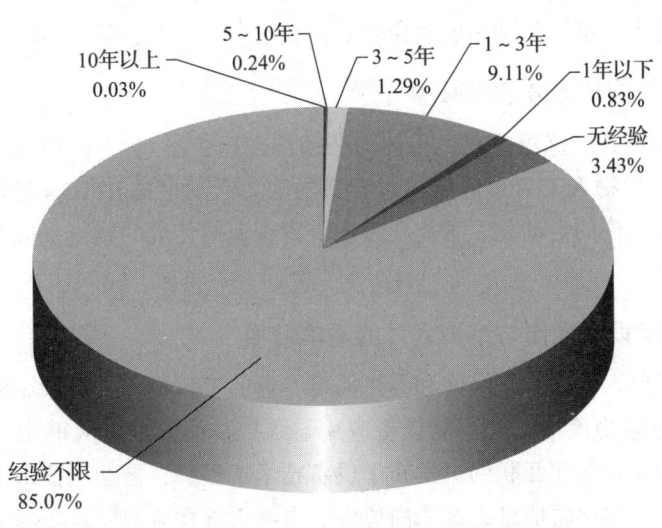

图 2-3　产业人才需求的工作经验占比分布图

（3）经营管理岗位与技术技能岗位人才需求分析。本次人才测算的目的是为河北省学科专业优化调整提供参考依据，而基础操作岗位人才，如装卸搬运工、快递员、邮件分拣员、营业员、道路货运服务人员等，均为操作性工种，对知识技术要求不高。企业招聘该类岗位时，以学历不限和经验不限为主。因此，我们不再对基础操作岗位人才需求进行分析，重点对经营管理岗位和技术技能岗位人才需求进行进一步分析。

首先，经营管理岗位人才包括：营销员、电子商务服务人员、供应链管理员。技术技能岗位人才包括：仓储员、物流员、采购员、道路运输调度员。然后，结合表 2-5 至表 2-8、图 2-2、图 2-3 的数据，对两类岗位需求人才的学历和工作经验的数据进行汇总，结果如表 2-11 所示。

表 2-11　经营管理岗位和技术技能岗位人才需求数据

类型	经营管理岗位人才			技术技能岗位人才			
岗位	营销员	电子商务服务人员	供应链管理员	仓储员	物流员	采购员	道路运输调度员
本科学历需求	1 753	329	52	284	280	260	22
合计/占比	2 134/65.88%			846/26.12%			
1～3年工作经验需求	1 905	1 110	40	851	584	701	47
合计/占比	3 055/28.30%			2 183/20.22%			

可见，经营管理岗位和技术技能岗位更偏向于本科学历和有 1～3 年工作经验的人才。这两类岗位对本科学历人才的需求占本科学历人才需求总人数的 65.88% 和 26.12%，两者总占比超九成。在招聘这两类岗位时，企业对有 1～3 年工作经验的人才需求占比分别为 28.30% 和 20.22%。

(三) 企业调研访谈结果分析

针对人才需求的现状和未来发展情况，调研访谈了京东、菜鸟、顺丰、北国物流等多家商贸物流企业的管理人员，归纳出的共识性观点如下。

1. 物流基础性岗位人才需求减少

传统的人工搬运、分拣等重复性重体力劳动被搬运机器人、自动分拣机器人等机械化、智能化设备取代，货物人工盘点等低技术含量的脑力活动也被RFID（射频识别技术）等信息技术取代。现代物流的自动化、智能化发展使得企业对传统的物流基础性岗位的需求大大减少。

2. 对物流智能设备操作与维护人才的需求增加

智能设备、机器人的操作、维修和养护需要专业的工程技术人员来完成，传统的物流人才并不具备相关智慧物流知识及智能设备应用与维护技能，难以从事相关工作。目前，顺丰、京东等多家物流企业在互联网上发布了设备技术工程师、自动化技术工程师、无人机起降操作工程师等岗位的招聘信息，这些岗位人员主要负责物流智能设备的运行、维修及保养工作。可见，企业对物流智能设备操作与维护人才的需求明显增加。

3. 对高端专业技术类人才的需求增加

智慧物流需要专业的技术技能人才，以对现代信息技术进行深入研究，熟练应用这些技术辅助物流决策，提高物流管理效率。通过调研发现，目前物流企业对人工智能工程技术人员、物联网工程技术人员、大数据工程技术人员和云计算工程技术人员等高端专业技术类人才的需求大幅增长，仅顺丰一家企业在其招聘官网发布的与大数据相关的技术岗位信息就达60条以上。

4. 对复合型应用型人才的需求增加

现代物流企业越来越看重复合型、应用型人才，招聘的员工不仅要具备物流业务专业知识，同时要具备与业务相关的信息技术理论与实践应用能力，能够在物流相关岗位上充分应用现代信息技术解决物流专业问题。如顺丰发布的运营管理专员岗位就要求应聘人员熟悉快递、快运业务，具备航空物流、三方物流运营经验，同时要具备较强的方案数据分析能力、异常分析能力，能够运用物联网、大数据等现代信息技术进行运输方案规划，实现产品时效提升、客诉管控以及操作流程优化。

5. 对物流人才经验的需求更加丰富

智慧物流背景下，物流人才不仅要具备全面的知识体系，还要具备丰富的物流实践经验。没有实践经验的高校应届毕业生通常难以在物流企业从事较高层次的工作。如顺丰发布的数据专员岗位，不仅要求应聘人员能够熟练使用Excel、SQL等软件，具备良好的数据分析与处理能力，同时还要求应聘人员具有物流仓储经验。

四、产业人才需求测算与分析

（一）人才需求测算思路

考虑到政府统计年鉴数据的权威性和产业数据的总括性，以及网络招聘数据的鲜活性和多样性，本文首先结合河北省统计局统计年鉴、河北省2022年国民经济和社会发展统计公报、教育部公布的相关数据，分析产业总体人才需求情况。再结合招聘网站数据与高校毕业生数据，对现代商贸物流产业高校毕业生人才需求进行测算。

（二）现代商贸物流产业带动就业分析及预测

根据现代商贸物流产业与人才需求数量的关系，利用 Maple 软件数值拟合模型得出 2022 年底人才需求数量。鉴于灰色预测模型所需要的建模信息少，运算方便，建模精度高，在各种预测领域都有着广泛应用，所以利用灰色预测模型 GM（1，1）对现代商贸物流产业增加值和就业人数进行预测，结果如图 2-4、图 2-5、表 2-12 所示。

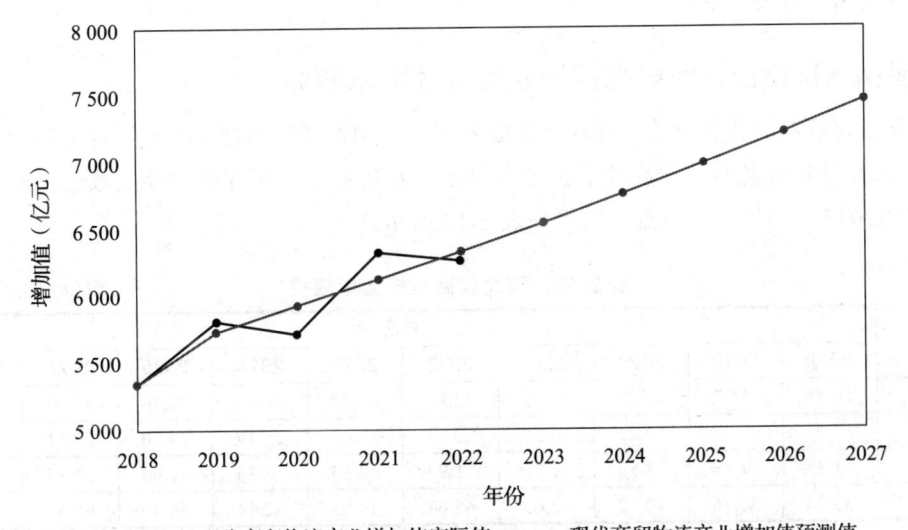

图 2-4　基于灰色预测模型的现代商贸物流产业增加值的实际值与预测值

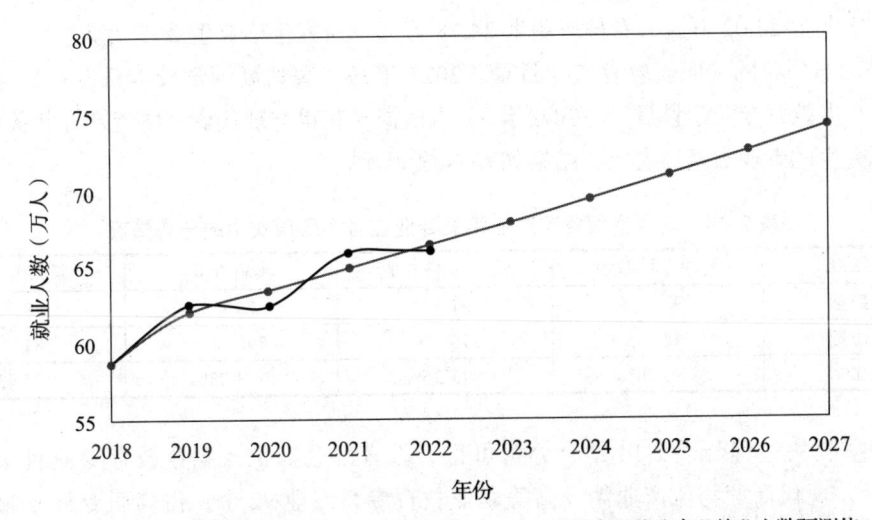

图 2-5　基于灰色预测模型的现代商贸物流产业就业人数的实际值与预测值

表 2-12　产业增加值与就业人数实际值及基于灰色模型的预测值

年份	2018	2019	2020	2021	2022	2023E	2024E	2025E	2026E	2027E
现代商贸物流产业增加值的预测值（亿元）	5 328.8	5 808.5	5 707.4	6 323.9	6 262.4	6 536.4	6 754.8	6 980.4	7 213.6	7 454.6
商贸物流产业就业人数（万人）	58.6	62.5	62.5	65.9	66.1	67.9	69.4	71.0	72.6	74.2

注：E 表示预测值。

由表 2-12 可知，2023—2027 年现代商贸物流产业带动就业人数分别为 67.9 万人、69.4 万人、71.0 万人、72.6 万人、74.2 万人。可见，现代商贸物流产业对缓解就业压力、优化就业结构做出了重要贡献。

（三）现代商贸物流产业对高校毕业生人才需求测算

依据教育部、河北省统计局统计年鉴以及河北省国民经济和社会发展统计公报数据，获得 2018—2022 年河北省普通高等学校本专科全日制毕业生、研究生毕业生数据。然后，测算 2023—2027 年的毕业生数据，结果如表 2-13 所示。

表 2-13　河北省高校毕业生规模　　　　　　　　（单位：万人）

学历	2018	2019	2020	2021	2022	**2023**	**2024**	**2025**	**2026**	**2027**
专科	16.74	18.33	19.29	21.03	22.83	24.78	26.90	29.20	31.69	34.40
本科	17.14	17.45	19.22	19.85	20.91	22.02	23.19	24.50	25.81	27.19
研究生	1.36	1.38	1.59	1.75	1.93	2.13	2.35	2.60	2.87	3.17
合计	35.24	37.16	40.10	42.63	45.67	48.93	52.44	56.30	60.37	64.76

注：加粗部分为预测值。

根据表 2-13 可得，2023 年河北省普通高校全日制毕业生预计有 48.93 万人。据测算，其中本科毕业生 22.02 万人、专科毕业生 24.78 万人，研究生毕业生 2.13 万人。

以教育部公布的《职业教育专业目录（2021 年）》《普通高等学校本科专业目录（2023 年）》《研究生教育专业学科目录（2022 年）》为依据，获得与现代商贸物流产业相关的专科、本科和研究生的专业数量与占比，结果如表 2-14 所示。

表 2-14　现代商贸物流产业相关专业在各学历层次中的分布情况

比较维度	高职专科专业	高职本科专业	本科专业	研究生专业
专业数量	92	31	24	8
专业总数	748	273	792	181
占比	12.30%	11.36%	3.03%	4.42%

将数据收集过程与表 2-14 结合分析可得，教育部公布的《职业教育专业目录（2021 年）》显示，现代商贸物流产业涉及高等职业教育专科专业 92 个，占高职专科专业总数的 12.30%；涉及高等职业教育本科专业 31 个，占高职本科专业总数的 11.36%。教育部发布的《普通高等学校本科专业目录（2023 年）》中，现代商贸物流产业相关专业 24 个，占本科专

业总数的 3.03%，其中供应链管理、跨境电子商务、智慧交通和智能运输工程专业分别为 2017 年、2019 年、2020 年和 2021 年新增设的专业。教育部发布的《研究生教育专业学科目录（2022 年）》中，现代商贸物流产业相关专业 8 个，占研究生专业总数的 4.42%。

将表 2-14 所得数据与表 2-13 所得预测数据相结合，对 2023 年至 2027 年现代商贸物流产业相关专业的毕业生人数及各学历层次人员需求进行测算，结果如表 2-15 所示。

表 2-15　现代商贸物流产业相关的高校毕业生规模测算　（单位：万人）

学历	2023	2024	2025	2026	2027
专科	5.86	6.36	6.91	7.49	8.14
本科	0.67	0.70	0.74	0.78	0.82
研究生	0.09	0.10	0.11	0.13	0.14
合计	6.62	7.16	7.76	8.40	9.10

结合图 2-2、表 2-12 和表 2-15 可知，2024—2027 年现代商贸物流产业就业人数中的高校毕业生占比极低，如 2024 年预测就业数为 69.4 万人，产业相关专科、本科、研究生毕业生数分别为 6.36 万、0.70 万、0.10 万，仅占总就业数的 9.2%、1% 和 0.01%，均低于当前采集数据所得的占比 10.96%、2.63% 和 0.02%。结合图 2-3 和表 2-7 可知，现代商贸物流产业中多数企业并不介意应聘者的相关工作经验，这也进一步说明，高校毕业生在该产业方面的竞聘实力较强。综上来看，与现代商贸物流产业带动就业数对比来看，当前院校毕业的现代商贸物流产业人才无法满足旺盛的产业人才总体数量和不断提高的质量需求。

五、有关意见建议

（一）加大对商贸物流类本科教育的财政支持力度

鉴于物联网、大数据等相关信息技术的广泛渗透，现代商贸物流产业对物流类本科人才需求旺盛。应该加大对商贸物流人才，尤其是物流类、电子商务类、数字经济类、经济与贸易类本科人才培养的财政资金投入力度，重点在实验室建设、高水平师资队伍建设、省级教育教学改革项目、省级科研项目、高水平课程资源开发、高水平教材建设等方面加大支持力度。

（二）加强智慧物流、数字化物流专业建设

高校作为专业人才培养方案和人才培养目标的制定者，应结合当前数字经济、智慧物流的发展背景，针对现代商贸物流产业的岗位需求变化与特征，为实现多元化人才、高素质复合型人才培养目标进行专业建设。与此同时，为满足产业发展需要，可与物流产业专家、企业高管联合制订专业培养方案。在课程设置中加入智慧物流、数字化物流信息技术和智能设备应用等相关课程模块，培养学生智慧物流技术应用能力和智能设备操作能力。同时，与龙头企业、科研院所、创新平台等开展现代商贸物流重大基础研究和示范应用，鼓励商贸物流领域研究开发、创业孵化、技术转移、检验检测认证、科技咨询等创新服务机构的发展，提升其专业化服务能力。

（三）充分发挥政府、社会与高校在学科结构建设中的作用

为使专业设置满足地方发展需要，依据区域内产业优化升级的要求，针对商贸物流相关专业，地方政府可制定短期和中长期的发展规划，在控制专业总量的基础上，为避免造成教育资源浪费，需要避免重复设置专业。同时，为增强专业设置的灵活性，可设置相应的社会评价、监督和保障体系，通过收集反馈建议不断明确专业设置的方向。对于高校而言，需要以区域产业发展为引导，制定明确的学科发展定位，以形成区域内拥有各自优势特色的学科专业。

六、结论

人才是产业发展的驱动力，通过对河北省现代商贸物流产业人才需求的现状分析与测算可知，现代商贸物流产业作为典型的劳动力密集型产业，从业门槛低、吸纳就业能力强，该产业的工作中还有大量的操作性工种，对知识技术要求不高。伴随着新一轮科技革命和产业变革，数字技术广泛应用于该领域，因此，在学科设置中需要加强智慧物流、数字化物流专业建设，并充分发挥政府扶持、社会监督与高校执行三位一体的学科优化建设。

参考文献

[1] 蔡南珊. 城市商贸物流发展瓶颈及对策[J]. 天津市财贸管理干部学院学报, 2008（4）: 3-5.

[2] 王之泰. 商贸物流探析[J]. 中国流通经济, 2011（10）: 8-11.

[3] 张勇, 赵婉华. 河北商贸物流产业集群现状及创新发展思路[J]. 商业经济研究, 2017（2）: 103-106.

[4] 邓欣. 互联网时代商贸物流业发展的战略转型研究[J]. 全国流通经济, 2023（9）: 8-11.

[5] 张春娇. 市场营销模式创新促进商贸物流现代化的措施途径[J]. 产业创新研究, 2023（5）: 85-87.

[6] 杨蔚民. 商贸物流产业"链长制"的制度设计、实施路径与风险防范[J]. 商业经济研究, 2022（6）: 126-128.

[7] 张贵炜, 鲍琳, 赵晓辉. 河北邯山经济开发区商贸智慧物流园构建[J]. 物流技术, 2022, 41（10）: 19-22.

[8] 石林. 京津冀商贸物流业协同创新发展体系构建[J]. 商业经济研究, 2020（2）: 100-103.

[9] 李杰, 黄欢. 京津冀环雄安区域商贸物流一体化发展研究[J]. 全国流通经济, 2019（6）: 10-12.

河北省大数据人才需求预测研究

◎刘 烨 胡文岭

[摘 要] 本文运用网络调查法对2023年7月河北省的500余条招聘信息进行搜集，分析招聘单位对大数据人才需求学历和工作经验的要求，结合河北省国民经济和社会发展统计公报与河北省统计局统计年鉴，分析大数据产业总体人才需求情况。研究结果表明：本科及专科学历在招聘需求中占比最高，分别为20.66%、47.94%；工作经验不限是用人单位招聘该类岗位的首选；河北省院校毕业的大数据人才数量无法满足本省旺盛的产业人才需求。

[关键词] 大数据产业；人才需求；人才培养

一、大数据产业发展现状与前景

大数据是新一轮科技革命和产业变革的重要驱动力量，是构建数字社会和数字经济的核心基础，是塑造国家竞争力的重要抓手。"十三五"[1]期间，我国确立了大数据发展战略，将大数据作为基础性战略资源，全面实施促进大数据发展行动，加快推动数据资源共享开放和开发应用，助力产业转型升级和社会治理创新。"十四五"规划纲要对数字中国建设做出顶层设计，提出要打造数字经济新优势、加快数字社会建设步伐、提高数字政府建设水平、营造良好数字生态[2]。

我国工业和信息化部发布的《"十四五"大数据产业发展规划》中明确指出，"十三五"期间，我国大数据产业快速起步，据测算，产业规模年均复合增长率超过30%，2020年超过1万亿元，发展取得显著成效，逐渐成为支撑我国经济社会发展的优势产业[3]。河北省2020年出台的《河北省数字经济发展规划（2020—2025年）》提出，要推动京津冀大数据综合试验区创新发展，依托国家批复的京津冀大数据综合试验区，深化大数据在环保、交通、健康、旅游等领域的创新应用，大力实施"5G+""人工智能+""区块链+"等试点示范[4]。因此，加快培养发展一大批兼顾大数据技术和行业经验的复合型人才是我国从"数据大国"迈向"数据强国"的关键。

二、大数据产业相关人才需求情况

（一）大数据产业涉及方向及岗位

根据工业和信息化部发布的《大数据产业人才岗位能力要求》，大数据产业对人才需求围绕数据预处理、数据标注、数据分析、产品开发、项目实施与运维、平台建设、数据安全、数据管理、运营与应用、咨询服务等10个方向。具体岗位及职责如表3-1所示。

表3-1 大数据产业涉及的具体岗位及职责

方向	岗位名称	岗位职责
数据预处理	数据采集工程师	负责大数据采集方案设计与开发，实现基于系统集成、日志、网络爬虫等的数据采集
	数据清洗工程师	负责发现和处理数据异常，制定确保数据质量的流程和制度
	数据存储工程师	负责设计和开发大数据存储系统，解决存储性能优化、容量规划
数据标注	标注采集工程师	负责合法、合规地采集人工智能算法所需特定结构化和非结构化数据
	数据标注工程师	负责数据标注方案的执行，保证标注质量、数据质量和数量
	标注质检工程师	负责数据质检和验收、质检人员培训考核、数据质量反馈与改善
	标注管理工程师	负责数据采集、标注、质检项目方案制定与执行、质量把控和交付
数据分析	数据算法工程师	负责选择、组合或定制化设计适合问题模型的求解算法，并对算法进行调优、性能分析与泛化能力评价
	数据挖掘工程师	负责利用算法从大量数据中搜索隐藏于其中的信息，提高大数据利用效率
	数据分析工程师	负责数据统计分析、深度挖掘分析与业务预测，并形成分析报告
	数据可视化工程师	负责开发数据可视化产品、输出数据可视化图表和报告
产品开发	数据产品架构工程师	负责大数据产品架构设计和优化
	数据开发工程师	负责大数据产品技术方案设计与大数据应用开发
	数据测试工程师	负责大数据产品质量控制活动
	大数据产品经理	负责大数据产品需求、规划、设计、交付、产品持续迭代优化
项目实施与运维	大数据解决方案工程师	负责大数据项目售前技术方案的编写，协同制定项目整体实施方案
	数据实施工程师	负责大数据项目现场部署、实施、跟进
	数据运维工程师	负责大数据项目基础环境、硬件、软件、安全运维及运维管理
平台建设	数据平台架构师	负责企业级大数据平台的架构设计与建设方案制定，统筹大数据平台建设实施
	数据平台开发工程师	负责基于企业级大数据平台进行平台软件定制开发
	数据平台运维工程师	负责完成大数据平台的部署、监控、分析、调优
数据安全	数据安全架构工程师	负责制定大数据安全体系顶层规划与设计，设计组织架构和安全管理体系
	数据安全评估工程师	负责分析、评估大数据中存在的威胁、漏洞及风险，并提出改进措施
	数据安全运维工程师	负责大数据安全巡检、安全加固、脆弱性检查、渗透性测试应急保障

(续)

方向	岗位名称	岗位职责
数据管理	数据治理工程师	负责制定大数据战略、组织结构、规章制度
	数据管理工程师	负责大数据全生命周期管理
运营与应用	数据运营工程师	负责大数据平台、社区、生态、产品、数据、内容等具体的运营推广工作
	数据应用工程师	负责垂直行业大数据价值挖掘与大数据应用开发和推广
咨询服务	大数据咨询师	负责提供大数据平台建设、数据全生命周期管理、业务数字化及数字业务化解决方案的咨询服务
	大数据培训师	负责大数据培训方案设计、课程开发、人才培养
	社群管理师	负责社群用户和交互数据的安全可追溯，打造符合定位的社群内容与产品

（二）基于招聘网站的人才需求现状分析

1. 数据采集

为保障数据采集的全面性、科学性及实践性，根据《中华人民共和国职业分类大典（2022年版）》，结合工业和信息化部发布的《大数据产业人才岗位能力要求》，以及智联招聘网站上的初步筛选，将信息传输、软件和信息技术服务中与大数据产业人才岗位有关的职业分为10类：数据采集/清洗工程师、标注管理工程师、数据算法/数据挖掘工程师、数据分析/可视化工程师、数据开发工程师、数据运维工程师、数据平台架构/开发/运维工程师、数据治理/管理/安全工程师、数据运营/应用工程师、大数据培训师。

在采集招聘网站数据时利用八爪鱼采集器对招聘网站数据进行全面的搜索分析。在上述职业方向分类的基础上，将各职业方向岗位作为单一搜索关键词，选择工作地点为"河北省"，工作类型为"全职"，并将岗位名称、学历、工作经验、公司性质、公司名称、薪资、招聘人数等作为搜索字段，获得2023年7月河北省最新发布的原始数据778条，每一类职业的具体检索信息如表3-2所示。

表3-2 数据采集职业分类汇总

大类	岗位名称	招聘信息中具体岗位类别
数据预处理	数据采集/清洗工程师	数据处理工程师、数据采集与分析师等
数据标注	标注管理工程师	数据标注员、数据标注质检专员等
数据分析	数据算法/数据挖掘工程师	电商数据分析专员、高级数据管理员、数据智能工程师、机器算法工程师、数据挖掘与分析、大数据应用研究工程师等
	数据分析/可视化工程师	数据分析师、舆情分析师、软件数据分析师、商业数据分析、用户数据分析主管、环境监测数据分析师、碳数据分析师、医药学数据分析师、生物信息学分析师等
产品开发	数据开发工程师	数据开发工程师、数据开发员、数据研发工程师、数据产品经理等
项目实施与运维	数据运维工程师	数据测试工程师、数据库运维工程师、驻场数据运维工程师、数据中心运维工程师等

(续)

大类	岗位名称	招聘信息中具体岗位类别
平台建设	数据平台架构/开发/运维工程师	数据架构师、数据平台工程师、ETL数据工程师、Hadoop平台运维工程师等
数据管理/数据安全	数据治理/管理/安全工程师	数据治理工程师、数据协调、数据安全工程师、数据管理专员等
运营与应用	数据运营/应用工程师	数据应用工程师、数据售前工程师、数据运营专员等
咨询服务	大数据培训师	大数据讲师、数据分析课程、BI数据分析课程等

2. 数据清洗及转换

针对每一类职业的采集数据结果，首先将信息有缺失的数据删除。然后，参照《中华人民共和国职业分类大典（2022年版）》及工业和信息化部发布的《大数据产业人才岗位能力要求》，将采集数据中岗位名称与岗位主要任务介绍不相符的删除，将没有显示招聘人数的删除。经过上述数据分析、筛选、清洗，获得河北省有效招聘数据511条，合计招聘人数为1 356人。

3. 数据分析

（1）各类岗位招聘人数分布情况分析。图3-1为河北省大数据产业各类岗位招聘人数分布，通过观察可知，河北省大数据人才需求中数据分析/可视化工程师需求最高，河北省急需数据分析/可视化人才。

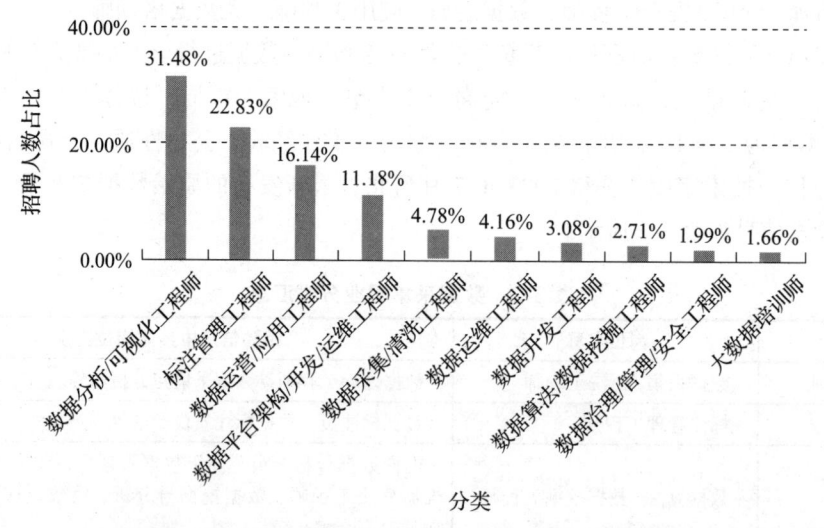

图3-1 河北省大数据产业各类岗位招聘人数分布图

（2）各类岗位对人才学历与工作经验要求的数据分析。根据清洗后的数据，对每一类岗位的学历分布和工作经验要求情况进行汇总。具体来说，将学历分为硕士、本科、专科、中专/中技、高中、初中及以下、学历不限7种；将工作经验分为10年以上、5～10年、3～5年、1～3年、1年以下、无经验和经验不限7种。表3-3和表3-4分别为各岗位对学历、工作经验的需求情况。

表 3-3 各岗位对学历的需求情况分析

岗位名称	硕士	本科	专科	中专/中技	高中	初中及以下	学历不限
数据采集/清洗工程师	7.58%	12.12%	62.12%	1.52%	1.52%	—	15.15%
标注管理工程师	—	1.27%	37.72%	11.89%	31.54%	0.32%	17.27%
数据算法/数据挖掘工程师	84.00%	16.00%	—	—	—	—	—
数据分析/可视化工程师	2.18%	28.28%	64.6%	1.15%	0.11%	—	3.68%
数据开发工程师	—	76.47%	23.53%	—	—	—	—
数据运维工程师	—	34.78%	33.91%	2.61%	6.59%	8.70%	13.04%
数据平台架构/开发/运维工程师	0.65%	14.56%	79.29%	3.88%	—	—	1.62%
数据治理/管理/安全工程师	—	38.18%	60.00%	—	—	—	1.82%
数据运营/应用工程师	—	26.01%	22.42%	—	2.24%	—	49.33%
大数据培训师	53.48%	31.74%	14.78%	—	—	—	—

表 3-4 各岗位对工作经验的需求情况分析

岗位名称	10年以上	5～10年	3～5年	1～3年	1年以下	无经验	经验不限
数据采集/清洗工程师	—	0.76%	0.76%	20.45%	0.76%	0.76%	76.52%
标注管理工程师	—	—	0.48%	5.39%	3.33%	6.97%	83.84%
数据算法/数据挖掘工程师	—	—	2.67%	—	—	—	97.33%
数据分析/可视化工程师	1.15%	1.38%	5.06%	19.66%	0.11%	0.11%	72.53%
数据开发工程师	—	14.12%	34.12%	27.06%	—	11.76%	12.94%
数据运维工程师	—	5.22%	17.39%	24.35%	26.09%	—	26.69%
数据平台架构/开发/运维工程师	0.32%	4.85%	20.71%	12.62%	—	32.69%	28.80%
数据治理/管理/安全工程师	—	3.64%	5.45%	36.36%	9.09%	1.82%	43.64%
数据运营/应用工程师	—	2.24%	2.91%	20.63%	0.45%	—	73.77%
大数据培训师	—	13.04%	—	34.78%	—	—	52.17%

通过观察可知以下信息。

- 仅数据采集/清洗工程师、数据算法/数据挖掘工程师、数据分析/可视化工程师、数据平台架构/开发/运维工程师和大数据培训师对硕士学历人才有需求，工作经验不限或无经验是企业招聘该类岗位的首选。
- 本科学历需求排名前三的岗位分别是数据开发工程师、数据治理/管理/安全工程师、数据运维工程师，这三类岗位对工作经验有一定要求，因此建议学生在学校学习期间增加实习经历。对专科学历需求排名前三的岗位分别是数据平台架构/开发/运维工程师、数据分析/可视化工程师、数据采集/清洗工程师，由于社会需求量大，因此工作经验不限或无经验是企业招聘该类岗位的首选。
- 数据运营/应用工程师对学历、工作经验要求均不高，主要原因在于运营方面的工作对知识技术要求不高。

图 3-2、图 3-3 分别为河北省大数据人才岗位对学历、工作经验的需求情况汇总。总的来说，本科及专科学历在人才需求中占比最高，分别为 20.66%、47.94%；由于人才需求量大，因此工作经验不限是企业招聘该类岗位的首选。

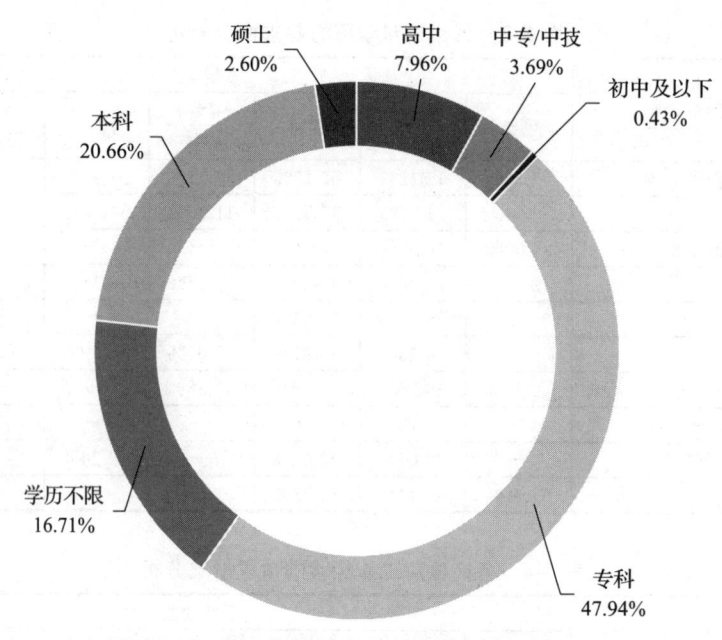

图 3-2　河北省大数据人才岗位需求学历占比分布

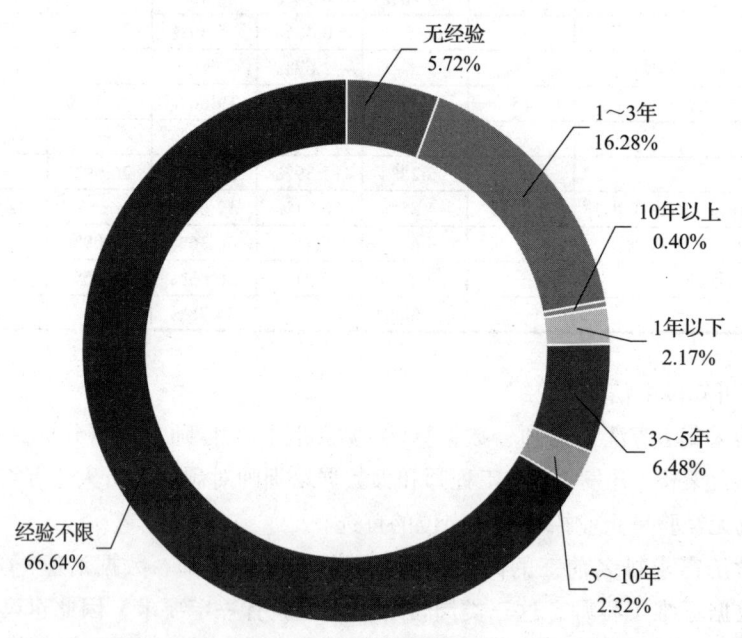

图 3-3　河北省大数据人才岗位需求工作经验占比分布

三、大数据产业人才需求测算与分析

（一）人才需求测算思路

本文结合河北省国民经济和社会发展统计公报、河北省统计局统计年鉴，分析大数据产业总体人才需求情况。再结合招聘网站数据与高校毕业生数据，对大数据产业高校毕业生人才需求进行测算。

(二)大数据产业带动就业分析及预测

根据大数据产业与人才需求数量的关系,利用 Python 软件数值拟合模型得出 2022 年年底人才需求数量。鉴于灰色预测模型所需的建模信息少,运算方便,建模精度高,在各种预测领域都有着广泛应用,所以利用灰色预测模型 GM(1,1)对大数据产业与就业情况进行预测,结果如图 3-4、图 3-5、表 3-5 所示。

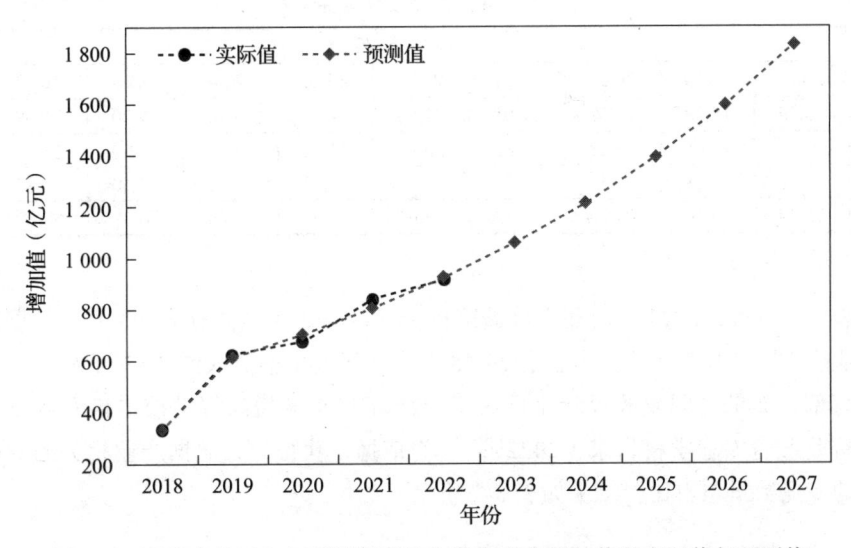

图 3-4 河北省基于灰色预测模型的大数据产业增加值的实际值与预测值

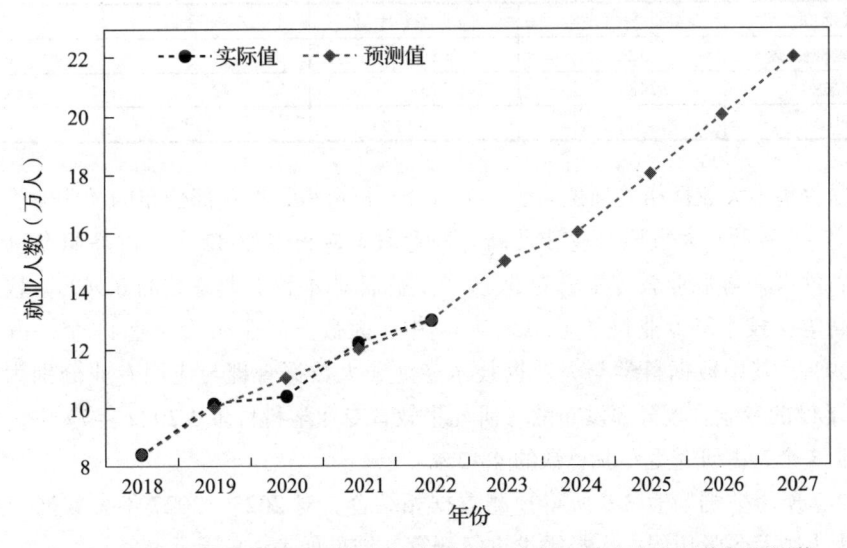

图 3-5 河北省基于灰色预测模型的大数据产业人才需求的实际值与预测值

表 3-5 河北省信息技术服务总额与就业人数基于灰色模型的预测值

年份	2018	2019	2020	2021	2022	**2023**	**2024**	**2025**	**2026**	**2027**
信息技术服务总额(亿元)	334.1	618.7	681.2	836.5	914.4	1 059.0	1 214.0	1 392.0	1 595.0	1 829.0
信息技术服务就业人数(万人)	8.4	10.1	10.4	12.2	13.0	15.0	16.0	18.0	20.0	22.0

注:加粗部分为预测值。

（三）高校毕业人才需求测算

根据教育部、河北省统计局统计年鉴以及河北省国民经济和社会发展统计公报数据，获得2018—2022年河北省普通高等学校本专科全日制毕业生、研究生毕业生数据。然后，测算2023—2027年的毕业生数据，结果如表3-6所示。

表3-6　河北省高校毕业生规模　　　　　　（单位：万人）

学历	2018	2019	2020	2021	2022	**2023**	**2024**	**2025**	**2026**	**2027**
专科	16.74	18.33	19.29	21.03	22.83	24.78	26.90	29.20	31.69	34.40
本科	17.14	17.45	19.22	19.85	20.91	22.02	23.19	24.50	25.81	27.19
研究生	1.36	1.38	1.59	1.75	1.93	2.13	2.35	2.60	2.87	3.17
合计	35.24	37.16	40.10	42.63	45.67	48.93	52.44	56.30	60.37	64.76

注：加粗部分为预测值。

根据表3-6可得，2023年河北省普通高校全日制毕业生预计有48.93万人。据测算，其中本科毕业生22.02万人、专科毕业生24.78万人，研究生毕业人数2.13万人。

以教育部公布的《职业教育专业目录（2021年）》《普通高等学校本科专业目录（2023年）》《研究生教育专业学科目录（2022年）》为依据，获得与大数据产业相关的专科、本科和研究生的专业数量与占比，结果如表3-7所示。

表3-7　大数据产业相关专业在各学历层次中的分布情况

比较维度	高职专科专业	高职本科专业	本科专业	研究生专业
大数据专业数量	32	19	11	8
专业总数	748	273	792	181
占比	4.27%	6.96%	1.39%	4.42%

将数据收集中大数据相关岗位与表3-7结合分析可得，教育部公布的《职业教育专业目录（2021年）》显示，大数据产业涉及高等职业教育专科专业32个，占高职专科专业总数的4.27%；涉及高等职业教育本科专业19个，占高职本科专业总数的6.96%。教育部发布的《普通高等学校本科专业目录（2023年）》中，大数据产业相关专业11个，占本科专业总数的1.39%，其中数据科学与大数据技术专业、大数据管理与应用专业分别为2015年、2017年新增设的专业。教育部发布的《研究生教育专业学科目录（2022年）》中，大数据产业相关专业8个，占研究生专业总数的4.42%。

将表3-7所得数据与表3-6所得预测数据相结合，对2023—2027年大数据产业相关专业的毕业生人数及各学历层次人员需求进行测算，结果如表3-8所示。

表3-8　大数据产业相关的高校毕业生规模测算　　　　　　（单位：万人）

学历	2023	2024	2025	2026	2027
专科	1.06	1.15	1.25	1.35	1.47
本科	0.62	0.65	0.69	0.72	0.76
研究生	0.09	0.10	0.11	0.13	0.14
合计	1.77	1.90	2.05	2.20	2.37

综上来看，河北省 2023—2027 年信息技术服务就业人数预计 91 万，而 2023—2027 年河北省大数据相关高校毕业生规模约为 10.29 万人，人才数量无法满足旺盛的产业人才总体数量。河北省大数据人才岗位对本科及专科学历的人才需求较高，河北省 2023—2027 年大数据专业专科、本科毕业生人数在河北省专科、本科毕业生总人数中的占比预计为 4.2%、2.8%，需要统筹协调增加大数据人才产出。

四、加快培养大数据人才的对策建议

（一）统筹协调、布局大数据相关专业，增加大数据人才产出

大数据人才培养是推动河北省数字经济发展的动力源泉，通过分析河北省大数据岗位招聘信息可以看出当前院校毕业的大数据专业人才数量无法满足旺盛的大数据产业人才需求。政府应当鼓励和支持高校设立大数据相关学士、硕士、博士学位点，加强学位点建设，适当扩大本科阶段大数据相关专业的招生规模，注重基础知识与技能的扎实培养，努力培养具备良好理论素养和初步实践能力的基础性大数据人才，同时增加硕士研究生和博士研究生层次大数据专业的人才名额，着重提升学生解决复杂问题、创新研究的能力，培养高层次的数据科学家和技术领军人才。

（二）加强师资团队建设，提升大数据专业培养质量

大数据是新一轮科技革命和产业变革的重要驱动力量，是构建数字社会和数字经济的核心基础。因此师资力量建设是发展大数据专业的重中之重，高校应该重视教师的培养，通过提供学术交流、培训和科研项目等方式，强化教师的专业知识。同时，加强"双师双能型"教师队伍建设，鼓励或选派教师到企业或研究机构实践，积累实际经验，提升大数据专业人才培养质量。

（三）加强产学研合作，促进大数据专业发展

高校应根据大数据岗位需求的动态变化及其特性，协同大数据领域的行业专家与企业力量，共同设计大数据管理与应用专业的人才培养方案及人才发展目标，培养高素质复合型、应用型人才。在课程体系中需要以时代发展为引领，以社会需求为导向，以培养高素质人才为中心，改革教学模式，强化实践教学、学生实习环节，构建符合经济新业态下科技产业对人才需求的知识体系。同时，与国家各级管理部门、工商企业、金融机构、科研单位等开展大数据产业重大基础研究和示范应用，为经济社会发展储备高水平应用型人才。

（四）加强高校实验实训平台建设，培育大数据专业人才创新思维与实践能力

加强高校实验实训平台建设的投入，包括实验实训平台建设资金投入、校企合作共建实验室等，为大数据专业人才培养中的实践实训提供硬件支持。同时，地方政府、高校还可以通过开展大数据竞赛、培训等活动，以学科竞赛等创新实践项目为抓手，以科研项目带动创新实践，提升大数据专业人才的技能水平，培育大数据专业人才的创新思维与实践能力。

参考文献

［1］ 中华人民共和国中央人民政府. 中华人民共和国国民经济和社会发展第十三个五年规划纲要［EB/OL］.（2016-03-17）[2025-02-06]. https://www.gov.cn/xinwen/2016-03/17/content_5054992.htm.

［2］ 中华人民共和国中央人民政府. 中华人民共和国国民经济和社会发展第十四个五年规划和2035年远景目标纲要［EB/OL］.（2021-03-13）[2025-02-10]. https://www.gov.cn/xinwen/2021-03/13/content_5592681.htm.

［3］ 工业和信息化部. 工业和信息化部关于印发"十四五"大数据产业发展规划的通知［EB/OL］.（2021-11-15）[2025-02-15]. https://www.gov.cn/zhengce/zhengceku/2021-11/30/content_5655089.htm.

［4］ 河北省人民政府. 河北省人民政府关于印发河北省数字经济发展规划（2020-2025年）的通知［EB/OL］.（2020-04-19）[2025-02-02]. https://gxt.hebei.gov.cn/main/policy/zxzcdetail?id=6675.

河北省建筑业工程管理人才需求测算研究

◎张 敏

[摘 要] 建筑业在工程管理专业学生的就业去向中占据了重要地位。本文基于建筑业发展现状，针对当前的市场趋势和工程管理岗位的实际需求进行测算与分析。网络调查与预测模型分析表明，本科、专科学历在招聘需求中占比最高，分别为27.4%、46.74%；对比建筑业带动工程管理人才就业需求，工程管理相关专业毕业生供给远未饱和。基于人才需求测算与企业访谈分析情况，建议加强工程管理专业数字化升级建设，凝练财经类院校工程管理专业特色，加强学科间及相近学科交叉融合发展。

[关键词] 建筑业；工程管理；人才需求；人才培养

一、行业发展现状与前景

工程管理服务行业的发展与国民经济运行状况、国家固定资产投资规模密切相关。作为工程建设价值链的前端，工程管理服务行业涉及众多领域，如商业办公、科教文化、医疗等公共事业，铁路、公路、城市公共交通等基础设施建设，工业建筑及居住建筑等国民经济生产生活的诸多方面，提供从项目策划、设计、施工到运营维护等全过程的咨询服务。工程管理专业的毕业生能够在国内外土木工程及其他工程领域进行工程决策和从事全过程工程管理与相关专业管理，能在建筑、房地产类企业从事工程审计、工程管理、工程造价等工作，能在工程类企业从事工程管理、施工组织等工作，也能在金融、证券及保险企业、制造类企业、物流企业、中介及服务业企业、IT类高科技企业及投资企业从事项目管理工作[1]。

河北省正在统筹推进新型基础设施和传统基础设施建设协同发展，加大力度补短板、强弱项，着力打造系统完备、高效实用、智能绿色、安全可靠的现代化基础设施体系，助推产业结构迭代升级。此外，高标准高质量推进雄安新区建设发展也是河北省"十四五"时期的重点任务[2]。因此，高质量推进工程管理专业建设，对支持构建新发展格局和建设新时代现代化经济强省、美丽河北具有十分重要的意义。

随着基础设施发展及雄安新区建设的不断推进，当前河北省工程管理行业发展呈现出以下特点。

（一）工程管理人才需求旺盛

目前工程管理专业的学生就业行业主要分布于建筑业、房地产业、科研教育、农林水利环境及公共事业管理、信息及制造业、文体卫及社会工作、金融业、租赁商业服务业、资源开发及其他行业，其中52.75%分布于建筑业。2012—2021年建筑业总产值如表4-1所示，企业单位数如表4-2所示。

表4-1 2012—2021年建筑业总产值 （单位：亿元）

年份	2012	2013	2014	2015	2016	2017	2018	2019	2020	2021
产值	4 865.09	5 234.97	5 625.75	5 252.57	5 517.69	5 655.38	5 740.25	5 847.97	5 948.09	6 484.60

数据来源：河北省统计局2013—2022统计年鉴。

表4-2 2012—2021年建筑业企业单位数 （单位：个）

年份	2012	2013	2014	2015	2016	2017	2018	2019	2020	2021
个数	2 499	2 500	2 496	2 485	2 604	2 667	2 523	2 693	2 940	3 142

数据来源：河北省统计局2013—2022统计年鉴。

随着建筑、基础设施、环境和能源工程项目的增加，对工程管理人才的需求也在不断增加。随着城市化进程的不断推进，住房建设和商业地产开发呈现出快速增长的趋势。工程管理在环境保护工程中的应用主要包括污水处理、固废处理、大气污染治理等方面。随着环保政策的进一步推动，相关的环保工程项目将会增加，工程管理在环保领域的发展前景广阔。工程管理在能源工程中的应用主要包括电力工程、电网建设、新能源开发等方面。随着可再生能源的快速发展和智能电网建设的推进，能源工程行业的发展前景良好。

工程管理人才在项目策划、组织、实施和监督等方面发挥着重要的作用，能够有效地管理和控制项目进度、质量和成本。

因此，拥有工程管理专业知识和经验的人才非常受企业和机构的青睐。此外，随着工程管理行业的发展，新的技术和方法不断涌现，对于具备先进知识和技能的工程管理人才的需求也越来越大。因此，工程管理行业的人才需求将会持续增长。

（二）工程管理行业未来发展趋势

未来，工程管理行业将朝着工业化、智能化、低碳化与国际化的方向发展。当前，智能建造与新型建筑工业化协同发展的政策体系和产业体系基本建立，装配式建筑占新建建筑的比例达到30%，一批建筑产业互联网平台初步形成，智能建造和装配式建筑产业基地培育初具规模。这些发展不仅促进了智能建造和装配式建筑产业基地的培育，也为实现建筑工业化、智能化奠定了坚实基础。随着碳达峰与碳中和目标的迫近，绿色建造政策、技术、实施体系初步建立，绿色建造方式正加速推行，工程建设集约化水平不断提高，新建建筑施工现场建筑垃圾排放量得到有效控制，建筑废弃物处理和再利用的市场机制也初步形成，为建筑行业的可持续发展提供了有力保障。

此外，在经济全球化和"一带一路"倡议背景下，我国加速融汇区域经济一体化，跨国跨地区项目日益增多，全球经济活动超越国界，形成一体化的发展态势。国内建筑企业要想保持竞争力，成为世界一流企业，就必须大胆地"走出去"，与世界各国企业合作竞争以抢占更多的市场空间，在全球化的发展中获益。因此，培养复合型、外向型工程管理人才是适应建筑行业国际化大趋势的重要策略。

（三）数字化在工程管理领域应用愈加深入

随着新一代信息技术的快速发展，应用云计算、大数据、物联网、人工智能与机器学习等先进技术实现建设工程的智能化、自动化和高效化将是工程管理发展的趋势。云计算技术的应用使得工程管理数据可以存储和共享在云端，各个项目成员可以随时随地访问和更新数据。同时，大数据技术通过对海量工程管理数据的深度挖掘和精准分析，可为决策者提供更为全面、准确的信息支持。物联网技术通过传感器、无线通信和数据分析技术，实现对设备、材料和人员的实时监控和智能管理，有效提升了工程项目的执行效率和安全性。人工智能和机器学习技术能够基于历史数据和模型进行深度分析，实现工程项目的精准预测和持续优化。虚拟现实和增强现实技术可以在设计和施工阶段帮助工程管理人员可视化项目，并提前发现潜在的问题。自动化和建筑机器人技术可以代替人工完成一些重复、危险和易出错的工作，提高工程项目的效率和安全性。目前，信息技术在工程管理领域已有深入应用，人机协同管理将是必然趋势。

可见，随着国家传统基础设施与新型基础设施的布局，以及河北雄安新区建设的不断推进，工程咨询、工程造价、审计、施工等工程管理相关的人才需求旺盛。在数字技术发展快、区域经济快速增长的背景下，工程管理人才具有基础操作类和信息技术融合类相结合的特点，体现了产业工业化、数字化发展趋势。同时，为促进各类高素质人才流向工程管理行业，需要在人才需求测算的基础上，从政府、高校、社会等方面采取应对措施。

二、建筑业工程管理人才需求情况

（一）建筑业中工程管理人员职业概况

本文将建筑业中工程管理人才分为专业技术人员、经济和金融专业人员、房地产服务人员、建筑施工人员等。依据《中华人民共和国职业分类大典（2022年版）》，该行业的相关职业包括项目管理工程技术人员、监理工程技术人员、工程造价技术人员等，涉及工程管理、工程造价与房地产开发与管理等专业。

（二）基于智联招聘网站的建设工程管理行业人才需求现状分析

1. 数据采集

为保障数据采集的全面性、科学性及准确性，根据《中华人民共和国职业分类大典（2022年版）》，并结合在智联招聘网站上的初步筛选，将建筑业中工程管理人才有关的职业分为2大类，3中类，7小类，具体职业分类如表4-3所示。

表4-3　建筑业中工程管理人才职业分类汇总

大类	中类	小类	职业
专业技术人员	工程技术人员	建筑工程技术人员	土木建筑工程技术人员 铁路建筑工程技术人员
		管理（工业）技术人员	战略规划与管理工程技术人员 项目管理工程技术人员 监理工程技术人员 信息管理工程技术人员 工程造价技术人员

(续)

大类	中类	小类	职业
专业技术人员	经济和金融专业人员	资产和资源评估专业人员	房地产估价专业人员
		商业专业人员	房地产开发专业人员 管理咨询专业人员 数字化管理师 招标采购专业人员
社会生产服务和生活服务人员	房地产服务人员	物业管理服务人员	物业管理师 智能楼宇管理员
		房地产中介服务人员	房地产经纪人 房地产策划师 验房师
		其他房地产服务人员	

采用企业招聘数据分析方法,借助八爪鱼采集器对智联招聘网站的数据进行全面的搜索分析[3]。在上述职业分类的基础上,将各小类职业作为单一搜索关键词,选择工作地点为"河北省",工作类型为"全职",并将岗位名称、学历、工作经验、公司性质、公司名称、薪资、招聘人数等作为搜索字段,获得初始数据 1 520 条,每一类职业的具体检索信息数如表 4-4 所示。

表 4-4　采集数据及数据清洗后的结果汇总

大类	中类	小类 （检索关键词）	初始数据量	清洗后数据量	招聘总人数	备注	合计
专业技术人员	工程技术人员	建筑工程技术人员	238	234	725	删除激光工程师、镀膜工程师等	1 350
		管理（工业）技术人员	295	287	625	删除行政人事主管、行政司机等	
	经济和金融专业人员	资产和资源评估专业人员	65	57	137	删除信息缺失数据	1 829
		商业专业人员	664	456	1 692	删除其他行业销售人员	
	该大类合计		1 262	1 034	3 179		
社会生产服务和生活服务人员	房地产服务人员	物业管理服务人员	33	26	214	删除信息缺失数据	683
		房地产中介服务人员	109	65	237	删除其他行业销售、咨询数据	
		其他房地产服务人员	116	88	232	删除健身、医美等不相关数据	
	该大类合计		258	179	683		
合计			1 520	1 213	3 862		

2. 数据清洗

针对每一类职业的数据采集结果,首先将信息有缺失的数据删除。然后,参照《中华人民共和国职业分类大典（2022 年版）》,将采集数据中岗位名称与岗位主要任务介绍不相符、名称类似或相同但行业不相关的数据删除，如咨询工程师中不包含教育培训、医疗健康领域的咨询师等，予以删除。经过数据分析、筛选、清洗，获得有效数据 1 213 条，合计招聘总人数 3 862 人，详细的数据结果如表 4-4 所示。

3. 数据分析

（1）各类岗位招聘人数分布情况分析。各类岗位招聘人数分布如图 4-1 所示。从图 4-1 可以看出，在工程管理人才需求方面，对商业专业人员（管理咨询、招标采购）的需求最高，尤其是各种不同的企业都对招标投标人才有一定的需求。其次，建筑工程技术人员、管理（工业）技术人员需求也较高，这与稳定发展的建筑业有关，即建筑业持续稳定发展仍将带动建筑工程技术人员、管理（工业）技术人员就业需求。而对于资产和资源评估专业人员、物业管理服务人员等岗位的需求较少，一方面是实际需求的反映，另一方面可能与大众认知有关，如物业管理服务就业门槛偏低，不受广大高校毕业生喜爱。

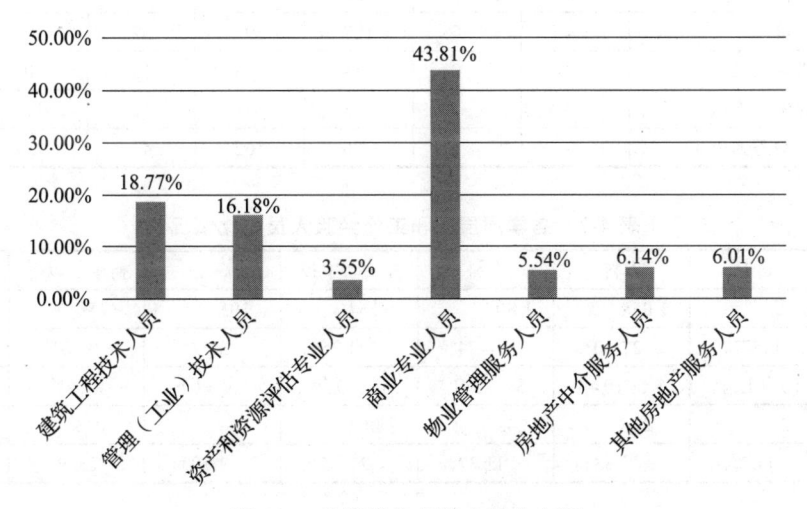

图 4-1　各类岗位招聘人数分布图

（2）有关人才学历与工作经验的数据分析。根据清洗后的数据，针对每一类岗位的学历分布和工作经验要求情况进行汇总。具体来说，将学历分为硕士、本科、专科、中专/中技、高中、初中及以下、学历不限 7 种；将工作经验分为 10 年以上、5～10 年、3～5 年、1～3 年、1 年以下、无经验和经验不限 7 种，汇总结果如表 4-5、表 4-6 所示。学历和工作经验的人才占比情况汇总如表 4-7 所示，各岗位在学历和工作经验方面的人才需求特点分析汇总如表 4-8 所示。

表 4-5　各岗位人才需求学历分布情况

岗位	硕士	本科	专科	中专/中技	高中	初中及以下	学历不限
建筑工程技术人员	12	122	446	46	7	0	92
管理（工业）技术人员	10	182	299	21	9	0	104
资产和资源评估专业人员	0	32	84	0	10	0	11
商业专业人员	0	563	649	77	65	5	333

(续)

岗位	学历						
	硕士	本科	专科	中专/中技	高中	初中及以下	学历不限
物业管理服务人员	0	3	143	1	3	0	64
房地产中介服务人员	0	129	38	18	3	0	49
其他房地产服务人员	0	27	146	1	8	0	50

表 4-6　各岗位人才需求工作经验分布情况

岗位	工作经验						
	10年以上	5～10年	3～5年	1～3年	1年以下	无经验	经验不限
建筑工程技术人员	5	104	99	187	3	10	317
管理（工业）技术人员	11	35	116	235	8	13	207
资产和资源评估专业人员	3	11	58	26	0	0	39
商业专业人员	4	50	127	399	32	30	1 050
物业管理服务人员	0	0	8	113	13	0	80
房地产中介服务人员	0	1	3	42	10	11	170
其他房地产服务人员	3	5	26	62	42	15	79

表 4-7　各学历层次和工作经验人员占比情况

学历	硕士	本科	专科	中专/中技	高中	初中及以下	学历不限
人数	22	1 058	1 805	164	105	5	703
占比	0.57%	27.40%	46.74%	4.25%	2.72%	0.13%	18.20%
工作经验	10年以上	5～10年	3～5年	1～3年	1年以下	无经验	经验不限
人数	26	206	437	1 064	108	79	1 942
占比	0.67%	5.33%	11.32%	27.55%	2.80%	2.05%	50.28%

表 4-8　各岗位人才需求特点

岗位	人才需求特点
建筑工程技术人员	学历要求以专科、本科为主，经验要求以经验不限和1～3年经验为主，二者占比分别为43.72%、25.79%
管理（工业）技术人员	学历要求方面，硕士、本科、专科的占比分别为1.60%、29.12%、47.84%，学历不限仅占16.64%；1～3年工作经验、3～5年工作经验、5～10年工作经验占比分别为37.60%、18.56%、5.60%，经验不限占比33.12%
资产和资源评估专业人员	学历要求以本科、专科为主，占比分别为23.36%、61.31%；工作经验偏重3～5年工作经验，占比42.34%；对于本科、专科学历人才有需求的企业主要集中在房地产企业和管理咨询公司
商业专业人员	学历要求以本科、专科为主，占比分别为33.27%、38.36%；工作经验不限占比62.06%
物业管理服务人员	相关岗位以专科人才为主，占该岗位总人数的66.82%
房地产中介服务人员	主要以本科人才需求为主，占比54.43%，其次是学历不限，占比20.68%；整体以不限工作经验为主，占比71.73%
其他房地产服务人员	专科人才需求占比最高，为62.93%，其次为学历不限21.55%；34.05%要求经验不限，其次为1～3年工作经验、1年以下工作经验，占比分别为26.72%、18.10%

从表 4-5 至表 4-8 可以得出以下结论。

- 仅建筑工程技术人员、管理（工业）技术人员对硕士学历人才有需求，占建筑工程技术人员和管理（工业）技术人员需求的比例分别为 1.66%、1.60%。
- 商业专业人员、房地产中介服务人员、管理（工业）技术人员、建筑工程技术人员对本科学历人才需求量最高，分别为 563、129、182、122；其他岗位对本科人才也有一定的需求。
- 物业管理服务人员、其他房地产服务人员等相关岗位在人才需求方面，对本科人才的需求较低，占比 1.40%、11.64%，这两个岗位更偏重于专科、不限学历人才。

结合表 4-5 至表 4-7 计算可得，对本科学历人才需求量排名前三的岗位是商业专业人员、管理（工业）技术人员、房地产中介服务人员，分别占本科学历需求总人数的 53.21%、17.20%、12.19%。对专科学历人才需求量排名前三的岗位是商业专业人员、建筑工程技术人员、管理（工业）技术人员，分别占专科学历需求总人数的 35.96%、24.71%、16.57%，具体如表 4-9、表 4-10 所示。

表 4-9　对本科学历人才需求量排名前三的岗位

比较维度	商业专业人员	管理（工业）技术人员	房地产中介服务人员
本科学历人才需求量	563	182	129
占比	53.21%	17.20%	12.19%

表 4-10　对专科学历人才需求量排名前三的岗位

比较维度	商业专业人才	建筑工程技术人员	管理（工业）技术人员
专科学历人才需求量	649	446	299
占比	35.96%	24.71%	16.57%

对数据的可视化进一步处理，将工程管理人才需求的学历占比情况和工作经验占比情况分别采用饼状图进行说明，结果如图 4-2、图 4-3 所示。

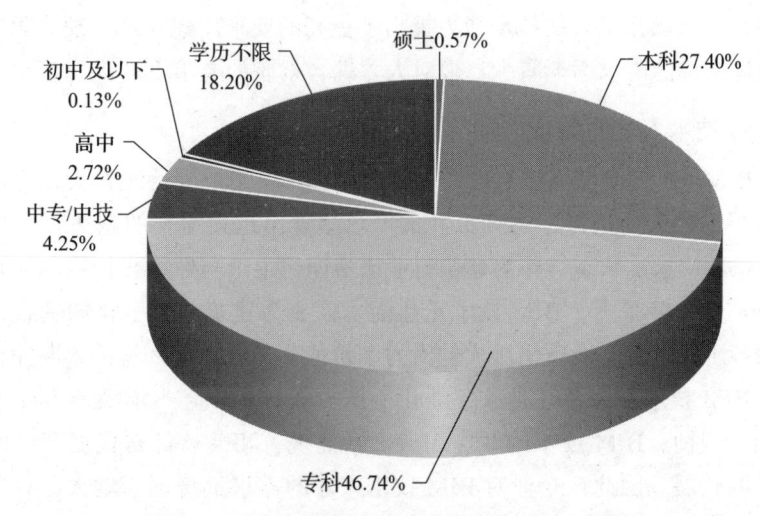

图 4-2　工程管理行业人才需求的学历占比情况

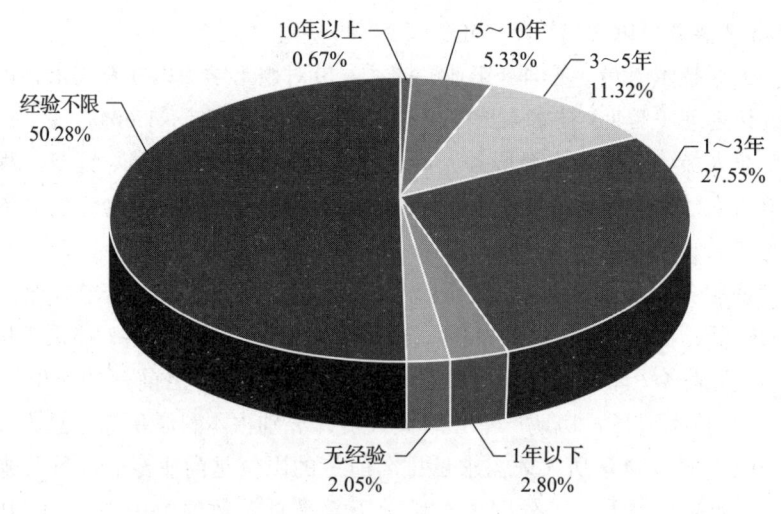

图 4-3　工程管理人才需求的工作经验占比情况

由图 4-2、图 4-3 可以看出，所有岗位在招聘人才时，整体以专科学历为主，专科以上人才需求占比 74.71%，说明该行业的工作对人才的专业知识、技术要求较低。另外，经验不限在招聘中占比最高，除此之外，拥有 1～3 年工作经验的人才更易获得企业青睐。

（三）企业调研访谈结果分析

针对人才需求的现状和未来发展情况，本文调研了建设单位、施工单位、房地产、投资咨询等相关企业，主要得出以下几点结论。

1. 建筑业从业人员数量持续减少

近年来，建筑业总产值持续保持增长态势，但建筑业从业人数呈现降低态势，按建筑业总产值计算的劳动生产率逐步提升。随着建筑工业化、住宅工业化的持续推进，装配式建筑快速发展，传统的现场浇筑作业逐渐转移到工厂，建筑业也逐渐由粗放型、劳动密集型向集约型、效益型转变。此外，传统的繁重体力劳动将逐步被技术替代，而复杂的技能型操作工序将显著增多，这对操作工人的技术能力提出了更高的要求。建筑产业现代化发展使得企业对传统的基础性岗位的需求逐渐减少，但对人才综合素质的要求不断提升。

2. 对 BIM 技术人才的需求增加

近年来，BIM（建筑信息模型）技术发展迅速，其应用范围持续扩大，应用深度日益加深。加之政策层面的大力扶持，BIM 人才的需求呈现出迅猛增长的态势，当前市场上 BIM 人才整体处于供不应求的状态。作为建筑行业诸多岗位中最与数字化挂钩的新职业，BIM 技术人才的市场需求逐年攀升。BIM 技术正逐渐发展成为建筑业数字化的基石，与传统管理在全生命周期各阶段融合，展现出巨大的潜力和价值。随着市场环境的不断完善与数字化交付的规范化，BIM 技术在绿色建造、工业化生产方式转变、降本增效等方面也将发挥越来越显著的作用。当前，BIM 技术的新应用点不断涌现，相关软件迭代更新迅速，应用范围与应用深度不断拓展。因此，企业对 BIM 技术人才的需求量将逐渐增大，对人才素质的要求也明显提高，掌握 BIM 技术并具备商务、生产等复合能力的人才，以及能够探索 BIM+

新技术的人才，更是市场上稀缺的宝贵资源。

3. 对全过程工程咨询技术人才的需求增加

工程咨询行业在高级人才方面的缺口较大，未来需要培养更多与工程咨询相关的高级人才和跨学科人才，以满足行业的快速发展和需求。2019年，住房和城乡建设部和国家发展改革委联合印发《关于推进全过程工程咨询服务发展的指导意见》，其中明确指出，咨询单位要高度重视全过程工程咨询项目负责人及相关专业人才的培养，为开展全过程工程咨询业务提供人才支撑。2020年，住房和城乡建设部、教育部、科技部、工业和信息化部等九部门联合出台了《关于加快新型建筑工业化发展的若干意见》，强调大力发展以市场需求为导向、满足委托方多样化需求的全过程工程咨询服务，培育具备勘察、设计、监理、招标代理、造价等业务能力的全过程工程咨询企业。在建筑产业现代化的背景下，可以预见全过程工程咨询人才的需求将持续增加。

4. 对数字化复合型人才的需求增加

随着各行各业数字化步伐的加快，对自带数字化基因的原生岗位的需求正迅猛增长，因此具备"专业技能＋数字化技能"的复合型人才在就业市场上更具竞争力。越来越多的企业和岗位开始重视复合型和应用型人才，招聘需求不仅要具备工程管理专业知识，同时应掌握与业务密切相关的信息技术理论，具备实践应用能力，能够熟练地在工作岗位上运用现代信息技术，有效解决工程管理中的实际问题。

5. 对工程管理人才的职业素质要求更加丰富

在建筑产业现代化背景下，对工程管理专业人才的要求日益提升。不仅要掌握全面的知识体系，更需要具备较高的综合素质。为了确保工程项目的顺利进行，达成既定的工程建设目标，无论是项目管理人员还是企业管理层，都要具备法律意识、诚信精神、吃苦耐劳的品质，精通管理、善于经营的能力，以及精湛的专业技术。如万科的开发经营业务工程管理岗位，不仅要求应聘人员具备扎实的专业基础，具备强烈的责任感，以及吃苦耐劳、追求精益品质的精神，还要热爱房地产行业、具备良好的沟通交流能力、组织协调能力、统筹规划能力，能够拥抱变革，抗压能力强，具备奋斗者精神，认同企业文化与价值观。

三、人才需求测算与分析

（一）人才需求测算思路

鉴于人才需求测算工作时间短、任务重的特点，考虑到政府统计年鉴数据的权威性和行业数据的总括性，以及网络招聘数据的鲜活性和多样性，首先结合河北省统计年鉴、2022年国民经济和社会发展统计公报以及教育部公布的相关数据，分析行业总体人才需求情况。然后结合招聘网站数据与高校毕业生数据，对建设工程管理行业高校毕业生人才需求进行测算。

（二）建筑业带动人才就业分析及预测

根据建筑业与人才需求数量的关系，利用 Maple 软件数值拟合模型得出 2022 年年底人才需求数量。鉴于灰色预测模型所需的建模信息少，运算方便，建模精度高，在各种预测领域都有着广泛应用[4]，所以利用灰色预测模型 GM（1，1）对建筑业增加值和就业人数进行预测，结果如图 4-4、图 4-5 及表 4-11 所示。

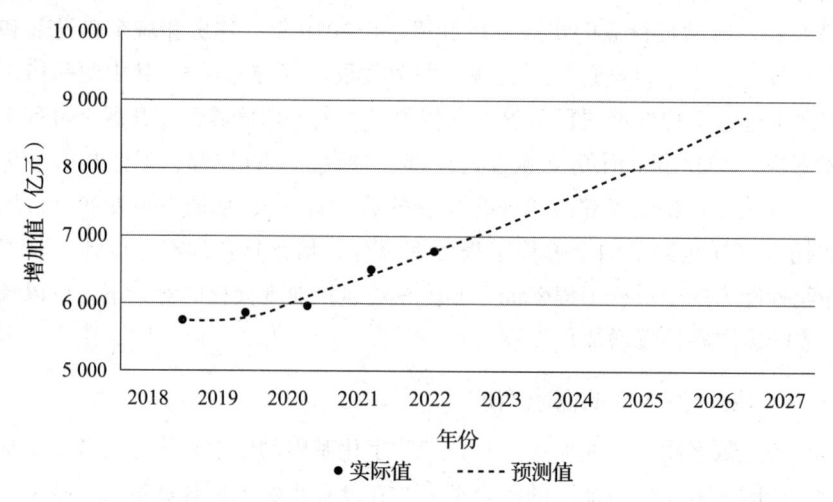

图 4-4　基于灰色预测模型的建筑业增加值的实际值与预测值

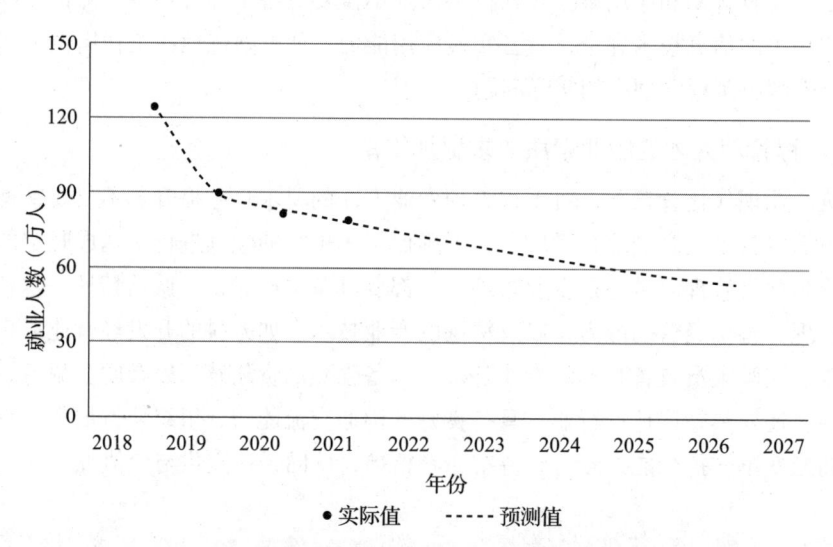

图 4-5　基于灰色预测模型的建筑业就业人数的实际值与预测值

表 4-11　行业增加值与就业人数实际值及基于灰色模型的预测值

年份	2018	2019	2020	2021	2022	**2023**	**2024**	**2025**	**2026**	**2027**
建筑业总额（亿元）	5 740.25	5 847.97	5 948.09	6 484.60	6 765	**7 132**	**7 519**	**7 927**	**8 357**	**8 811**
建筑业就业人数（万人）	124.25	89.76	81.44	78.97	73	**68**	**64**	**60**	**56**	**53**

注：加粗部分为预测值。

由表 4-11 可知，2023—2027 年建筑业带动就业人数分别为 68 万人、64 万人、60 万人、56 万人、53 万人。

有关学者经过统计与分析，认为工程管理专业人员占建筑业从业人员的比例随着建筑业的快速发展、建筑业整体素质的提高而不断提高，2020年占比约为20%。本报告提取建筑业从业人员的20%作为工程管理专业人才数量，故预测2023—2027年工程管理专业人员就业人数分别为13.6万人、12.8万人、12.0万人、11.2万人、10.6万人。

（三）建筑业对高校人才需求测算

依据教育部、河北省统计局统计年鉴以及河北省国民经济和社会发展统计公报数据，获得2018—2022年河北省普通高等学校本专科全日制毕业生、研究生毕业生数据。然后，测算2023—2027年的毕业生数据，结果如表4-12所示。

表 4-12　河北省高校毕业生规模　　　　　　（单位：万人）

学历	2018	2019	2020	2021	2022	2023	2024	2025	2026	2027
专科	16.74	18.33	19.29	21.03	22.83	24.78	26.90	29.20	31.69	34.40
本科	17.14	17.45	19.22	19.85	20.91	22.02	23.19	24.50	25.81	27.19
研究生	1.36	1.38	1.59	1.75	1.93	2.13	2.35	2.60	2.87	3.17
合计	35.24	37.16	40.1	42.63	45.67	48.93	52.44	56.3	60.37	64.76

注：加粗部分为预测值。

根据表4-12可得，2023年河北省普通高校全日制毕业生预计有48.93万人。据测算，其中本科毕业生约22.02万人、专科毕业生约24.78万人，研究生毕业人数约2.13万人。

本次测算以教育部公布的《职业教育专业目录（2021年）》《普通高等学校本科专业目录（2023年）》《研究生教育专业学科目录（2022年）》为依据，获得与工程管理相关的专科、本科和研究生的专业数量与占比，结果如表4-13所示。

表 4-13　工程管理相关专业在各学历层次中的分布情况

比较维度	高职专科专业	高职本科专业	本科专业	研究生专业
专业数量	7	4	4	3
专业总数	748	273	792	181
占比	0.94%	1.47%	0.51%	1.66%

将数据收集过程与表4-13结合分析可得，教育部公布的《职业教育专业目录（2021年）》显示，建筑业所需的工程管理相关人才培养涉及高等职业教育专科专业7个，占高职专科专业总数的0.94%；高等职业教育本科专业4个，占高职本科专业总数的1.47%。《普通高等学校本科专业目录（2023年）》中，工程管理相关专业有4个，占本科专业总数的0.51%。《研究生教育专业学科目录（2022年）》中，工程管理相关专业3个，占研究生专业总数的1.66%。

将表4-13所得数据与表4-12所得预测数据相结合，对2023—2027年工程管理相关专业的毕业生人数及各学历层次人员需求进行测算，结果如表4-14所示。

表 4-14　工程管理相关专业的高校毕业生规模测算　　（单位：万人）

学历	年份				
	2023	2024	2025	2026	2027
专科	0.23	0.25	0.27	0.30	0.32
本科	0.11	0.12	0.12	0.13	0.14
研究生	0.04	0.04	0.04	0.05	0.05
合计	0.38	0.41	0.44	0.48	0.51

从人才供需数量方面进行分析，2023—2027年预计工程管理专业人员就业人数约12万人/年，而工程管理毕业生规模约0.4万人/年，毕业生供给明显不足；从学历结构看，工程管理相关岗位对本科、专科人才需求占比较高，相较人才供给学历层次分布基本一致。

四、有关意见建议

（一）加强工程管理专业数字化升级建设

随着社会的快速发展和科技的日新月异，工程建设领域的多个环节正逐渐被信息化技术革新，这一转变使得行业对专业人才的需求愈加严格和高标准。高校应根据数字经济背景下工程管理相关岗位需求的变化与特征，与行业企业密切协作，在人才培养、课程建设等方面开展产学研合作，开展多元化培养，在课程体系中加入新一代信息技术知识、BIM技术、全过程管理和智能建造与管理相关课程模块，培养具有"专业技能＋数字化技能"的高素质复合型人才。

（二）凝练财经类院校工程管理专业特色

财经类院校开设工程管理专业具有其独特的财经特色优势，应立足行业实际与企业需求，结合学校财经优势学科，把握数据赋能工程管理新技术，升级学科专业建设，革新人才培养思路，凝练工程管理专业新财经特色，走出一条差异化办学之路。在人才培养方面，应以行业需求为基本参照，升级课程体系，更新教学方式，通过教研、实训和科创等多平台的深度融合与协同，培养学生通专融合、德才兼备的综合素质，以更好适应行业发展变革的需求。

（三）加强学科间及相近学科的交叉融合发展

工程管理专业与管理科学、房地产开发与经营、工程造价、工程审计等均属管理科学与工程类，人才培养涉及工程技术、经济学、管理学、法学、信息技术等多学科知识，应注重联合相关学科开展专业建设、特色课程设置，吸纳优势学科的师资、课程资源，开展基础研究，融合相近或相互支撑的学科资源，形成优势互补、融合发展的"学科群"，提升财经类院校特色工程管理专业竞争力。

参考文献

[1] 教育部高等学校教学指导委员会. 普通高等学校本科专业类教学质量国家标准（下）[M]. 北京：高等教育出版社，2018.

[2] 河北省人民政府. 河北省国民经济和社会发展第十四个五年规划和二〇三五年远景目标纲要［EB/OL］.（2021-02-22）[2025-02-11]. https://www.hebei.gov.cn/columns/541a18ea-17ff-4526-8fce-35266178625d/202308/14/7d01de73-8e03-4bc0-a49f-919a8786c664.html.

[3] 李新焕. 基于网络爬虫的用户信息提取方法研究[J]. 网络安全技术与应用，2023（3）：29-31.

[4] 姜翠翠，罗万春. 浅谈数学建模中的灰色预测GM（1，1）模型的构建与应用[J]. 高等数学研究，2023，26（4）：31-33.

新财经背景下工程管理人才胜任力模型构建与培养方案修订㊀

◎张　敏　赵丽丽　曹聪慧

[摘　要] 新经济背景下，数字技术助力工程管理行业实现价值增值，促进产业结构发生深刻变革，催生新业态、新职业和新岗位，对工程管理人才也提出了更为多元化和专业化的新要求。本文基于新财经背景下社会发展、国家需要及企业实际需求，科学选取新财经人才胜任力特征，探索构建工程管理新财经人才专业能力素质模型，并提出人才培养方案修订建议，为新财经人才培养及专业发展提供参考。

[关键词] 新财经；工程管理；胜任力；专业能力素质模型

工程管理专业属管理科学与工程大类，授予工学或管理学学士学位。目前，全国开设工程管理专业的院校有463余所，2024软科中国大学工程管理专业排名中有231所院校上榜，其中财经类院校29所；专业评级A+的10所院校均具有理工科支撑；专业评级A的院校有36所，其中财经类高校占5所。河北经贸大学工程管理专业评级为B+（131名/231所），在财经类院校中排名17/29。从数据可以看出，上榜院校中开设工程管理专业的财经类高校数量较少（占比29/231），且专业评级A以上占比更少（5/46），即财经类高校工程管理专业建设难度较大，与理工科院校工程管理专业竞争存在天然弱势。自2019年初，河北经贸大学率先提出在习近平新时代中国特色社会主义思想指导下，开展新财经教育改革的构想[1]。综合上述背景，河北经贸大学工程管理专业应借助新财经改革契机，抓住数据赋能工程管理的机遇，聚焦"工程投融资决策""智能工程管理"专业特色，凸显工程管理财经高校优势，提升专业人才培养质量。

本文从新财经背景下工程管理行业对人才的需求以及当前高校财经人才培养的现状出发，开展新财经人才岗位胜任力访谈与高校人才培养调查，并分析访谈与调查的相关内容，对比高校人才培养供给方与企业人才需求方两者的差异，梳理高校财经类院校工程管理专业人才胜任力培养存在的主要问题，进一步完善财经类高校工程管理专业人才培养方案。

㊀ 河北经贸大学教学研究项目：基于OBE理念的工程管理专业人才培养体系研究（2024JYZ07）。

一、人才培养方案修订的指引与理论基础

(一) 人才培养方案修订的指引

为深化推进新财经教育改革，河北经贸大学制定了《河北经贸大学新财经本科教育"十四五"发展规划》（下称《规划》），要求按照具有家国情怀、财经知识、信息技术、职业素养、国际视野的新财经人才培养规格，着力培养德智体美劳全面发展的社会主义建设者和接班人。该《规划》是专业人才培养方案顶层设计的指引，也是工程管理专业人才培养方案更新升级的基本遵循。

(二) 理论基础

1. 胜任力理论

胜任力是能将工作中的卓越成就者和表现普通者区分的个人深层次的特征。胜任力模型是指承担某一特定职位角色需要具备的胜任力要素的总和，是根据特定职位表现的优异要求组合起来的胜任力结构，通常被用于企业人力资源管理中对于员工的选拔与培训[2]。同时，胜任力模型也可以用于大学生综合素质能力培养，依据学生所在专业需要的知识、技能或学生自身的兴趣爱好、创新意识而设置[3]。

Spencer等人经过近20年对胜任力的研究和应用，提出了冰山模型、洋葱模型和胜任力辞典[4]。其中，"冰山模型"在多个领域得到了广泛应用，该模型将个人素质划分为两部分：冰山以上和冰山以下。冰山以上的部分指的是个人的显性素质，包括基本知识和基本技能等容易被人了解、测量和通过培训获得的；素质冰山以下的部分则代表了个人的隐性素质，涵盖社会角色、自我形象、特质和动机等深层次元素，难以直接测量，但对人的行为和表现起着至关重要的作用，并且需要长期地培养和发展。

基于胜任力理论，人才培养要注重落实"两手抓"，强化显性和隐性素质综合培养，提升学生的综合素质，增强学生适应社会发展变革的能力。这为专业建设完善度提供了衡量标准。

2. 专业-就业匹配度理论

专业-就业匹配度受多种因素的影响，其中专业课程建设和就业指导质量对专业匹配度产生显著正影响。学生对专业的兴趣度、就业关注度、职业生涯规划程度、基层就业意愿、求职渠道与实习锻炼、专业课程建设完善度均会影响专业-就业匹配度，并呈现正比例关系，即学生学习兴趣高、职业规划清晰度高、实习锻炼机会精准对口、专业课程建设完善度高均会使专业-就业匹配度获得提升[5]。因此，专业人才培养要从引导学生学习兴趣出发，指导学生明晰个人人生观和价值观，提高职业生涯规划契合性，加强专业对口实习实践，动态优化设计符合市场胜任力要求的专业课程体系。

二、工程管理类专业人才胜任力调研

(一) 企业用人需求分析

通过对咨询单位、建设单位与造价管理等行业企业相关专家的访谈沟通，总结出如下几

点人才培养、课程设置等方面的共性建议。

1. 缺乏 BIM、工程投资、全过程咨询人才

人才培养应面向国家发展战略与行业需求，可重点考虑省内及雄安新区的建设需求，注重专业核心知识积累与实践能力锻炼，并关注新经济背景下建设工程信息化发展的新型人才缺口，如 BIM 人才、工程投资决策人才、全过程咨询人才的培养。

2. 课程紧跟行业实际需求，注重实践能力

部分课程未能及时调整更新，与信息化、数字化背景下的行业需求不符。针对行业发展趋势和人才需求，引入信息技术升级传统课程，比如加大 BIM 技术课程的比例，关注项目管理数字平台的应用等。课程设置也要考虑学生后续的职业发展，课程可以结合工程师（造价师、建造师、咨询师、BIM 工程师等）执业资格要求设计，并注重实践能力锻炼。

3. 密切开展校企合作，共享资源、共同发展

新经济背景下，企业也同样面临新的挑战与机遇。开展产学研合作，一方面可以邀请企业专家进学校、进课堂，开展讲座与交流，帮助师生了解行业发展前沿；另一方面可以与高校教师共同开展项目研究与实践，促进相关研究成果转化落地，进而反哺教学。

（二）工程管理类专业相关院校调研分析

分别选取 5 所专业评级为 A 的国内代表性财经高校（以 A1～A5 表示）和 8 所评级为 B+ 的河北省高校（以 B1～B8 表示），调研工程管理专业的培养目标、课程体系设置等人才培养相关内容。5 所评级为 A 的代表性学校的工程管理专业的培养目标、专业特色、核心课程、就业去向等情况如表 5-1 所示。

表 5-1 5 所专业评级为 A 的财经高校的工程管理专业对比

学院	培养目标	专业特色	核心课程	就业去向
A1 管理科学与工程学院	具有家国情怀与国际视野，具备建筑工程技术基础知识与基本技能，掌握现代管理科学、经济科学的基本理论与基础方法，能够在企业、金融中介机构、政府机构和社会团体等部门从事与工程项目管理相关的工作，并能在国内外工程建设领域从事项目决策和全过程管理的管理科学与工程学科高级复合型人才	打造财经类大学"工程投资决策与全生命周期造价"管理人才的培养特色，优化教学体系；注重国际交流，与国外、中国香港多所顶级大学保持密切联系，开展学术交流合作；在产学研结合方面，注重实践，与国内一流企业建立实习与实践基地	微观经济学、宏观经济学、会计学、财务管理学、运筹学、投资学、BIM、工程项目管理、建设法规、工程招投标与合同管理、工程估价、工程造价管理、智能工程计量与计价、投资项目评估、项目融资等	考研、出国深造、就业，其中优秀毕业生被国际一流大学录取直接攻读博士学位 就业行业包括金融、政府、房地产等，主要从事工程项目决策、工程项目投融资操作、工程项目全过程管理以及国际工程管理工作

(续)

学院	培养目标	专业特色	核心课程	就业去向
A2 投资工程管理学院	具有良好的科学文化素质,掌握一定的管理学、经济学、工程技术、工程法律、现代信息技术和外语等基本知识,熟悉工程项目建设的方针、政策和法律法规,了解国内外工程管理领域的发展动态,具有从事建设项目决策与全过程管理能力的应用型专门人才	注重工程技术、管理、经济、法律、信息技术和外语的合理组合,将工程技术知识与财务知识、法律知识等知识融会贯通,提升工程管理专业和房地产开发与管理专业培养的人才附加值;开展广泛的国内外交流与合作,建立国际化人才培养模式	工程经济学、投资经济学、工程制图、BIM技术应用、建筑力学、建筑结构、房屋建筑学、施工技术与组织、项目融资、工程估价、可行性研究、工程项目管理、工程合同管理、建设法规等	考研、就业、出国留学深造 就业领域包括各级政府的发展和改革委员会、住房和城乡建设委员会等职能部门,建筑企业,房地产开发企业,金融机构,以及从事工程管理和房地产咨询的中介机构等工作
A3 旅游与城市管理学院	德智体美劳全面发展,适应国民经济和社会发展的实际需要,拥有系统化的管理思想和较高的管理素质,掌握与工程管理相关的管理学与经济学基础理论,以及信息与工程技术相关基本知识,具有一定的理论和定量分析能力、实践能力,以及创新创业能力,具备良好的职业道德和国际视野,能在国内外工程建设领域从事项目决策和全过程管理工作,具备"信、敏、廉、毅"素质的工程管理创新创业人才	加强与财经、管理专业之间的有机融合,合理打通不同学科界限,强调学科知识交叉互补,重在实现工程技术知识与财务、法律、管理等知识的融会贯通。建立以市场需求和国际化导向为主的开放式动态培养机制,以及以创新创业能力培养为核心的多层次综合培养体系,创新培养模式,突出国际化视野,培养具有较强实践能力和科研创新能力的高水平人才	工程财务管理、工程合同与招投标(双语)、工程安全与环境管理、工程估价、工程造价管理、工程项目审计、BIM技术应用基础、工程计价软件应用与实务	考研、出国留学或直接就业 毕业生就业城市主要在江苏、广东、浙江、上海等经济发达地区,主要集中于金融业、建筑业、房地产行业等,从事工程建设投资估算、可行性研究、工程概预算、招投标、项目管理等工作
A4 管理科学与工程学院	具备扎实的经济学和管理学基础,系统掌握工程项目管理基本理论、方法和专业技术知识,掌握工程管理相关法规的基础知识,具有经济、管理、法律和一定工程技术相互融合的知识结构,具有职业道德和创新精神的高素质应用型、复合型人才	充分发挥财经类院校经管类学科优势和学院工程技术的学科特色,建设以"工程技术平台、管理平台、经济平台、信息平台"为核心的课程体系,保证专业基础,在突出专业核心能力培养的基础上实现本专业多元化培养目标 重视学科交叉,将学院信息技术学科优势与现代项目管理技术相融合,突出实践技能的培养,通过课程实验、综合设计、社会实践与服务等实践形式提高学生的专业动手能力和实践创新能力	工程经济学、项目融资、工程项目管理、工程造价、工程合同管理、建筑结构、建筑信息建模技术应用、工程项目投资与决策等	政府投资建设的管理部门、银行等金融机构、房地产等企事业单位等

(续)

学院	培养目标	专业特色	核心课程	就业去向
A5 金融学院	具有国际化视野和竞争力，适应工程建设行业发展需求，具备经济、管理、法律和工程技术基本知识，掌握现代土木工程技术、工程投资与造价管理、全过程项目管理、房地产经营与管理等基本理论和方法，具备建造师、造价工程师、监理工程师、咨询工程师、投资项目管理师、房地产估价师、物业管理师等执业资格基本知识要求和实践能力，可从事工程全生命周期管理工作的复合型高级管理人才	该校于20世纪50年代开设"基本建设长期信贷"专业，是全国最早开办此类专业的高校之一。目前已形成以工程经济管理为主，突出投资与工程造价、建设项目财务与投融资管理两大技能教育的特色和优势	工程经济学、建设项目管理、建筑设计概论、建筑施工、工程运筹学、工程计量、工程合同管理、工程造价管理	就业去向有建设单位、设计单位、建筑施工单位、工程建设监理单位、房地产企业、投资与金融机构国内外著名高校读研等

以上5所高水平财经类高校的培养方案均提到工程管理专业的跨学科背景，强调学科知识交叉互补、融会贯通，同时注重家国情怀与国际视野培养，致力于培养能在国内外工程建设领域从事"建设项目决策与全过程管理"的高素质应用型、复合型人才。5所学校基于自身专业发展背景，形成了专业特色鲜明的培养模式，为财经类高校工程管理专业的建设与人才培养提供了借鉴。

此外，本文还调研了8所评级为B+的开设工程管理专业的财经类高校，培养目标包括：面向国家战略和产业发展需求，适应区域经济和社会发展需要，适应工程管理信息化、智能化、国际化发展需求，掌握工程技术、管理学、经济学、法学等相关知识和外语、计算机应用能力，具有家国情怀（本土情怀、社会责任感）、国际视野、职业道德（道德情操）和创新精神的复合型、（研究）应用型、创新型专门人才。毕业后可胜任政府投资建设的管理部门、工程建设企事业单位、投资与工程咨询机构及国内外工程建设领域的投融资决策、项目管理、造价与咨询、建筑信息技术应用等工作。8所河北省高校工程管理专业情况如表5-2所示。

结合表5-2与各校专业发展来看，部分院校的工程管理专业来源于管理工程、技术经济、建筑管理等基础专业，经过专业调整、新增或合并改设而来。理工类高校的工程管理专业或设置于工科学院，或有工科专业的实践和专业支撑，侧重于培养掌握土木工程技术，熟悉管理学、经济学、法律、计算机等相关知识，具备较强的实践能力、创新能力的复合型、应用型人才。

河北经贸大学重视对工程管理专业学生的财经思维培养，对培养模式进行科学化的数字改造，加强工程管理与大数据管理及应用、法学、经济学等学科之间的交叉融合，侧重于培养学生对信息技术和现代工具的使用能力，以培养财经特色鲜明的新时代工程管理专业人才。

表 5-2　8 所河北省专业评级为 B+ 的高校工程管理专业对比

学院	培养目标	专业特色	核心课程	就业去向
B1 经济管理学院	德、智、体、美、劳全面发展，具有职业道德和社会责任感，掌握坚实的数学、物理等公共理论基础知识，具备土木工程技术、管理学、经济学、法律和计算机等相关知识，具备自主学习、独立思考、团队合作与沟通等综合素质与能力，具备创新精神和国际视野，能够从事建设工程领域的项目管理、造价、项目前期咨询、监理及房地产项目开发和管理等工作的高素质复合型高级专门人才	主要传授工程管理方面的基本理论、方法和土木交通工程技术知识，提供工程项目管理方面的基本训练 与国家注册监理工程师、国家注册造价工程师的知识结构相接轨，专业方向涵盖工程项目管理、房地产管理经营、工程投资与造价管理、国际工程承包等方向	工程力学、工程结构、管理学原理、会计学、工程经济学、工程造价管理、工程项目管理、工程合同管理	工程咨询、工程项目施工、房地产开发与经营的相关工作
B2 管理学院	适应 21 世纪科技、经济、社会发展需要，德智体美劳全面发展，掌握土木工程技术、项目管理、工程经济和工程建设法律法规等基本理论知识和技能，能够胜任工程项目管理、工程造价管理工作，具有铁路、交通土木工程项目决策和项目实施管理基本素质和能力的实践创新型高级工程管理人才	立足全生命周期工程管理，突出施工阶段工程项目管理和造价管理，强化铁路交通行业特色，技术与管理协调发展，专业技能与人文修养并重	项目管理理论、建筑施工项目管理、工程合同管理、工程计量与造价管理、铁路工程造价计价与控制、微观经济学、工程经济学、工程建设法律法规等	到政府相关部门从事工程建设行业管理工作；到银行、投资公司进行建设项目策划、评估等工作；到建设单位从事项目投资管理或项目建设组织管理工作；到设计单位从事项目前期工程经济分析、概预算编制、工程造价跟踪管理工作；到项目管理、工程咨询、工程监理等单位从事可研编制、招标文件编制、造价审计、施工监理、项目代建管理等项目管理工作等
B3 管理工程与商学院	面向工程建设第一线，培养德智体美劳全面发展，具备由土木工程技术知识及与工程管理相关的管理、经济和法律等基本知识和专业知识组成的系统性、开放性的知识结构，获得工程师基本训练，同时具备较强的专业综合素质和能力、实践能力、创新能力，具备健康的个人品质和良好的社会适应能力，能够在土木工程及其他工程领域从事全过程建设工程管理的应用型、复合型人才	学科与天津大学以"2+1"模式联合培养硕士研究生；学科与煤炭、水利、装备制造等行业一直保持着密切联系，通过对口科技帮扶企业，落实河北省"三区"人才支持计划等，进一步加强政产学研用深度合作与协同创新，已成为冀中南和晋冀鲁豫四省交界区域管理科学与工程学科重要的人才培养基地，为地方经济与社会发展做出了较大的知识贡献与智力支持	建筑施工技术、建筑工程计量与计价、BIM 技术与软件应用、专业英语、工程项目管理、项目评估、招投标与合同管理、建设法规	到建设单位、设计院（所）、施工单位、造价咨询公司、房地产开发企业、投资与金融企业及政府等有关部门从事工程管理、工程计量与计价、房地产开发与经营、建设管理等工作

(续)

学院	培养目标	专业特色	核心课程	就业去向
B4 城市地质与工程学院	适应社会主义现代化建设需要，德智体美劳全面发展，具备国际视野，具有由土木工程技术知识及与国内、国际工程管理相关的管理、经济和法律等基础知识和专业知识组成的系统的、开放性的知识结构，接受工程师基本训练，同时具备较强的专业综合素质与能力、实践能力、创新能力，具备健康的个性品质和良好的社会适应能力，能够在国内外土木工程及其他工程领域进行工程决策和从事全过程工程管理与相关专业管理的高素质、复合型人才	与中国二十冶集团有限公司、北京中交工程勘察有限公司、山西省地质调查院、中国兵器工业北方勘察设计研究院等数十家单位签订了院企战略合作协议，并与中国科学院大学、中国地质科学研究院、中国地震局、中国地质大学（武汉、北京）、长安大学、中国矿业大学等高校和科研院所建立了较为密切的合作关系	房屋建筑学、建筑结构、施工技术管理、建筑工程计量与计价学、BIM 技术应用、工程经济学、工程项目评估、工程项目管理、房地产开发与经营、工程合同管理等	到企事业单位、金融机构、政府等部门从事工程咨询、项目投资决策、工程施工管理、房地产开发经营等相关工作
B5 管理科学与工程学院	具有社会主义核心价值观和高度的社会责任感，德智体美劳全面发展，具备管理学、经济学、法学、信息技术、工程技术等基本知识，具有较强的计划、组织、指挥、协调和决策能力，掌握现代管理科学的理论、方法和手段，未来能够在国内外工程建设领域从事工程投融资决策与造价管理以及工程全过程智能管理的复合型、应用型高素质管理人才	面对新一轮科技发展和产业变革，工程管理专业根据国家发展重大需求，积极融入新兴信息技术，依托学校"经管法"优势学科，突出新财经专业特色，重点打造"工程投融资决策""智能工程管理"的专业特色	管理科学、工程经济学、工程项目管理、工程计量与计价、工程项目融资、工程招投标及合同管理、建设工程法律法规、BIM 理论与应用	政府建设的行政管理部门、项目管理单位、造价咨询单位、施工企业等
B6 建筑工程学院	适应社会主义现代化建设需要，培养德智体美劳全面发展，具有坚定的理想信念和社会责任感，掌握土木工程领域的技术知识，掌握与工程管理相关的管理、经济和法律等基础知识，具有较高的科学文化素养、专业综合素质与能力，具有良好的思想品德和职业道德，专业基础扎实、实践能力强，具有一定的创新精神和国际视野，能够在国内外建设工程管理领域从事全过程管理的高素质应用型人才	设有项目管理和工程造价两个专业方向，拥有基于 BIM 的工程技术与管理综合实训中心、数值模拟实验室、项目管理沙盘模拟实训室、结构工程、测量工程、土木工程材料等实验室以及工程力学实验中心、结构分析与设计中心等教学科研基地，20 多个校企共建的实习基地	工程测量、运筹学、土力学、基础工程、建筑工程概预算、建设法规、工程造价管理、工程项目管理、土木工程施工技术与组织管理、工程招投标与合同管理、工程管理应用软件概论	房地产、施工、监理、工程咨询等建设领域

(续)

学院	培养目标	专业特色	核心课程	就业去向
B7 建筑工程学院	掌握土木工程技术基础和工程管理相关经济、管理、法律理论，能在政府机关、建设单位、施工企业、工程咨询公司从事建设管理、施工技术与管理、招标投标、工程造价、房地产开发建设管理、房地产估价等工作的高级工程管理人才	"双师型"队伍，具有国家注册咨询工程师、造价工程师、监理工程师、一级建造师、房地产估价师等执业资格8人次 拥有工程管理专业硕士点，同时建筑与土木工程硕士点下设土木工程管理方向	管理学、工程财务管理、工程经济学、建筑力学、房屋建筑学、施工技术、道路桥梁工程、建筑结构CAD、建设项目管理学、项目可行性研究、工程造价、建设工程招标与合同管理、房地产开发与经营等	政府机关、建设单位、施工企业、工程咨询公司等
B8 经济管理学院	适应社会主义现代化建设需要，德智体美劳全面发展，掌握土木工程技术及与工程管理相关的管理、经济和法律等基础知识和专业知识，掌握现代管理科学的理论、方法和手段，在工程管理领域获得工程师的基本训练，同时具备较强的实践能力、创新能力，具备健康的个性品质和良好的社会适应能力，能够在国内外土木工程及相关领域从事建设工程全过程管理的复合型、应用型高级工程管理人才	以建筑工程为坚实基础，着眼于为道桥、市政拓展方向，融合管理、经济和法律等相关知识，打造理论知识扎实，实践能力强的精品专业。在课程设置和教学过程中，注重与执业资格相结合，强调理论教学的动态性，强化实践教学，提高学生的实际操作技能，专业人才的培养方向侧重于"技术型工程管理专业人才"的培养	工程项目管理、工程招投标与合同管理、工程造价管理、项目管理软件应用、BIM原理及其应用、建筑安全管理、工程质量管理、工程成本管理、施工管理沙盘及软件应用、绿色施工与环境保护、安装工程施工技术	到工程的建设、设计、施工、咨询等单位和政府有关管理部门从事工程项目的全过程管理相关工作

综合上述调研情况，财经类高校工程管理专业注重工程管理与其他财经学科的（公共管理、应用经济学等）交叉融合，倾向于通过技术与管理融合、管理与法律融合、法律与经济融合等"工程+"模式来培养工程管理专业人才的系统性思维与国际化视野，致力于培养能在国内外工程建设及相关领域从事全过程管理的高素质创新型、复合型人才。河北省理工类高校侧重于培养具有土木工程技术以及工程管理专业相关管理学、经济学、法学知识技能储备，具备较强的工程管理专业实践能力的应用型、复合型工程管理专门人才。

基于上述分析，河北经贸大学工程管理专业可依托"经管法"的学科优势，走差异化竞争道路，在项目前期决策分析与全生命周期管理等方面形成自身的学科专业特色。基于河北经贸大学新财经教育改革背景，重点打造"工程投融资决策"和"智能工程管理"专业特色。当前工程管理本科教育的专业特色虽已探索形成，但还未形成比较鲜明的专业特色，人才培养的质量也需要社会的反馈和进一步的提高。

三、新财经背景下工程管理人才胜任力模型构建

(一) 胜任力素质分析

基于上述企业专家访谈与高校培养方案的对比分析，对标河北经贸大学"财经知识+信息技术+家国情怀+职业素养+国际视野"的人才培养理念，科学选取新财经人才胜任力特征，为构建科学的新财经背景下数智工程管理专业人才胜任力模型奠定基础。人才胜任力特征要素汇总如表 5-3 所示。

表 5-3　工程管理专业人才胜任力素质分析

基准性胜任力	财经知识	经济学、管理学、法学、工程技术等知识
	信息技术	计算机、新一代信息技术、软件应用能力
鉴别性胜任力	家国情怀	社会责任感、公共意识、乡土情怀
	职业素养	个性品质、职业道德、团队意识
	国际视野	跨文化沟通、全球化使命感、创新精神

(二) 胜任力模型构建

通过对胜任力特征的调查分析，构建适合学校新财经发展的工程管理专业人才胜任力模型。模型包括 5 个一级指标，即"五维素质"，如图 5-1 所示。其中财经知识、信息技术为基准性胜任力（显性胜任力），家国情怀、职业素养、国际视野为鉴别性胜任力（隐性胜任力）。

外显的

财经知识：经济学、管理学、法学、工程技术等知识
信息技术：计算机、新一代信息技术、软件应用能力

内隐的

家国情怀：社会责任感、公共意识、乡土情怀
职业素养：个性品质、职业道德、团队意识
国际视野：跨文化沟通、全球化使命感、创新精神

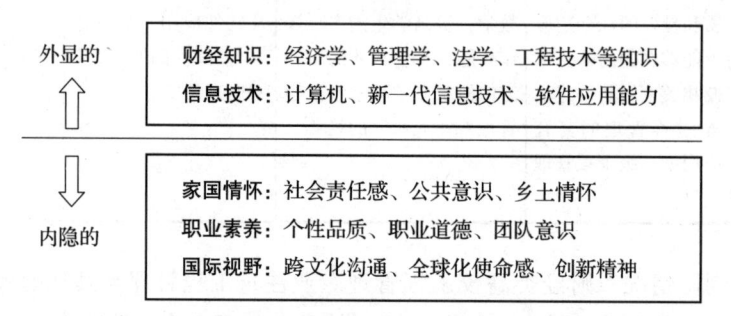

图 5-1　新财经工程管理专业人才培养胜任力模型

四、基于胜任力模型的新财经数智工程管理人才培养探索

(一) 工程管理专业建设现状

河北经贸大学工程管理专业自 2003 开始招收第一批本科生，经过十余年的建设，2019 年获批河北省一流专业建设点。

工程管理专业人才培养方案包括专业简介、培养目标与要求、专业素质能力模型、课程地图、毕业要求与培养目标课程设置矩阵、专业核心课程、培养方式与学习年限、语言文字工作、毕业及学位要求、指导性教学计划、第二课堂素质学分设置、推荐阅读书目等内容。经过不断发展与历次修订，培养方案清晰全面地描述了如何培养学生，并且课程设置十分

丰富，包括工程管理专业通识教育课程、工程管理专业教育课程、工程管理专业选修课程，其中工程管理专业选修课程设置了公共模块（至少选 4 学分）、工程投融资与造价管理模块（至少选 6 学分）、智能工程管理模块（至少选 8 学分）、创新创业与能力拓展模块（至少选 2 学分）。

但是，课程设置仍然需要围绕专业培养目标进一步精准优化，课程地图也需要进一步按照学生学习规律进行调整。此外，课程设置与"智能建造"背景下工程管理专业人才的市场需求匹配度仍然需要进一步提高，也需要进一步围绕企业相应岗位胜任能力进行优化。

（二）培养方案的优化建议

按照新财经高校开展经济学理论创新，服务国家重大发展战略和经济社会发展服务的宏观导向，以培养具有"家国情怀、财经知识、信息技术、职业素养、国际视野"的优秀人才为目标，以胜任力模型为基础，充分契合行业岗位对工程管理专业人才综合能力、专业知识、技术技能和工程实践的专业要求，聚焦"工程投融资决策"和"智能工程管理"专业特色，遵循学生学习发展规律，并围绕"财经知识＋专业知识＋通识知识"、信息技术等全方位设计课程。

（三）培养方案修订

1. 培养目标

河北经贸大学工程管理专业面向国家"一带一路"倡议和"智能建造"发展趋势，围绕京津冀一体化建设、雄安新区建设等区域重要需求，结合新财经教育改革，依托河北经贸大学财经类学科特色优势，致力于培养以习近平新时代中国特色社会主义思想为指导，具有社会主义核心价值观和高度社会责任感，德智体美劳全面发展，掌握管理学、经济学、法学、信息技术、工程技术等基本知识，具有较强的计划、组织、指挥、协调和决策能力，未来能在国内外工程建设领域从事工程投融资决策及工程全过程智能管理的复合型、应用型高素质管理人才。

毕业 5 年后，学生能够成为咨询工程师与造价工程师，基于智能工程管理专业特色与模块，能够成为工程项目经理、建造师、监理工程师、BIM 工程师。

2. 培养要求

以"五维素质"培养目标、满足国家战略和社会发展需要、胜任工程管理类岗位工作为指导，落实"三育人"培养要求，整合学校优势资源，配强师资力量，配备专业导师，推动小班制下的本科生教育研究生化培养模式，按照工程管理专业人才胜任力模型（如图 5-1 所示)，设计通识通修课、学科专业基础课、专业核心课、专业选修课（包含公共模块、工程投融资与造价管理模块、智能工程管理模块、创新创业与能力拓展模块）、专业素养课等，使学生习得专业知识，锻炼技术技能，提高综合素质。

工程管理专业毕业生在知识、能力和素质方面应达到如下要求。

（1）知识要求，具体如下。

1）通识性知识。掌握思想政治理论、形势与政策、哲学、政治学、社会学、心理学、历史学、文学、美学等自然科学、社会科学、人文科学基础知识；掌握一门外国语；掌握计算机及信息技术的基本原理与相关知识。

2）学科基础知识。掌握高等数学、管理学、经济学、信息技术、会计学、统计学等学科基础理论与方法。

3）专业知识。重点掌握工程投资经济管理的基本理论与方法；掌握投资经济运行规律的基本理论与方法；掌握工程投资–建设–管理–运营的相关理论、方法及政策法规；在工程投融资决策与管理方面有较强的专业知识结构。

（2）能力要求，具体如下。

1）通识能力。较强的逻辑思维能力、语言与文字表达能力、人际沟通能力、组织协调能力、社会调查与分析能力、科学研究能力；对专业外语文献进行读、写、译的基本能力；专业文献检索和初步科学研究能力。

2）专业基础能力。独立获取和更新工程管理专业相关知识的学习能力；综合运用专业知识开展实践的能力；综合利用管理科学、信息技术和工程方法解决相关管理问题的基本能力。

3）专业核心能力。在工程建设领域进行工程策划、设计管理、投资/成本控制、进度控制、质量控制、安全管理、合同管理、信息管理和组织协调；发现、分析、研究、解决工程管理实际问题的综合专业能力。

（3）素质要求，具体如下。

1）人文素质。科学的世界观和正确的人生观，有社会责任感；良好的心理素质，具有面对挑战和挫折时保持积极心态的乐观主义态度，能应对危机和挑战。

2）科学素质。严谨求实的科学态度和开拓进取的精神；科学的思维方式和方法；创新意识和创新思维。

3）专业素质。良好的职业道德和职业精神；实事求是、理论联系实际、不断追求真理的精神；系统的工程意识和综合分析素养，能够发现、分析和解决工程系统问题。

3. 培养目标、胜任力要素与课程设置矩阵表

修订后的工程管理专业培养目标、胜任力要素与课程设置矩阵如表 5-4 所示。

表 5-4　工程管理专业培养目标、胜任力要素与课程设置矩阵

胜任力因素	胜任力类型	胜任力子项	课程模块	课程设置	培养目标
家国情怀	胜任力隐性素质	思想政治素养	通识通修课	马克思主义基本原理	理解
				毛泽东思想和中国特色社会主义理论体系概论	理解
				习近平新时代中国特色社会主义思想概论	理解
				思想道德与法治	理解
				中国近现代史纲要	了解
				形势与政策	理解
		军事素养		军事技能	掌握
				军事理论	理解
				国家安全教育	了解

(续)

胜任力因素	胜任力类型	胜任力子项	课程模块	课程设置	培养目标
国际视野	胜任力隐性素质	外语素养	通识通修课	大学英语	掌握
			专业选修课	工程管理专业英语	理解
			专业选修课	科技论文写作	理解
		专业素养	专业选修课	国际工程管理	理解
		创新创业能力	专业选修课	企业管理前沿	理解
				创业管理	理解
				战略管理	理解
				运营管理	理解
			第二课堂	创新创业项目及专业技能比赛	参加
				学术科研立项活动	参加
				课外推荐书目阅读	参加
职业素养	胜任力隐性素质	劳动素养	通识通修课	劳动教育理论	了解
				劳动实践	掌握
				大学生就业与创业	理解
				职业生涯规划	理解
			第二课堂	志愿服务	参加
		身体素养	通识通修课	大学体育	掌握
			第二课堂	集体活动	参加
		心理素质	通识通修课	大学生心理健康教育	了解
		概念技能	专业选修课	管理沟通	掌握
		实践能力	专业素养课	工程测量课程设计	掌握
				专业调研	掌握
				专业实习	掌握
信息技术	胜任力显性素质	数学知识	通识通修课	高等数学	理解
				线性代数	理解
				概率论与数理统计	理解
				统计学	理解
		计算机知识		计算思维与人工智能	理解
				数据管理技术	理解
		新一代信息技术知识	专业核心课	BIM 理论及应用	理解
			专业选修课	信息技术与管理	理解
				区块链技术及应用	理解
				大数据技术基础	理解
				Python 大数据分析	理解
				地理信息系统原理与应用	理解
		工程管理软件与应用	学科专业基础课	工程制图与 CAD	掌握
			专业选修课	工程计量与计价上机	掌握
				市政工程计量与计价实操	掌握
				工程项目管理实训	掌握

（续）

胜任力因素	胜任力类型	胜任力子项	课程模块	课程设置	培养目标
财经知识	胜任力显性素质	经济学知识	专业基础课（经济类）	微观经济学	理解
				投资经济学	理解
				会计学	理解
				工程财务与会计	掌握
			专业核心课	工程项目融资	掌握
				工程经济学	掌握
		管理学知识	专业基础课（管理类）	管理学原理	理解
			专业核心课	管理科学	理解
				工程项目管理	掌握
				工程招投标及合同管理	掌握
				工程管理概论	掌握
			专业选修课	工程安全与环境管理	理解
				工程风险管理	理解
				工程监理	理解
		法学知识	专业核心课	建筑工程法律法规	掌握
			专业选修课	经济法律通论	理解
		工程技术知识	专业基础课（工程技术类）	房屋建筑学	掌握
				工程力学	掌握
				工程测量	掌握
			专业选修课	建筑材料	理解
				智能施工技术与组织	掌握
				工程结构	理解
				装配式建筑概论	理解
		专业特色/场景应用能力	工程投融资决策与造价管理	可行性研究与项目评估	掌握
				管理定量决策分析	掌握
				工程审计	掌握
				房地产开发与经营	掌握
				建筑安装工程计量与计价	掌握
				市政工程计量与计价	掌握

五、结论

本文通过调研企业用人需求，梳理国内高水平财经院校工程管理专业人才培养模式，借鉴前人相关研究成果，构建了新财经背景下工程管理人才胜任力模型。面对数字化时代带来的新机遇、新挑战，工程管理专业将继续深化新财经教育改革，凝练专业财经特色，持续推进专业升级建设，着力培养具有家国情怀、国际视野与职业素养，掌握扎实的专业知识，具备信息技术能力的新时代工程管理高素质人才，为国内外工程建设领域工程投融资决策与全过程管理贡献力量。

参考文献

[1] 董兆伟，柳天恩. "新财经"教育改革的思考与实践：以河北经贸大学为例［J］. 新文科教育研究，2021（3）：72-81，142.

[2] 胡利哲. 科技人才胜任力模型构建研究：基于自然资源领域的调查［J］. 中国科技人才，2022（6）：51-61.

[3] 崔小娜. "互联网＋"背景下大学生就业胜任力培养研究［J］. 中国新通信，2022，24（22）：137-139.

[4] 胡艳曦，官志华. 国内外关于胜任力模型的研究综述［J］. 商场现代化，2008（31）：248-250.

[5] 吕洁华，刘思彤，蔡秀亭. 专业与就业匹配度及其影响因素研究：基于全国五所林业高校涉林专业调查数据［J］. 统计与咨询，2019（6）：30-32.

大数据管理与应用专业胜任力模型构建与人才培养研究

◎耿子恒

[摘　要] 为适应国家数字经济战略和大数据战略所提出的高等教育的转型要求，本文基于 OBE、胜任力和专业－就业匹配等理论基础，采用调查研究法、访谈法和文本分析法等研究方法，通过梳理分析国家对大数据岗位人才需求和我国一流高校大数据类专业建设和人才培养情况，构建阐释大数据管理与应用专业胜任力模型，并以此为依据提出大数据管理与应用专业建设及人才培养的对策建议。

[关键词] 大数据管理与应用；胜任力模型；OBE；专业建设；人才培养

数字经济是国家战略。数字技术正加速渗透于经济社会各领域，促使资源重组和再配置，为各行业形成新的发展优势。抓住数字革命战略机遇，就能占领全球发展新高地。大数据技术是数字技术的核心技术之一。因为大数据是未来人类社会从数字化到智能化演进的关键资源。没有大数据，物联网、云计算应用价值将会缩水，人工智能应用将失去数据基础。因此，我国已然推动实施国家大数据战略。为满足我国实施数字经济和大数据战略的需要，高校主动进行大数据管理与应用专业设置，培养国家经济社会发展所需的大数据人才势在必行。在我国高校之中，大数据类专业均属于"萌新"，因此，在数字经济蓬勃发展的新时代，持续动态适应国家经济社会发展需要，培养出具有大数据知识、能力和素养的专业人才，是具有时代意义的重要问题。

一、理论基础

（一）胜任力理论

胜任力是能将工作中的卓越成就者和表现普通者区分的个人深层次的特征。有国外学者将胜任力区分为知识、态度和技能维度，或知识、技能、人格和价值观维度。应用较为广泛的是著名学者麦克利兰提出的"冰山模型"划分，其将冰山以上部分归为个人显性素质，而将以下部分归为个人隐性素质。其中，显性素质是指个人的基本知识、基本技能，是容易了解、测量与培训获得的素质；相反，隐性素质是指个人的社会角色、自我形象、特质和动机,是人内在的、难以测量的、需要长期培养并对人的行为与表现起着关键性作用的素质。同时,胜任力是以市场需求和个人能力为出发点的理论,胜任即能够胜任社会工作岗位,能力要达到岗位任职资格要求[1]。基于此,人才培养要注重落实"两手抓",强化对显性素质和隐性素质的综合培养,提升学生的全面素质,增强学生适应社会发展变革的能力。这为专业完善度的建设提供了衡量标准。

(二) OBE 理论

OBE（Outcomes-based Education）意为"基于成果导向的教育模式",最初是为迎接新工业革命对高等工程教育的挑战,同时为了适应公共问责制的兴起而提出的,现今已广泛应用于美国、英国、加拿大等国家的教育系统中。西方的 OBE 理念是人们更加关注教育投入回报与实际产出现实需要所提出的一种产学研联动适应性方法[2]。在中国高等教育中,OBE 理念应主动对接解决国家经济社会发展的重大战略问题,应结合现实需求去发现问题,以成果导向去思考和解决问题。那么,对应到财经类院校国家使命问题中,就要站在更宏伟的格局和视野之上,研究和解决党和国家全局性、根本性和关键性的问题,去思考学校（专业）的建设和发展。对于大数据管理与应用专业而言,在思考国家战略问题解决的基础上,要落地专业建设就要"以终为始",发挥 OBE 核心理念的作用,按照"成果导向"要求,以最终目标为起点进行反向课程设计[3],培养学生专业能力,以适应未来人生发展,以国家需要和学生毕业后才能发挥为"终",开展专业建设工作。

(三) 专业–就业匹配理论

专业–就业匹配理论指出,学生对专业的兴趣度、就业关注度、职业生涯规划程度、基层就业意愿、求职渠道与实习锻炼、专业课程建设完善度均会影响专业–就业匹配度,并呈现正比例关系,即学生学习兴趣高、职业规划清晰度高、实习锻炼机会精准对口、专业课程建设完善度高均会使专业–就业匹配度获得提升[4-5]。因此,专业人才培养要从引导学生学习兴趣出发,指导学生明晰个人人生观和价值观,提高职业生涯规划契合性,加强专业对口实习实践,动态优化设计符合市场胜任力要求的专业课程体系。

二、大数据管理与应用专业胜任力模型构建的实践基础

(一) 我国大数据管理与应用专业人才岗位能力要求

工业和信息化部人才交流中心制定颁布了《大数据产业人才岗位能力要求》,该标准立足大数据产业技术体系及大数据企业实际岗位需求,围绕数据预处理、数据标注、数据分析、产品开发、项目实施与运维、平台建设、数据安全、数据管理、运营与应用、咨询服务等 10 个方向,梳理出 31 个具体岗位的能力要求,其胜任力要求又划分为综合能力、专业知识、技术技能、工程实践 4 个维度。这是构建高校大数据管理与应用专业胜任力模型的国家经济社会发展的宏观需求侧基础,为高校培养能够对接经济社会发展、企事业单位工作需求的大数据管理与应用专业人才提供了参考的一般性标准。

（二）国内一流高校大数据管理与应用专业建设情况

1. 总体情况

国内设立大数据管理与应用类专业的高校共 30 所，其中，985 高校 8 所、211 高校（不含 985 高校）22 所。2017—2022 年，各大高校陆续开设该专业，最早开设该专业的 985 高校是西安交通大学（2017 年），最早开设该专业的 211 高校是中央财经大学等 7 所大学（2019 年）；除武汉理工大学以外，该专业全部设置在社会科学学部或经管学院类教学机构。

2. 培养定位与目标

西安交通大学的培养目标是：培养掌握管理学基本理论，熟悉现代信息管理技术与方法，善于利用大数据分析技术对商务数据开展定量分析，并实现智能化商业决策的复合型人才。中央财经大学的培养目标是：培养具备扎实的数学和计算机基础、专业的大数据处理能力、先进的大数据分析技术，以及丰富的经济学、管理学领域专业知识，能够从大数据的角度出发创造性地解决经济、金融、管理等领域的数据科学问题，成为兼具创新精神和实践能力的数据驱动型复合领军人才。

从各高校的培养定位与专业特色看，各高校大多认为大数据管理与应用专业是具有学术性专业知识的新领域，区别于纯技术专业，培养定位聚焦于"大数据技术＋经济与管理"，即培养具有管理知识和大数据技术宽厚基础学识的专业人才。例如，西安交通大学定位于培养学生成长为既懂商业与管理技巧，又掌握大数据技术原理与实践方法，同时具备开展商业数据分析和复杂商业决策能力的复合型人才；哈尔滨工业大学定位于使毕业生掌握管理学与经济学基础理论，具备数据科学基础和信息技术基本技能，具有较强的大数据管理能力和大数据技术应用能力；中央财经大学定位于使毕业生具备扎实的数学和计算机基础、专业的大数据处理能力、先进的大数据分析技术，以及丰富的经济学、管理学领域专业知识。

3. 课程体系设置

从各高校课程设置情况看，如表 6-1 所示，课程设置大致分为基础课、专业基础课、专业课 3 类，其中 985 高校中，基础课频次最高的前 5 位课程是：经济学、高等数学、线性代数、运筹学、管理学；专业基础课频次最高的前 5 位课程是：大数据分析、机器学习、数据库原理与应用、数据结构、人工智能；专业课频次最高的前 5 位课程是：数据挖掘、R 语言、大数据存储、大数据安全、文本分析。

表 6-1　我国一流高校大数据类专业人才培养方案高频次课程表

课程类别	出现频次最高排序	985 高校	211 高校	985、211 高校
基础课	1	经济学	高等数学	经济学
	2	高等数学	线性代数	高等数学
	3	线性代数	经济学	线性代数
	4	运筹学	运筹学	运筹学
	5	管理学	管理学	管理学
	6	统计学	统计学	统计学
	7	营销学	数理统计	概率论

(续)

课程类别	出现频次最高排序	985 高校	211 高校	985、211 高校
基础课	8	概率论	管理统计学	离散数学
	9	离散数学	概率论	数理统计
	10	数理统计	离散数学	营销学
专业基础课	1	大数据分析	机器学习	机器学习
	2	机器学习	大数据分析	大数据分析
	3	数据库原理与应用	人工智能	人工智能
	4	数据结构	数据可视化	数据结构
	5	人工智能	数据结构	数据可视化
	6	大数据可视化	商务智能	数据库
	7	数据结构与算法	数据库原理与应用	数据仓库
	8	Python	数据仓库	计量经济学
	9	管理信息系统	计量经济学	管理信息系统
	10	云计算	管理信息系统	Python
专业课	1	数据挖掘	自然语言处理	自然语言处理
	2	R 语言	数据仓库与数据挖掘	数据挖掘
	3	大数据存储	社会网络分析	区块链原理与应用
	4	大数据安全	金融科技	R 语言
	5	文本分析	区块链技术与应用	大数据存储
	6	自然语言处理	文本分析与文本挖掘	大数据安全
	7	区块链原理与应用	数字商务与创新创业	数字商务与创新创业
	8	数字媒体信息	金融工程	文本分析与文本挖掘
	9	数据采集	数字化业务与战略	数字化业务与战略
	10	面向对象程序设计	数字营销	数据采集

数据来源：作者根据全国各高校网站公布的培养方案等资料整理。

（三）我国数字经济类企业关于大数据类人才要求访谈分析

通过分析滴滴全球股份有限公司等涉及数字技术、互联网出行、国际外卖等数字经济产业领域的资深数据专家的访谈资料得出以下结论。首先，成为一名胜任的数据分析人才，不仅需要掌握工具方法等这些外功心法，更重要的是需要理解数据生产、流动、存储等全链路管理这一内功心法。其次，要理解大数据技术的业务场景，以及如何开展业务沟通，与相关部门高度协同。在学生学习时，目标是掌握知识和工具，所以学习时练习题目的应用场景相对简单，但是，实际工作中的业务场景不仅是复杂的，而且是"模糊"的，因此，要强化高等教育中实践场景的历练。再次，要掌握企业管理知识，具有沟通协同能力。正因为实际工作中的业务场景是复杂不确定的，所以才需要与业务需求方等多部门协同，并进行充分沟通。这是胜任大数据工作的关键素质之一。同时，复杂业务场景下的沟通，必须按照企业运行规律组织沟通逻辑。最后，应具备商业化的数据思维。数据人员要关心企业经营发展的关键问题，即"价值"问题。数据分析师所提供的企业管理建议与经营决策能给企业业务项目提供"多少收益"，这些建议如何影响业绩指标，又需要投入"多少资源"？假设实施了这些决策建议，投入大量资源，但是资源错配导致收益较少，又该如何？进一步分析看，这种资源错配导致的业绩下滑问题是企业内部的普遍问题还是个性问题，如何判断、解释与解决？这是企业经营中极为重要的问题。这样一个紧跟企业经营、管理和业务需求的思路框架，核心是在具体业务场景和业务问题下的投入产出逻辑的构建。所以，需要深入理解企业所属行业、企业管理和运营的逻辑和路径等。这种以"企业价值创造"为目标的数据思维构建是大数据管理与应用专业胜任力的关键维度。

三、大数据管理与应用专业胜任力模型构建

根据河北经贸大学新财经高校改革"十四五"规划，以胜任力素质模型为理论基础，以河北经贸大学新财经人才培养"五维素质"为基底，整合国内一流高校人才培养目标、市场所需的人才岗位能力要求以及企业访谈涉及的大数据类人才工作和成长所需的知识、素质和能力，统筹构建大数据管理与应用专业人才胜任力模型。

胜任力模型构建基础按照顶层设计、先进引领、市场导向 3 个维度进行分析，分别对应的分析内容是"五维素质"、先进高校培养目标、市场所需岗位能力 3 个部分。"家国情怀、财经知识、信息技术、职业素养、国际视野"是胜任力模型顶层设计的构建要素。顶层设计支持胜任力模型构建。

（一）以国家经济社会发展需求为基础构建

根据大数据技术体系及对人才的需求，国家制定的大数据类人才岗位能力要求围绕数据预处理、数据标注、数据分析、产品开发、项目实施与运维、平台建设、数据安全、数据管理、运营与应用、咨询服务等 10 个方向对人才的岗位能力进行界定和描述。采用文本分析方法进行词频分析，挖掘这 10 个方向下的大数据类岗位能力文本，研究发现：大数据类人才岗位要求引致的胜任力素质分为数据研究能力、基础知识、行业知识、专业知识、实践能力等显性素质，逻辑思维能力、表达能力等隐性素质，具体如图 6-1、表 6-2 所示。

图 6-1　国家对大数据类人才岗位能力要求文本分析词频云图

资料来源：作者根据工业和信息化部《大数据产业人才岗位能力要求》绘制。

表 6-2 以国家经济社会发展需求为基础所构建的胜任力素质指标

胜任力素质类型	胜任力素质维度	胜任力素质指标
显性素质	数据研究能力	数据挖掘、数据安全、编程语言、数据结构、数据测试、数据仓库、数据管理、神经网络、架构设计、分布式系统、人工智能
	基础知识	数学原理、统计分析
	行业知识	运行机制、发展趋势、业务流程、应用领域
	专业知识	法律法规、(相关)专业知识
	实践能力	产品开发、产品设计、解决方案、项目管理
隐性素质	逻辑思维能力	逻辑思维
	表达能力	口头沟通、书面表达等

资料来源：作者根据工业和信息化部《大数据产业人才岗位能力要求》编制。

(二) 以国内一流高校大数据类专业培养目标为基础构建

针对整理后的 30 家高校专业定位与培养目标等内容，采用文本分析方法进行词频分析，挖掘大数据类人才胜任力素质，研究发现：大数据类专业人才培养目标引致的胜任力素质大致分为数据研究能力、基础知识、行业知识、信息科学知识等显性素质，思维能力、实践素养等隐性素质，具体如图 6-2、表 6-3 所示。

图 6-2 国内一流高校专业定位与培养目标的文本分析词频云图

资料来源：作者根据全国各高校网站公布的培养方案等资料绘制。

表 6-3 以国内一流高校大数据类专业培养目标为基础构建的胜任力素质指标

胜任力素质类型	胜任力素质维度	胜任力素质指标
显性素质	数据研究能力	数据分析、统计分析、数据可视化、数据挖掘、机器学习、分布式计算、数据管理、深度学习、定量分析
	基础知识	数理统计
	行业知识	互联网金融、业务流程、智能制造、移动互联网、商业智能、人工智能
	信息科学知识	信息技术、计算机科学、信息管理

(续)

胜任力素质类型	胜任力素质维度	胜任力素质指标
隐性素质	思维能力	创新能力、思维能力、科学研究能力、解决问题能力、管理决策能力
	实践素养	国际交流能力、团队精神、创业精神、人文精神、职业道德

资料来源：作者根据全国各高校网站公布的培养方案等资料编制。

（三）大数据管理与应用专业胜任力模型及其释义

基于国内一流高校大数据类专业人才培养目标和满足人才市场需求的双导向，以"五维素质"培养要求为基底，整合国内一流高校培养目标和大数据类人才岗位能力要求引致的胜任力素质，构建大数据管理与应用专业人才胜任力模型，如表6-4所示。

表6-4 大数据管理与应用专业人才胜任力模型

胜任力素质	胜任力类型	胜任力子项	胜任力释义
家国情怀	胜任力隐性素质	思想政治素养	具有正确的政治立场，习得思想政治理论知识
		军事素养	具有基本的军事理论知识和实操能力
国际视野	胜任力隐性素质	外语素养	具有国际交流能力
		科研素养	具有阅读国外文献，发表国际文章的基本科学素养，及书面国际交流能力
职业素养	胜任力隐性素质	劳动素养	培养正确的就业观、工作观、良好的职业道德及创业精神
		身体素养	工作所需的身体素质
		心理素养	工作所需的心理素质
		思维素养	逻辑思维、管理思维、数据思维、解决问题思维
		概念技能	表达能力、组织沟通能力等
		实践能力	团队精神、创新能力等
信息技术	胜任力显性素质	数学知识	数学、统计、数理基本知识
		计算机知识	计算机基础类知识、信息系统等
		新一代信息技术知识	信息技术全面基础知识
		大数据技术知识与应用技能	数据研究能力所需的大数据类知识、技术与操作技能
财经知识	胜任力显性素质	经济学知识	经济与管理类大数据分析所需的经济学知识
		管理学知识	经济与管理类大数据分析所需的管理学知识
		管理场景理解能力	商业知识、项目管理、应用领域、业务流程、解决方案、产品设计等知识与能力；智能制造、人工智能、物联网、移动互联网等数字类行业知识和理解力

资料来源：根据全国各高校网站公布的培养方案、工业和信息化部《大数据产业人才岗位能力要求》及新财经高校建设与人才培养目标等资料编制。

四、大数据管理与应用专业建设与人才培养的对策建议

以服务国家重大发展战略和经济社会发展为出发点，以培养具有"家国情怀、财经知识、信息技术、职业素养、国际视野"的优秀人才为目标，以胜任力模型为导向，对标一流

院校，对接市场需求，聚焦"大数据＋应用场景"培养目标，尊重学生学习与发展规律，围绕大数据技术知识、大数据技术方法、经济学知识、管理学知识、综合素养等全方位确立专业定位、培养目标以及课程体系建设方案，通过创新培养方式、优化课程设置、动态培养教师能力、加强实践教学等各项措施，提升学科、专业建设与人才培养价值。

（一）确立专业定位和培养目标

以培养具有"家国情怀、财经知识、信息技术、职业素养、国际视野"的优秀人才为目标，对标国内一流院校，对接国家需求，确立如下专业定位和培养目标。

1. 专业定位

大数据管理与应用专业依托学校、学院的学科优势，聚焦"大数据技术＋管理场景"培养目标，着力培养"懂经济、知管理、会技术"的大数据管理与应用专业人才，培养能够以大数据技术为基底，服务宏观经济管理、产业发展管理、工商企业管理、公共服务管理以及数字平台管理等"五大管理场景"的数据驱动型、创新型、复合型一流专业人才。

毕业生具备扎实的数学、计算机、数据科学等基础知识，大数据、物联网、云计算、人工智能等技术类知识，以及丰富的经济学、管理学等专业知识；能够理解国家经济运行、产业发展、行业迭代与重构等宏观问题，以及企业战略、运营管理、生产管理、营销管理等微观问题，具备从大数据技术视角服务国家社会发展、经济增长与企业管理的专业能力。

毕业生能够胜任国家各级行政管理部门、工商企业、科研机构等，特别是数字化类的平台企业、大型互联网公司及各类数字化转型发展的政府部门、事业单位和数字化企业的大数据类岗位工作，并且能够实现个人在国内外一流高校及科研机构继续深造的目标。

2. 培养目标

（1）培养热爱祖国，拥护中国共产党，政治立场坚定，具有正确的世界观、人生观和价值观，践行社会主义核心价值观，具有奉献精神、使命精神、创新精神的社会主义接班人。

（2）身体素质优良，具有坚强坚毅的心理素质。

（3）掌握大数据技术基础知识、理论、方法论和工具。

（4）掌握坚实宽厚的经济与管理知识、理论和方法论。

（5）在习得大数据技术与经济管理知识的基础上，理解各类应用场景，形成良好的数据分析和经营管理思维，能够将大数据技术应用于"五大管理场景"以解决实际管理问题。

（6）掌握一门外语，能够跟踪和理解大数据专业领域国内外前沿研究，培养国际性、战略性和创新性的格局和视野。

（二）优化课程体系设计

根据专业定位和培养目标，基于大数据管理与应用专业胜任力模型，依据胜任力子项设计课程模块，设置全面的大数据类专业知识和专业技术课程，提高学生在经济、管理、行业场景中应用大数据技术的能力。首先，提升学生学习强度，全面提高专业人才培养高度，加强其知识深度和能力宽度。其次，围绕培养学生处理数据全链路问题的能力，设置全面的大数据类专业知识和专业技术课程。再次，围绕培养学生理解数据在行业与企业中全链路运行的能力，设置经济、管理、行业知识课程，使学生更好地理解大数据融合行业及其赋能数字化转型的过程，以及数据在不同行业间的产生、流动和赋能机制，避免做出脱离应用场景的无逻辑的、错误的、无价值的分析，提高服务不同行业企业的实践能力。最后，围绕培养学生的组织沟通与协调能力等工作实践能力，解决业务场景中价值分析诉求、问题沟通、解决方案演示与报告等问题，设置沟通、团队、项目类等综合素养培养课程，具体如表6-5所示。

表6-5 培养目标、胜任力素质与课程设置矩阵图

胜任力素质	胜任力类型	胜任力子项	课程模块	课程设置	培养目标
家国情怀	胜任力隐性素质	思想政治素养	通识通修课	马克思主义基本原理	理解
				毛泽东思想和中国特色社会主义理论体系概论	理解
				习近平新时代中国特色社会主义思想概论	理解
				思想道德与法治	理解
				中国近现代史纲要	了解
				形势与政策	理解
		军事素养		军事技能	掌握
				军事理论	理解
				国家安全教育	了解
国际视野	胜任力隐性素质	外语素养	通识通修课	大学英语	掌握
		科研素养	专业选修课	科技论文写作	理解
				专业文献导读	理解
			第二课堂	创新创业项目及比赛	参加
				学术科研立项活动	参加
职业素养	胜任力隐性素质	劳动素养	通识通修课	劳动教育理论	了解
				劳动实践	掌握
				大学生就业与创业	理解
				职业生涯规划	理解
			第二课堂	志愿服务	参加
		身体素养	通识通修课	大学体育	掌握
			第二课堂	集体活动	参加
		心理素质	通识通修课	大学生心理健康教育	了解
		思维素养	专业素养课	数据分析思维	理解
				大数据思维与决策	理解
		概念技能		管理沟通	掌握
		实践能力	专业素养课	专业实习	掌握
信息技术	胜任力显性素质	数学知识	通识通修课	高等数学	理解
				线性代数	理解
				概率论与数理统计	理解
				管理统计学	理解
		计算机知识		计算机应用基础	理解

(续)

胜任力素质	胜任力类型	胜任力子项	课程模块	课程设置	培养目标
信息技术	胜任力显性素质	新一代信息技术知识	专业基础课	大数据管理概论	理解
				大数据技术基础	理解
				信息技术与管理	理解
				数据库原理与应用	理解
				数据结构与算法	理解
				数据要素管理	理解
		大数据技术知识与应用技能	专业核心课（数据采集）	大数据采集	掌握
				大数据治理	掌握
				Web 数据管理	掌握
			专业核心课（数据存储）	大数据存储与管理	理解
				大数据安全	理解
			专业核心课（数据分析）	Python 大数据分析	掌握
				大数据可视化	掌握
				R 语言	掌握
				机器学习	掌握
				文本分析	掌握
				自然语言处理	掌握
				Java 程序设计	掌握
财经知识	胜任力显性素质	经济学知识	专业基础课（经济类）	宏观经济学	理解
				微观经济学	理解
				产业经济学	理解
				数字经济学	理解
				计量经济学	理解
		管理学知识	专业基础课（管理类）	管理学原理	理解
				生产管理	理解
				运营管理	理解
				会计学原理	理解
				战略管理	理解
				货币金融学	理解
				管理运筹学	理解
		管理场景理解能力	专业核心课（场景类）	大数据商业模式	理解
				数字营销	理解
				人工智能技术与应用	理解
				区块链技术与应用	理解
				物联网技术与应用	理解
				智能制造	理解
				建筑智能化	理解
				产业数字化转型	理解

(续)

胜任力素质	胜任力类型	胜任力子项	课程模块	课程设置	培养目标
信息技术与财经知识交叉学科知识	胜任力显性素质	数据研究与经营管理融合能力	专业进阶类选修课	消费行为学	理解
				创新管理	理解
				文献检索与管理研究方法	掌握
				Stata 数据分析	掌握
				商务智能与决策分析	掌握
				金融学数据分析与挖掘	掌握
				大数据案例分析	理解

资料来源：根据全国各高校网站公布的培养方案、工业和信息化部《大数据产业人才岗位能力要求》及新财经高校建设与人才培养目标等资料编制。

(三) 动态培养教师教研能力

专业人才培养目标与课程设计要求教师的教学能力要逐步跟进。因此，从专项经费、校企合作、研究方向、专业培训、学术会议、实验室建设（产学结合下的教学科研实践基地）等多方面给予教师大力支持。统筹教师教学科目与研究方向相统一，促进个人学习、个人研究、个人教学互相促进，推动教学科研共同发展，助力教学目标和人才培养目标的达成。

(四) 全程贯彻 OBE 理念，坚定执行本科生培养研究生化，发挥专业导师精细化的指导作用

建议构建全体师生"入学即分流，分流即计划，计划即目标，目标即终点"的培养和学习理念。按照 OBE 的反向设计原理，教师在大学一年级就要帮助所带学生厘清发展目标，目标分为就业与深造两个大方向。如果是就业目标，那么将按照国家对大数据人才的需求进行培养；反之，如果是深造，那么将按照研究型学生进行培养。在两个大的方向下，还可以细分培养方向，例如在就业方向下，可以细分到岗位大类，比如学生的意愿是从事大数据技术类还是从事大数据分析类岗位，进而明确学生大学 4 年间的学习计划，以"成果为导向"的全流程育人与指导将有利于精准对接国家、企业、学生等多方面的需求，提高培养效率和质量。

(五) 加强校企联动，着重培养学生实践能力

通过进一步强化校企合作，强化师资共建共享，提供校企合作经费，建设有价值的教学实践基地等。首先，建议推动教学创新课程，即课程设置中的行业知识、大数据前沿知识、专业技能等课程，可以缩短每门课程的授课学时，邀请企业专家用开微课、做专题讲座的授课方式向学生讲授相关知识，帮助学生了解专业发展前沿，理解大数据应用场景的能力。其次，推进教师进企业学习与研究，加强教师对企业运作的认识与理解，为开展接地气的教学科研、贴近实践的学生培养等赋能。最后，输出专业能力，服务企业实践，高校与企业共建实践基地，共同开展企业实践工作与教学实践工作，为学生实践能力的提升赋能。

参考文献

[1] 周小刚,张珍,金柳君. 基于胜任力模型的人力资源管理专业培养模式构建[J]. 江西科技师范大学学报,2022(3):123-128.

[2] 杨馨,郑嵘,马颜雪,等. 基于OBE理念的交叉学科实验室建设探索[J]. 实验室研究与探索,2023,42(2):268-271.

[3] 李志义,朱泓,刘志军,等. 用成果导向教育理念引导高等工程教育教学改革[J]. 高等工程教育研究,2014(2):29-34,70.

[4] 吕洁华,刘思彤,蔡秀亭. 专业与就业匹配度及其影响因素研究:基于全国五所林业高校涉林专业调查数据[J]. 统计与咨询,2019(6):30-32.

[5] 郭达,杨婷.《欧盟的技能、资格和工作:实现完美匹配》述评[J]. 职业教育研究,2020(12):77-83.

工程管理专业人才能力需求及创新发展策略研究[一]

◎宋晓刚

[摘　要] 随着物联网、人工智能等新一轮科技革命的蓬勃发展，中国建筑业正在向着数字化、工业化、绿色化、国际化、复杂化的方向迅猛发展。此次科技革命与产业变革将对高校工程管理专业人才的知识与能力产生更多影响。为探索工程管理专业的改革发展策略，本文剖析了工程管理专业人才培养现状，分析了工程管理行业发展对人才能力培养的要求，探索了工程管理专业人才的能力需求，并结合河北经贸大学工程管理专业新财经教育改革经验，提出了工程管理专业的创新发展策略，为新时代传统工程管理专业改革升级提供了参考。

[关键词] 工程管理；新财经教育改革；能力需求；创新发展

一、引言

工程管理专业是管理学、经济学与土木工程交叉的复合型学科，旨在培养能在国内外工程建设领域从事全过程管理和项目决策的复合型高级管理人才。随着"一带一路"倡议、新基建、智能建造等系列国家战略的提出，工程主体及其活动变得更加系统化、多样化、复杂化，国家对于工程人才的技能和素质要求也在不断提高，这就决定了高等教育人才培养要与社会主义现代化新经济、新技术的高质量发展相适应[1]。本文解读了工程管理专业人才培养现状，分析了建筑行业未来发展趋势对高校工程管理专业人才培养能力的要求，并以河北经贸大学工程管理专业为例，从改革培养方案、创新实践教学、打造专业特色、优化课程体系、活跃第二课堂等方面提出了工程管理专业创新发展策略，以适应建筑工业化与数字化的发展，为行业发展及国家建设培养出具有信息化思维、综合管理能力、创新实践能力的复合型工程管理人才。

二、工程管理专业人才培养现状

工程管理就是用管理的理论、方法与工具解决建设工程全生命周期中的科学与实践问

[一] 河北省高等教育教学改革研究与实践项目："新财经"背景下工程管理专业人才能力需求及特色发展路径研究（2022GJJG165）。

题，如图 7-1 所示。工程管理专业面向新型基础设施建设、绿色发展等国家重大战略部署，致力于培养项目决策、实施和运维全过程的管理人才。近年来，在"新工科""新文科""新财经"等教育改革理念的发展下，工程管理专业积极融合国际化、数字化、人工智能等新理念和新技术，致力于培养具有"家国情怀、财经知识、信息技术、职业素养、国际视野"的复合型、应用型高素质工程管理专业人才，推动我国工程建设行业高质量发展。所以工程管理的本质是掌握管理的理论、方法与工具，管理的对象是建设工程，管理的阶段内容是项目全生命周期的管理。经调研分析，目前工程管理人才培养现状还存在以下几点不足之处。

```
┌──────────┐  ┌──────────┐  ┌──────────┐
│ 管理的理论 │  │ 管理的方法 │  │ 管理的工具 │
└────┬─────┘  └────┬─────┘  └────┬─────┘
     └──────────────┼──────────────┘
                    ▼
     ┌──────────────────────────────┐
     │  管理的对象：建设工程           │
     └──────────────┬───────────────┘
                    ▼
     ┌──────────────────────────────┐
     │  管理的阶段：工程全生命周期     │
     └──────────────┬───────────────┘
                    ▼
     ┌──────────────────────────────┐
     │ 管理的内容：整合管理、范围管理、 │
     │ 时间管理、成本管理、质量管理、   │
     │ 人力资源管理、沟通管理、风险管理、│
     │ 采购管理、干系人管理            │
     └──────────────────────────────┘
```

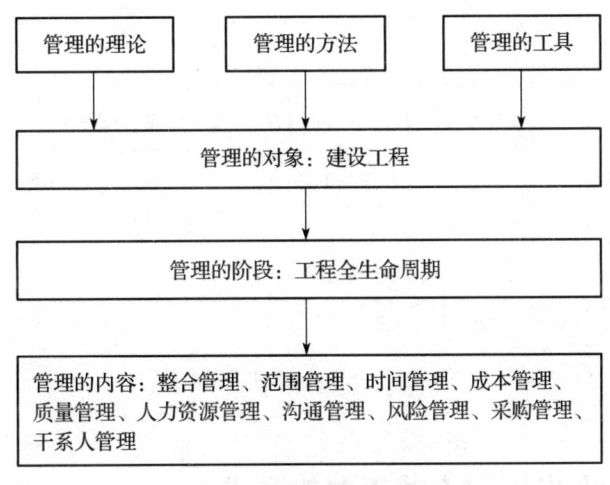

图 7-1　工程管理的内涵

（一）管理的理论基础不扎实

工程管理专业人才需要掌握现代管理科学的基本理论、方法与技术手段。科学管理理论有复杂科学理论、系统工程理论、控制理论、组织理论、信息理论、运筹学、博弈论等基本理论。现代科学管理的方法在预测、决策、评价和优化等阶段中得以体现与应用。如马尔科夫预测、灰色预测、BP 神经网络、多属性 TOSIS 决策、群体决策、鲁棒决策、模糊综合评价、集对分析法、遗传算法等。此外，工程管理专业人才还需要掌握运用管理的工具，如 Revit、Navosworks、Project 等 BIM 系列软件，State、Spss 等统计分类软件和 Python、matlab 等计算机类软件。目前工程管理专业人才还存在管理的理论基础不扎实等问题，仍需要在人才培养中加强。

（二）管理的对象较局限

目前，关于我国高校工程管理专业管理的对象，狭义上是指建设工程，如建筑工程、市政公用工程、公路工程、水利工程、港口工程、机电工程等；广义上是指对所有属于项目范畴的工程的管理，小到一场会议，中到化学工程、基因工程、航天探月工程，大到军队管理、城市管理、地区管理等均属于工程管理的范畴。目前，在数字化时代，由于各组织、系统的边界因数字化更加融合，因此工程管理的对象应扩大化，涵盖更多的工程范畴。

（三）综合管理能力不足

工程管理的内容是对工程项目全生命周期的系统化、层次化、多样化管理。全生命周期工程管理是从项目构思开始到项目拆除，历经整个过程的工程管理[2]，包括决策、实施、运营3个阶段，实施阶段包括设计准备、设计、招投标、施工、施工准备5个环节，如图7-2所示。各个阶段、各个环节均涵盖大量的知识体系，所以工程全生命周期管理是个庞大的系统工程，需要管理人才具有较强的综合能力，而目前工程管理人才的综合管理能力还不足。

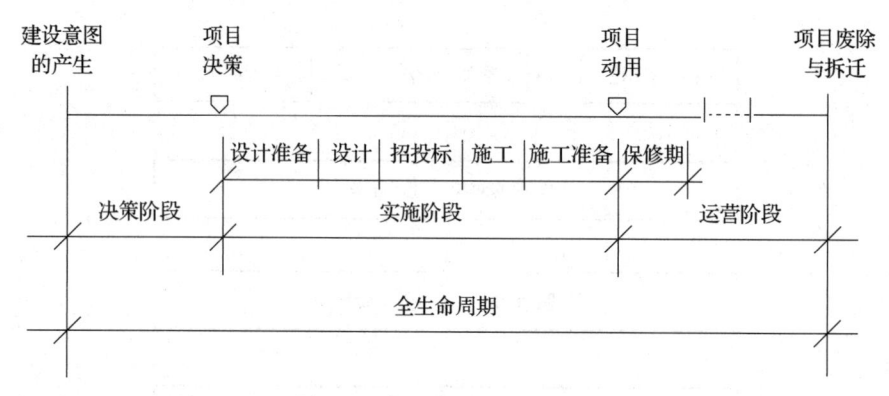

图7-2 全生命周期管理内容

三、工程管理行业发展对人才能力的要求

（一）国际化管理能力

在经济全球化和"一带一路"倡议的背景下，我国建筑工程行业国内市场空间逐步缩小，企业"走出去"对外高质量承包海外工程是行业未来可持续发展的必然选择。国内建筑企业要想保持竞争力，成为世界一流企业，就必须大胆地"走出去"，与世界各国企业展开合作竞争以抢占更多的市场空间，在全球化的发展中分得利好。因此，对于高校而言，培养复合型、国际型工程管理人才是适应建筑行业国际化大趋势的重要策略。

（二）数智化管理能力

数字化时代背景下，智能建筑、智慧城市、智能工地等数智化理念逐步兴起，大数据科技与建筑技术和空间环境稳步贯彻、深入结合，人工智能、物联网、数字孪生等数字科技被广泛应用。在城市群和新基建的背景下，建筑领域加速打造数字化生产系统与数据供应链，能够显著提高项目管理质量、改善服务质量、减少工程隐患，从而推动建筑业的成长，完成行业转型与核心价值重塑[3]。建筑行业正面临着数智化改造的重大需求和机遇，迫切需要数智化管理人才从不同层面推进建筑业的发展。

（三）绿色低碳化管理能力

目前，我国传统现浇的建造方式仍占主导地位，资源能源利用效率低，建筑垃圾数量大、扬尘和噪声污染严重仍是制约我国建筑业可持续发展的因素。近年来，在碳达峰与碳中和的背景下，国家大力倡导绿色施工模式，发展新型建造方式，推行建筑行业工业化，推广新型建材，在节约能源、改善环境、缩短工期、减少成本、化解过剩产能等方面产生了显著的积极影响。目前，建筑行业迫切需要具有绿色低碳知识的工程管理人才，以拓宽行业绿色节能、低碳环保的新航道。

（四）工业化管理能力

老龄化趋势的不断加速使得建筑行业面临人力资源紧缺及人工成本持续提高的难题，建筑业的持续发展使得我国能源消耗严重的问题也日益突出。因此，以装配式建筑为代表的新型建筑工业化受到国家及行业的高度重视，建筑工业化意味着设计生产施工一体化，在完成标准化设计后，根据设计方案将配件部分或全部进行工厂化的批量生产，然后进行现场装配，与传统的现场混凝土浇筑相比，建筑工业化不仅改善了生产和工作环境，还提升了施工效率，降低了人工成本。新型工业化的工程管理人才是建筑工业化发展的基础，也是行业发展对人才能力的需求。

（五）复杂化管理能力

大型工程项目，如川藏铁路、港珠澳大桥等，具有规模大、投资大、技术复杂、建设周期长、利益相关主体多、外部环境影响大、不确定因素多等特点，这大大增加了工程管理的复杂性。复杂化管理能力也是行业发展对新型工程管理人才提出的时代要求。

四、工程管理人才能力需求分析

工程管理专业是学习在有限资源条件下如何科学合理地组织资源实现项目建设目标的专业，是一个复合型专业，属于管理学范畴。这里所说的"工程"并非简单地指土建领域的工程，而是工学领域中所有的实体，包括航空航天、船舶、机械、水利或者核工程等，该专业与工程结合紧密，属于工程学与管理学的交叉学科。当前，在我国高等学校专业体系中，工程管理学科既可以授予管理学学位，也可以授予工学学位。所以工程管理专业既注重理论基础知识的积累，又注重实践的应用，具有学科交叉融合性及系统性强、创新性高、注重理论与实践相结合的专业特点。根据专业特点与发展趋势，作者开展了文献总结与调研分析工作，得出如下几点新时代工程管理人才能力需求。

（一）基础知识应用能力

工程管理是集管理、经济、土木工程、法律等众多学科于一体的交叉融合型专业。工程项目全生命周期管理中的众多岗位不仅需要扎实掌握数学、英语、计算机等基础学科知识，还需要学习积累运筹学等管理知识、财务管理等经济知识、建筑法等法律知识。数学知识有助于客观科学地进行工程项目的管理；外语知识有助于学习了解相关领域新的前沿技术，参与国际工程的文化交流，等等。此外，随着BIM技术、人工智能等新兴技术的发展与推广，建筑行业正面临着数字化改造升级，这就要求工程管理专业人才能够在计算机技术、网络技术、系统集成技术等方面进行全面了解,并具备一定的知识储备以适应建筑业数字化发展所需[4]。

(二)自主学习能力

面对快速更新的数字化、智能化等新事物,工程管理人才必须具备良好的自主学习能力,这样才能在新时代把握好国际化、绿色化、工业化、数字化等新的发展浪潮,成为有前瞻性的工程管理人才。拥有良好学习能力的人才更容易接受新知识,并利用学习型思维将新知识转化为对未来发展的新动能。

(三)创新能力

在低碳绿色、数字智能等新赛道、新场景中,工程管理人才需要更强的创新能力,才能涌现出新模式、新机遇,更有效地激发出数字经济与智能时代的发展新动能。创新能力强的工程管理人才能够在实际工作中不断总结和积累经验,形成自己的管理方法和技巧。他们能够根据实际需求,灵活调整管理策略,提出创新的解决方案,推动项目的持续改进和创新。

(四)实践能力

工程管理人才需要能够在实际工作中迅速发现问题,并能够运用所学的方法、理念与工具,分析问题的根本原因,制订解决方案并实施,以保证项目的顺利进行。实践能力强的人才能够更快、更准确地解决问题,能够预见和评估各种可能的风险,并制定相应的应对措施,提高项目的效率和质量。此外,数字化背景下涌现的新物种没有成熟的模式、没有相似的经验借鉴,所以工程管理人才要想在发展中抢占先机,就要具备实践能力,能在实践中探索、发现、总结经验,提升工程管理的效率,实现价值增值。

(五)组织协调能力

在工程管理中,需要协调各个相关方的利益和要求,保持各方之间的良好沟通和合作。组织协调能力强的人才能够更好地处理各方之间的冲突和矛盾,找到平衡点,确保项目能够按时、按质量完成。在项目的全生命周期中,工程实施需要众多组织部门的协同合作,企业内部也要做好多部门之间的信息沟通与共享,形成一个合作、共赢的局面,这就需要工程管理人才具备良好的组织协调能力。同时,工程管理人才还应做好数据分析与业务对接的协调工作,做出最优的决策与规划。所以工程管理人才也需要具备较强的组织协调能力。

(六)专业技术能力

由于"一带一路"倡议和新基建等国家战略的推动,工程项目向着工业化、数字化、复杂化发展,市场对工程管理人才的综合能力和专业技能提出了更高的要求,在招聘时,专业相关技能证书、综合管理能力、经济分析能力、创新实践能力等基础能力和专业能力都是企业看重的因素。这主要与工程项目全生命周期管理内容相关,工程项目的建设与实施需要各专业协同设计、各利益相关方密切配合、各技术融合借鉴等。由此可见,在有了扎实的专业知识后,结合竞赛及校内的实践教学平台,锻炼自身组织沟通能力、创新实践能力、逻辑思维能力等以及提高自身专业技能对于工程管理专业学生尤为重要。

五、新时代工程管理专业创新发展策略

（一）紧跟时代，进行数字化改革升级

随着新一轮科技革命的迅猛发展，工程管理专业的数字化改革已是必然。目前，数字化技术已在提高管理效率和精细化管理、智能决策、协同设计与沟通、支持可持续发展、推进建筑工业化等各个方面做出巨大贡献[5]。只有通过数字化改革，工程管理专业才可以更好地应对未来的挑战和机遇。工程管理专业在课程设置中应增加与数字化相关的内容，如数字化工具的介绍、数据分析和可视化、模拟和优化等。这些课程可以包括工程信息管理、项目管理软件应用、工程数据分析等，使学生能够熟悉和掌握数字化工具和技术。培养方案中还可加入项目管理软件的培训课程，让学生学会使用常用的项目管理软件，如 Microsoft Project、Primavera 等。这些软件可以帮助学生进行项目计划、进度控制、资源管理等，提高他们的项目管理效率。此外，工程管理领域需要与其他学科进行跨界合作，如计算机科学、数据分析、人工智能等。因此，在培养方案中可以融入跨学科的内容，让学生了解和学习其他学科的知识，以更好地理解数字化技术在工程管理中的应用[6]。新时代，只有培养出具备数字化思维和解决问题能力的工程管理人才，才能适应行业的发展。

（二）打造交叉与特色融合的人才培养体系

课程体系是实施复合型人才培养教学活动的主要载体，是实现人才培养目标的关键[7]。培养多学科交叉融合的复合型人才，其课程设置的关键在于实现多学科交叉融合的合理布局，优化课程结构[8]。工程管理专业可按照社会和企业对人才的需求进行人才培养，对专业课程体系进行整体优化升级，对专业知识和专业相关学科知识的课程内容进行融合渗透，制定"通识教育＋专业教育＋专业选修＋前沿掌握"的多学科交叉融合课程体系，帮助学生形成多元的思维逻辑，从而培养出"厚基础、宽口径、应用型"的工程管理高素质人才。

此外，各高校在注重专业交叉融合的同时，也要打造自身的专业特色。如河北经贸大学作为财经类大学，积极打造了工程投融资的专业特色。其课程体系中有投资经济学、工程经济学、工程项目融资、管理定量分析等课程支撑专业特色。此外，邀请工程投融资领域的专家和从业者进行专业讲座，分享他们的实践经验和案例，帮助学生了解工程投融资行业的最新动态和发展趋势，拓宽他们的视野，同时鼓励教师进行工程投融资领域的学术研究，推动学术成果的产出。在实践教学中，积极组织学生参与实际的工程投融资项目，让学生体验和参与项目的融资策划、投资分析、融资协商等环节，或利用虚拟模拟平台，让学生进行虚拟的工程投融资操作和决策，提升学生的实践能力和综合素质。

（三）校企产学研合作，加强实践教学

工程管理专业是对实践能力要求较强的专业，所以在人才培养中要强化实践教学。在课程教学环节，可改革教学模式，加强案例教学，引入真实的工程管理案例，让学生通过案例研究分析和解决问题，了解实际工程项目中可能遇到的问题和挑战，并提出相应的解决方案。还可通过移动课堂，组织学生参观现实中的项目工地、工程项目和工程公司，与实际从事工程管理的专业人士和企业进行互动交流，或邀请行业专家进课堂，让学生了解行业动态

和实际工作情况。工程管理实验室应具备各种工程管理相关的设备和工具，让学生在实验室就可以模拟工程项目的场景，让学生进行项目计划、资源分配、进度控制等实际操作。此外，在实习和实训环节，可安排学生参加与工程管理相关的实习和实训，让学生亲身经历和参与项目管理的各个环节，在真实的工作环境中应用所学知识。构建产学研合作机制（如图 7-3 所示），积极进行校企产学研合作，让学生在实际工程项目中进行项目计划、进度控制、资源管理等实际操作，参与工程管理，提升他们的实践能力和综合素质，这可以为他们的就业和职业发展奠定坚实的基础[9-10]。

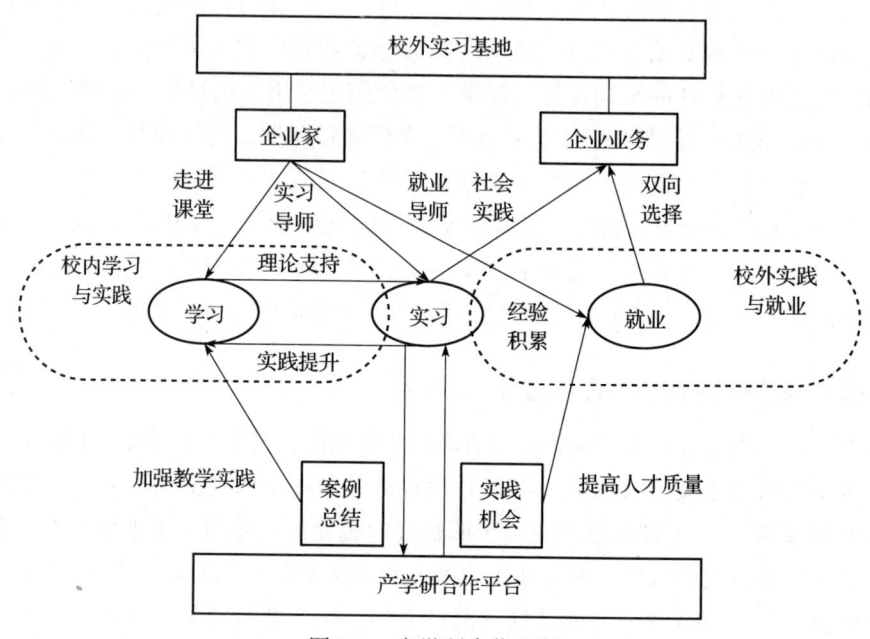

图 7-3　产学研合作机制

（四）构建一体化实践教学模式

实践性课程是学校实现人才培养目标的重要环节，是把知识转变为技能的重要手段，对于提升学生整体素养、培育学生的知识与技能有着特殊作用[11]。工程管理专业应重视对学生创新实践意识的培育，确立校内外实践基地相结合、教学与科研相结合、教学与竞赛相结合的"三个结合"教学模式，鼓励学生积极参加大赛和实践活动，帮助学生熟悉企业所需的人才，提高学生专业技术应用能力和工程实践能力[12]。构建专业导论、认知实习、专业调研、专业实习、就业实践、毕业设计以及专业竞赛于一体的"四年不断线"的实践教学体系。

（五）活跃第二课堂，导师职业引领

高校对工程管理专业学生的培养不仅要以第一课堂为基础，发挥课堂教育的主体功能，还要充分发挥第二课堂这一主要途径的功能，积极对接和拓展第一课堂的内涵。导师由于具有深厚的专业功底和丰富的实践经验，通常都能帮助学生从各个层面构建合理高效的知识体系，在创新创业等能力培养方面有着重要的引领作用[13]。高校可以积极构建由专业导师负责指导的学术性社团[14],把学习者从被动接受知识的环境中解放出来,营造创新氛围、激发创新意识、提供创新平台,充分发挥导师的职业引领作用,进而激发学生潜能,培养学生的坚强意志和创新能力。

参考文献

[1] 郑兵云,张恒,钱应苗.新工科建设与智能建造双重驱动下工程管理专业创新型人才培养路径研究[J].长春师范大学学报,2021,40(12):147-149,181.

[2] 李丽.工程项目全生命周期管理[J].建筑经济,2021,42(S2):63-65.

[3] 王晓亮,杜志芳.数字经济背景下建筑行业数字化转型研究[J].河北软件职业技术学院学报,2020,22(4):57-59.

[4] 张李文佳,赵靖昀,宁宇,等.数字经济背景下工程管理专业能力需求分析[J].大陆桥视野,2022(1):132-134.

[5] 吴岩.新工科:高等工程教育的未来:对高等教育未来的战略思考[J].高等工程教育研究,2018(6):1-3.

[6] 王琳,鲍学英,靳春玲.基于建筑信息化的地方院校工程管理专业转型升级探索与实践[J].中国教育信息化,2020(24):52-55.

[7] 祁丽,朱虹,苏佳萍.多学科交叉融合的创新创业型人才培养研究[J].教育探索,2018,315(3):60-62.

[8] 周永明,楼程富.注重学科交叉 培养复合创新人才[J].中国大学教学,2010(8):16-17.

[9] 许霞,衣淑丽,林红利.产教融合视角下基于BIM技术的工程管理专业人才培养的探索与研究:以青岛黄海学院工程管理专业为例[J].科技资讯,2021,19(30):99-101,143.

[10] 申彤.应用型本科工程管理专业人才培养制约因素与发展对策[J].四川建筑,2020,40(6):284-285,289.

[11] 余建潮.构建面向创新人才培养的实践教学体系[J].中国高等教育,2015(5):53-55.

[12] 刘聪,张婷.班导师引领本科生创新创业能力培养模式实践探索[J].创新创业理论研究与实践,2021,4(7),180-181,184.

[13] 高云莉,姜蕾,王庆春.基于BIM的工程管理专业人才培养体系探索:以项目全寿命周期为主线[J].大连民族大学学报,2018,20(1):82-84.

[14] 许志山.第二课堂建设与工科大学生创新能力培养研究[D].福州:福建师范大学,2012.

工程管理专业新财经特色凝练与实践路径研究[一]

◎张 敏 宋晓刚

[摘 要] 新财经教育改革是教育部"四新"建设要求在财经教育领域的新实践和新拓展，在此背景下，工程管理专业作为财经类院校的非优势专业亟须融合优势学科开展专业升级建设，凝练专业新财经特色方向，凸显财经类院校工程管理专业的竞争力。通过对我国公办财经类本科院校设置工程管理专业概况的梳理，本文探讨了财经类院校开设工程管理专业的特色优势，并以河北经贸大学工程管理专业为例，凝练专业新财经特色发展方向"工程投融资决策"，并围绕专业特色从师资队伍建设、人才培养与产教融合发展等方面开展探索与实践，为财经类院校工程管理专业建设与发展提供思路。

[关键词] 工程管理；专业建设；新财经特色；实践路径

建筑业是国民经济的重要物质生产部门，近20年来，建筑业持续保持增长态势，近10年来，建筑业总产值占国内生产总值的比例稳定保持在6%以上，2022年达到6.89%，建筑业总产值增速高于国内生产总值增速，支柱产业地位稳固[1]。建筑业是劳动密集型行业，人才数量和建筑产品规模成正比。可以预见，除建造师、造价工程师、监理工程师等较为传统的执业资格岗位依然会保有对工程管理专业人才的持续稳定需求外，全过程工程咨询、城市管理、工程保险担保、工程风险咨询和服务、投融资、运营维护、建设信息化等新兴行业也将为工程管理人才提供更广阔的发展空间。

我国工程管理本科专业主要起源于土木工程学科中的施工组织和管理、工程经济方向。哈尔滨工业大学工程经济系是我国高等工科院校第一个工程经济方面的科系，同济大学、西安建筑科技大学等学校的"建筑工业经济与组织"专业是工程管理本科专业创建并发展的重要基础。1980年，重庆大学、哈尔滨工业大学开设建筑管理工程专业，同济大学开设管理工程专业，天津大学开设基本建设管理工程专业，标志着我国工程管理本科专业的正式创立。经过1963年、1989年、1993年及1998年的4次修订，1998年颁布实施的《普通高等学校本科专业目录和专业介绍》中，工程管理专业正式成为管理科学与工程学科的下设专业并持续至今[2]。目前，国内有460余所高校开办了工程管理本科专业。

[一] 河北省高等教育教学改革研究与实践项目："新财经"背景下工程管理专业人才能力需求及特色发展路径研究（2022GJJG165）。

一、财经类公办本科院校设置工程管理专业概况

2023 软科中国大学工程管理专业排名上榜的 231 所院校中有 26 所为财经类院校。其中，中央财经大学、东北财经大学、江西财经大学、山东财经大学和中南财经政法大学等 5 所院校的评级为 A。不同评级院校数量、财经类院校数量及占比如图 8-1 所示。

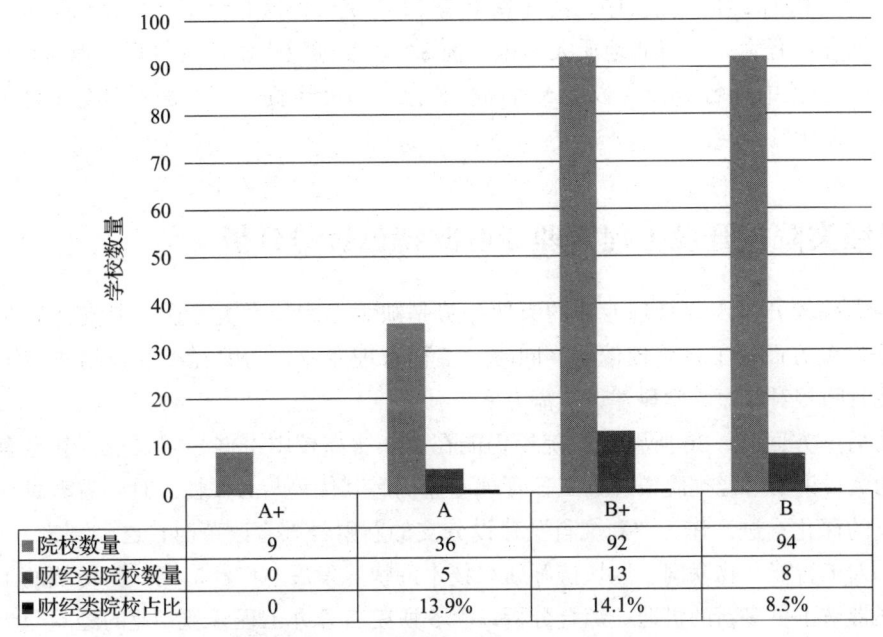

	A+	A	B+	B
院校数量	9	36	92	94
财经类院校数量	0	5	13	8
财经类院校占比	0	13.9%	14.1%	8.5%

图 8-1 2023 软科工程管理专业排名情况

本文以 5 所评级为 A 的财经类院校为例，分析工程管理本科专业在财经类公办本科院校的设置情况，各院校设置专业与年份、所在学院等信息如表 8-1 所示。其中，东北财经大学工程管理专业通过了住房和城乡建设部高等教育工程管理专业评估委员会的评估，是首批国家级一流专业建设点；中央财经大学、江西财经大学工程管理专业获批国家级一流专业建设点，山东财经大学工程管理专业获批省级一流专业建设点。

表 8-1 5 所财经类院校工程管理本科专业设置情况

评级/排名	院校名称	设置专业与设置年份	所在学院	省市
A/15	中央财经大学	工程管理/1999、房地产开发与管理/2004、投资学/2006	管理科学与工程学院	北京
A/17	东北财经大学	工程管理（投资与造价管理方向、房地产经营与管理方向）/1998、房地产开发与管理/2013	投资工程管理学院	大连
A/28	江西财经大学	工程管理（投资与造价）/1999、房地产开发与管理（投资与评估）/1992	旅游与城市管理学院	南昌
A/40	山东财经大学	工程管理/2000	管理科学与工程学院	济南
A/43	中南财经政法大学	管理科学与工程类（工程管理、房地产开发与管理、工程造价）/1998、投资学/2002	金融学院	武汉

从表 8-1 可知，财经类院校工程管理相关专业大多设置在管理学院或金融学院，专业起源或开设方向都表明财经类院校强调工程经济管理软能力的培养。

河北经贸大学工程管理专业自 2003 年开始招收第一届本科生，2014 年取得工程管理硕士专业学位授权，2018 年通过工程管理硕士专业审核评估，2019 年获批河北省一流专业建设点，2020 年获批国际工程项目管理师 IPMP 合作认证单位。在 2023 软科中国大学工程管理专业排名上榜的 231 所院校中，河北省上榜 12 所院校，河北经贸大学排名第 4，河北工业大学、河北工程大学、河北地质大学位列前 3。河北经贸大学工程管理专业排名 134，在 26 所财经类院校中排名 18。与以上 5 所高校相比，河北经贸大学工程管理专业财经特色建设尚有一定差距。

二、财经类院校开设工程管理专业的特色优势分析

财经类院校开设工程管理专业的天然劣势是缺少工程技术类专业学科支持，在师资队伍、课程设置方面较工科院校偏弱。同时，工程管理专业作为财经类院校的非传统优势专业，发展时间相对较短、学科建设仍需夯实。

但从另一方面看，26 所财经类院校仍能在 231 所高校中占据一席之位，甚至有 5 所院校评级为 A，说明财经类院校开办工程管理专业仍有其优势与必要性。且随着教育部"新文科"建设的深化推进，作为"新文科"建设分支的新财经教育改革时代已经到来。大数据、云计算、人工智能、物联网、区块链等新兴技术的快速发展与广泛应用，为传统的工程管理专业发展带来了更多新的机遇。综合分析以上 5 所院校开办工程管理专业的经验与当前新财经教育改革发展成果，财经类院校开设工程管理专业具有以下优势。

（一）依托财经学科优势，利于开展财经特色鲜明的差异化办学

各类院校的课程设置情况在一定程度上反映了其学科优势。在课程设置方面，工科类院校主要偏重于工程技术类课程；财经类院校主要偏重于管理类课程，其次是工程技术类课程；综合类院校的工程技术类和管理类课程学分比例基本持平[3]。

财经类院校工程管理专业主要依托管理科学与工程学科开展办学，注重管理、经济与工程技术的融合。例如，中央财经大学管理科学与工程学院的工程管理专业源自基建财务与信用专业，于 1999 年开始招收工程管理专业学生，现更名为建设经济与管理系，依托财经学科优势以工程投资决策与全生命周期造价管理为特色，着力培养面向建设工程全生命周期管理的高级复合型人才。东北财经大学工程管理专业设置在投资工程管理学院，依托东北财经大学的学科优势和专业办学条件，着眼于培养具有从事建设项目决策与全过程管理能力的应用型专门人才。江西财经大学的工程管理专业设置在旅游与城市管理学院，充分依托其财经与管理学科优势，加强与财经、管理专业之间的有机融合，培养能在国内外工程建设领域从事项目决策和全过程管理的工程管理创新创业人才。

（二）整合雄厚财经师资，益于培养综合素质扎实的复合型人才

财经类院校在经济学、管理学和法学等领域有深厚的教育基础，开设的经济学、管理

学、投资学、会计学等课程较其他类院校更加丰富，能够为工程管理专业的学生提供全面的知识和技能，能培养学生具备更多元的思维与视角，更好地理解和处理与项目相关的经济、管理、财务和法律问题，提升工程管理专业培养的人才附加值。

此外，财经类院校拥有广泛的校友网络和就业资源，能够提供丰富的就业机会和行业联系。毕业生可在政府建设主管部门、金融机构、房地产领域的企事业单位、投资与工程咨询企业、建设单位及国内外重大工程项目中从事项目可行性研究、投融资决策、工程项目管理、工程造价等工程管理相关工作。

（三）借力新财经教育改革，数据赋能工程管理发展迎来新机遇

新财经教育改革是教育部"四新"建设要求在财经教育领域的新实践和新拓展。河北经贸大学率先提出新财经教育改革理念，在顶层设计、理论研究、学科整合、专业优化、人才培养等方面进行了战略思考和实践探索，并取得了一系列研究成果[4-5]。

新经济形态下，数字技术不仅助力传统行业实现价值增值，促进产业发生深刻变革，催生新业态、新职业和新岗位，还对新时代人才培养提出了新的要求。面向新时代，要把握数据这一新的重要管理要素，依托大数据、人工智能、云计算、物联网等新一代信息技术，实现数据赋能[6]。

三、工程管理专业新财经特色凝练与实践路径

综合上述财经类公办本科院校开设工程管理专业的概况分析，财经类院校开设工程管理专业具有其独特的优势，这些优势不仅体现在学科交叉融合方面，也体现在教学资源、实践教学以及就业前景等多个层面。通过总结5所院校开设工程管理专业的成功经验可知，财经类院校工程管理专业应结合学校自身财经优势学科，把握数据赋能工程管理新技术，升级学科专业建设，革新人才培养思路，凝练工程管理专业新财经特色，走出一条差异化办学之路。

（一）工程管理专业新财经特色凝练

1. 立足专业发展现状，明确特色方向定位

立足学校自身经管学科优势和特色，河北经贸大学工程管理系近年来积极开展新财经教育改革探索与实践，主动对接地方和学科发展的重大战略需求，并积极融入新一代信息技术，对工程管理专业进行数字化升级。

经过对国内财经类院校、河北省各高校的调研与多轮专业发展研讨会，借鉴企业差异化战略理论，基于河北经贸大学工程管理专业办学历史、现有条件和发展潜能，应集中力量重点发展工程管理专业的"工程投融资决策"特色方向，与河北省其他高校工程管理专业保持一定的差异性，提升财经类院校工程管理专业竞争力。

2. 融合优势学科资源，夯实专业财经特色

工程管理专业人才培养融合了工程技术、经济学、管理学、法学、信息技术等多学科知

识，除了遵循《高等学校工程管理类本科指导性专业规范》的要求，更应注重融合学校优势学科开展专业建设、特色课程设置，吸纳学校优势学科的师资、课程资源，凸显工程管理专业"工程投融资决策"新财经特色。

新财经教育改革离不开信息技术的支撑。要在学院内与学院间，积极与大数据管理及应用系、信息技术学院开展课程教学教研合作，如"信息技术与管理""大数据技术基础""Python大数据分析"等课程。要围绕"工程投融资决策"专业特色与商学院、金融学院、公共管理学院、财政与税务学院等学院的管理学分支学科开展融合发展，整合相近或相互支撑的学科资源，建设优势互补融合发展"学科群"，推动工程管理专业新财经特色落地落实。

（二）工程管理专业新财经特色实践路径

围绕"工程投融资决策"专业特色方向，工程管理专业应从师资队伍建设、专业人才培养与产教融合发展等方面开展系列探索与实践。

1. 围绕专业特色方向，建设优质师资队伍

"教育大计，教师为本"。教师队伍是保障教育教学水平的重要力量。新财经教育改革背景下，教师应在传统知识体系的基础上不断汲取学科前沿新知识，掌握新一代信息技术，将专业特色与新时代、新业态的实践问题有效结合。

（1）外引内培，提升教师队伍规模。河北经贸大学工程管理专业专任教师平均年龄为38岁，高级职称占比33.3%，教师学科有土木工程、管理科学与工程等方向，教师队伍年龄、学缘结构较合理，发展趋势好，但高水平专业（学科）带头人欠缺、研究团队方向不够聚焦。应立足本专业实际情况，围绕"工程投融资决策"专业特色建设，制订清晰的青年博士人才引进计划，并加强与国内外知名高校、科研机构的合作，引进行业资深专家、高精尖人才，开展讲座、走进课堂、参与学生指导。

在本土人才培养方面，制订合理的师资培养计划和学术带头人培养计划与措施，分层次、多梯度开展教师能力提升培养。尤其重视青年教师的培养，探索实施以老带新的导师制，提升梯队建设效果。此外，加强教师的培训和进修管理，提供持续学习和发展的平台。

（2）科教融合，优化科教师资结构。科教融合是高等学校研究与教育教学间的协调连接和支撑转化，通过将科学研究的前沿创新成果融入教育教学，可以以高品质教学提升人才培养质量。新财经教育改革背景下，工程管理专业应以科教融合为新抓手，发挥科技赋能助推专业升级，以科教团队重塑师资结构。

围绕"工程投融资决策"专业特色方向，鼓励教师参与相近学科与支撑学科间的科研项目和学术交流，提供经费支持和学术资源。建立跨院系、跨专业、跨校企的科教研究团队和虚拟研究中心，定期开展学术研讨会和讲座，培养教师基于科教融合的课程适应性理念，强化科研反哺教学能力。

（3）师德为先，践行立德树人使命。教师是教育之本，师德是教师之本。作为新时代的教师，不仅要具备扎实的专业知识，更要具备坚定的政治立场和高尚的师德师风。习近平总书记关于新时代教师队伍师德师风建设的重要论述，深刻揭示了教师发展的内在规律，赋予

了师德师风新的时代内涵，为加强新时代教师队伍建设提供了根本遵循。

以此为契机，工程管理专业应持续加强师德师风建设，努力打造一支高素质、专业化的教师队伍，为培养德智体美劳全面发展的社会主义建设者和接班人提供有力保障。学校要积极组织教师开展政治理论学习研讨，拓宽知识视野，更新教育理念，自觉树立立德树人、教书育人的荣誉感和责任感，争做"有理想信念、有道德情操、有扎实学识、有仁爱之心"的好教师，为学生的全面健康发展提供有力指导与支持。

2. 升级人才培养方案，培养卓越财经人才

新财经教育改革根据新业态下的人才能力需求，重构并优化培养目标与课程体系，运用新理念、新技术丰富教学体系，基于OBE理念开展教学改革与实践，将大数据、人工智能、云计算、物联网等新一代信息技术相关的知识融入课程体系，培养具备"家国情怀、财经知识、信息技术、职业素养、国际视野"的复合型、应用型高素质工程管理专业人才。

围绕新财经人才培养目标与专业特色定位，及时修订人才培养方案，针对课程体系进行多轮专家论证。一方面，及时将新一代信息技术有关知识融入课程体系，升级或增设信息技术类课程，如"计算思维与人工智能""区块链技术及应用""大数据技术基础""Python大数据分析"与"地理信息系统原理与应用"等。另一方面，重点围绕"工程投融资决策"特色方向制定课程群，涵盖如"工程项目融资""投资经济学""可行性研究与项目评估""工程审计""房地产开发与经营"等主要课程。

3. 搭建产教融合平台，提升教育教学质量

新财经教育改革背景下，河北经贸大学工程管理专业更加注重产教融合，联合福建晨曦信息科技集团股份有限公司、深圳市斯维尔科技股份有限公司开展产学协同育人，共同申报两项教育部产学研协同育人项目，在实践基地建设、赛学结合、资源共建共享等方面开展了深度合作。校企协同育人促进了产业与教育的良性互动和协同发展，有利于促进教育可持续健康发展，提高教师的业务水平，激发学生的创造力、创新力，增强教学效果。具体来说，可从以下几个方面开展工作。

（1）建设实训实习就业基地。与工科院校相比，财经类院校缺乏工程技术类试验、实训环境，应积极走出去，与企业、科研机构等开展交流与合作，搭建满足课程实训、专业实习、就业实践的全流程基地。学校可以邀请企业代表参与课程设计、师资培训等活动，企业可以提供实习、实践场所及行业案例、职场讲座等资源。在这个过程中，探索制定产业需求导向的课程体系，及时调整和优化课程设置，并邀请企业专家参与课程评审、学生指导等实践培养环节，保障人才培养满足产业发展需求。

（2）推进产学合作协同育人项目。学校与企业共同申报产学合作协同育人项目，开展产学研合作。推行学业企业双导师制度，学校与企业在师资队伍建设、学业指导等方面深度合作，共同培养学生。一方面，注重培养教师的产业意识和实践能力，鼓励教师参与产学研合作项目，提升教学质量。同时，引进具有行业背景和实践经验的教师，丰富教师队伍。邀请企业选派员工担任学生的企业导师，提供实践指导和职业规划建议，帮助学生更好地了解企业需求，增强就业竞争力。

（3）搭建产教融合的信息平台。搭建连接学校、企业、政府及行业组织等多方资源的

桥梁，促进产教融合、校企合作。基于信息平台，开展企业和学校之间的信息交流和资源共享。企业可以发布人才需求、实习实训机会、项目合作等信息；学校可以发布专业设置、课程安排、科研成果等信息。平台提供教学资源、企业案例、行业标准等资源，支持在线学习、在线交流等，用户可根据需求查询相关信息。产教融合发展需要学校、企业和政府等多方共同参与，建立长期稳定的合作机制，实现人才培养和产业发展的良性互动。

四、结论

本文梳理了财经类公办本科院校设置工程管理专业的情况，总结了财经类院校开设工程管理专业的特色优势，并以河北经贸大学为例，凝练工程管理专业新财经特色。河北经贸大学管理科学与工程学院工程管理专业立足新财经教育改革背景，围绕"工程投融资决策"开展师资队伍建设、人才培养方案修订等探索与实践，教学改革成果初见成效，相关模式和经验可为地方财经类院校工程管理专业人才培养提供借鉴。

参考文献

[1] 赵峰，王要武，金玲，等. 2022年建筑业发展统计分析［J］. 工程管理学报，2023，37（1）：1-6.

[2] 王要武，王硕，孙成双，等. 我国工程管理本科专业发展状况分析［J］. 工程管理学报，2021，35（5）：153-158.

[3] 韩姣杰. 我国高校工程管理本科专业知识培养体系现状［J］. 大学教育，2022（10）：48-50.

[4] 董兆伟，柳天恩."新财经"教育改革的思考与实践：以河北经贸大学为例［J］. 新文科教育研究，2021（3）：72-81，142.

[5] 刘兵，刘培琪. 基于新文科视角的新财经人才培养理念探析［J］. 河北经贸大学学报（综合版），2021，21（3）：16-20.

[6] 祁红梅，宋晓刚."新财经"背景下管理科学与工程学科创新发展路径研究［J］. 河北经贸大学学报（综合版），2022，22（2）：38-44.

新财经背景下物流管理专业定位分析研究[一]

◎郭义荣 马翊华 刘力军

[摘　要] 在新一轮科技发展与产业变革中，物流产业已经向智慧化转型升级，物流管理专业出现定位调整滞后以及专业特色逐渐弱化的问题，而专业定位是否精确关系到一流本科专业建设的成败。本文以河北经贸大学新财经人才培养改革中的智慧物流实验班为例，深入探讨物流管理专业定位，理解其本质与核心意义。基于此，本文从需求定位、学科定位和特色定位3个方面进行分析，构建了一个三维度的物流管理专业定位模型。此模型旨在精准捕捉物流专业的独特之处，并以此为基础，进一步推动该专业的建设与发展。

[关键词] 物流管理；专业定位；专业特色

随着物联网、大数据、云计算、人工智能和移动互联网的迅猛发展，智慧物流正加速传统产业的转型升级，并催生大量就业机会。这些变革要求大量既精通物流管理又掌握前沿物流技术的人才。教育部在2019—2021年大力推动国家级和省级一流本科专业建设，这标志着本科教育振兴、人才培养能力提升和内涵式发展的全面启动。《新文科建设宣言》为高校人文社科人才培养指明了新方向，也为专业定位建设带来了新的思考。在此背景下，财经类院校纷纷启动新财经教育改革，这是经济、科技、教育融合发展的必然产物。从"一流专业"到"质量工程"，再到各级专业建设与评估实践，专业定位始终被视为专业建设的核心，直接影响着专业建设的各个环节。因此，本文基于新文科视角，深入解析新财经的内涵，审视当前新财经物流人才培养面临的挑战，进而明确物流管理专业的定位。这对于高校新财经人才的培养具有重要的参考价值。

河北经贸大学物流管理专业最早在商业企业管理开设"物资管理"等物流类课程，脱胎于商学院商贸类专业，2002年设立物流管理专业，2008年成为省级品牌特色专业、河北省本科教育创新高地，是河北省最早开办物流管理专业的高校，2019年成为省级一流专业建设点，2020年开设新财经智慧物流实验班，2022年成为国家一流专业建设点，其专业历史沿革如图9-1所示。

[一] 教育部产学合作协同育人项目：新财经智慧物流实验班人才培养改革与实践（231102817161338）。

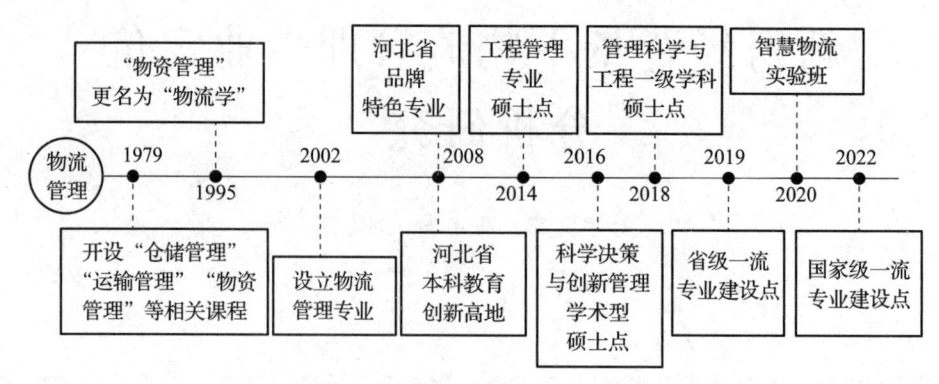

图 9-1　物流管理专业历史沿革

虽然近年来物流管理专业实现了蓬勃发展，但并不能掩盖当前存在的一些突出问题。随着学校物流管理专业学分缩减至 160 分，通识课程学分比重上升，而部分专业特色课程被缩减或取消。优化课程体系，强化专业特色，成为当前的重要议题。同时，新财经教育改革和本科教育教学评估的推进，虽然有助于提升教育质量，但专业评估与专业特色建设之间的差异，如专业定位滞后、特色不明显等问题，也亟待解决。因此，如何在新财经教育改革和评估背景下，精准定位专业方向，并凸显其独特优势，成为一流本科建设中的关键任务。这需要学校、教师及学生共同努力，通过课程设置、教学方法等方面的创新，实现专业的可持续发展。

对此，本文将在梳理物流管理专业发展历史和现状的基础上，围绕专业定位的策略分析探讨专业发展问题。

一、专业定位的内涵

专业是高等学校中根据学科分类和社会职业分工的需要分门别类进行高深专门知识教学活动的基本单位[1]。

定位理论起源于营销界，最初由特劳特（Trout）和里斯（Ries）在 1969 年的论文中提出。简而言之，定位就是确保品牌在消费者心中占据一个独特且有价值的位置[2]。

定位理论对于传统营销理论的革新核心在于其焦点从顾客需求转向了市场竞争态势，进而深入探究顾客的心理认知。这种转变揭示了定位理论的精髓，然而，我们不能简单地将营销学中的定位理论直接移植到专业定位上。原因在于，"知识"并非简单的"商品"，而"学生"也并不仅仅是"顾客"。若高校完全以市场经济的逻辑，即追求利润为导向来传授知识，那么这无疑会偏离高校作为知识传承和社会服务机构的本质[3]。

专业定位，实际上是指高校期望其特定专业在社会中所占据的地位和展现的形象[4]。这是专业建设的基石和顶层规划，它涵盖了诸如专业建设规划、人才培养目标的确定，以及与学校整体定位和专业结构布局之间的协调关系。专业建设规划是专业发展的蓝图，它不仅明确了人才培养的层次和类型，还指明了这些专业人才未来的主要服务方向。这一规划与学校的教育理念和专业结构布局紧密相连，体现了学校和专业的办学宗旨。若无明确的规划指引，专业的发展将面临诸多不确定性和挑战。同时，人才培养目标定位直接作用于课程体系的构建、教学方法的选择和师资力量的配置，这些环节又进一步影响专业人才的培养质量[5]。此外，学校办学定位和学科之间的关系，既影响着专业建设规划的具体制定与实施，也影响着学校的整体发展和专业结构布局。

本文强调，专业定位是基于学校的独特办学特色及整体定位，结合社会需求和未来的专业发展趋势，从而明确专业的核心目标和发展方向，进而明确专业应有的位置，使在此位置上创造应有的价值，凸显专业特色。

二、物流管理人才培养定位的环境分析

当前，互联网技术的迅猛发展对物流管理人才提出了更高的要求。然而，我们发现具备快速适应互联网发展、强大学习能力和信息技术应用能力的物流管理人才仍然相对稀缺。这种人才短缺的现状导致物流管理专业人才的培养与产业实际需求之间存在显著的差距，难以实现无缝对接。更为关键的是，现有的物流管理人才往往难以跟上新技术快速更新迭代的步伐，从而在一定程度上造成了物流管理人才培养与产业升级之间的脱节。这种脱节不仅限制了物流行业的进一步发展，也影响了整个产业链的协同和效率。因此，我们需要加强对物流管理人才的培养，提高其适应互联网发展和信息技术应用的能力，以更好地满足市场需求和促进产业升级。

（一）外部分析

智慧物流时代，技术在改变传统的物流模式，并且已逐渐应用于企业。随着新技术的迅猛发展，物流产业正经历着结构调整和产业升级，这导致物流企业的运作流程、组织结构发生显著变化，一些传统岗位消失，同时新兴岗位涌现。这些变革也带来了岗位所需的知识和技能的重大变动，使得传统的人才培养方案不再适用。智慧物流的发展尤其加剧了这一趋势，细分出更多工种和岗位，但当前物流管理专业人才培养定位尚不够明确，无法精准满足企业的具体需求。因此，我们需要重新评估并定位就业岗位方向，明确职业能力的新要求，以确保人才培养与产业升级的紧密结合。

（二）内部分析

物流管理人才培养定位调整不及时。当前物流管理专业人才培养过于注重管理理论，实践教学相对不足，导致难以与企业实际需求相契合。同时，来自企业和行业的专业师资稀缺，且部分教师对新技术的适应能力有限，难以快速适应智慧物流时代的知识和技能更新。此外，智慧物流类的教学资源开发不足，物流实训的设施设备比较陈旧，更新较慢。

三、物流管理专业定位的策略分析

（一）需求定位是专业设置的前提条件

在进行需求定位时，必须清晰地界定该专业是否能为社会进步提供适配的专业人才，以及该专业是否与社会需求保持高度的匹配性和契合性。这样的定位不仅关乎专业的社会价

值,也决定了其未来发展的潜力和方向。

1. 河北省特色产业分布情况

在深入研究河北省 11 市下辖的 120 个县域特色产业集群的分布情况后,可以观察到河北省为了促进实体经济的蓬勃发展,正积极构建现代化的产业体系。其中,河北省特别重视扶持其优势集群产业,力求实现这些产业的持续繁荣。从整体上看,河北省各地区在产业发展上均展现出了鲜明的特色,形成了一系列特色产业集群。这些集群主要集中在商贸与生产加工制造领域,而在部分地区,也涉及农产品领域。特别值得注意的是,物流服务在这些产业集群中扮演着至关重要的角色,其特点主要体现在商贸物流、企业物流、电商物流、冷链物流以及港口物流等多个方面。

具体的产业集群分布情况和物流服务特点如表 9-1 所示,这些数据为河北省未来产业发展和物流服务的优化提供了有力的参考。

表 9-1　河北省特色产业集群分布情况及物流服务特点分析

分布地区	特色产业集群	产业板块归类	物流服务特点
石家庄	涵盖皮毛、装备制造、纺织、数字经济及信息产业、乳业、制造业、新型建材等领域	总体可归纳为 22 个产业板块。其中,装备制造、专精特新产业集群均为 10 个,食品和纺织产业集群均为 8 个,品牌、汽车及零部件、皮毛、制造业产业集群均为 7 个	主要以商贸物流、制造业(企业)物流为主,以农产品物流(冷链物流)为辅,沿海城市还涉及港口物流
保定	涵盖品牌、汽车及零部件、皮毛、纺织、橡胶、健康医药、文化产业、未来产业、特色农业、制造业等领域		
沧州	涵盖制造业、皮毛、汽车及零部件、新型建材、电线电缆及电力设备、专精特新产业、健康医药、管道弯头等领域		
承德	涵盖装备制造、食品、特色农业等领域		
邯郸	涵盖品牌、装备制造、食品、纺织、新型建材、自行车、专精特新、新能源等领域		
衡水	涵盖品牌、橡胶、纺织、皮毛、文化产业、健康医药、专精特新产业等领域		
廊坊	涵盖数字经济及信息、食品、纺织、文化、健康医药、板材与家居、专精特新产业等领域		
秦皇岛	涵盖皮毛、葡萄酒、未来产业、特色农业等领域		
唐山	涵盖食品、装备制造、乳业、健康医药、专精特新产业等领域		
邢台	涵盖品牌、汽车及零部件、食品、电线电缆及电力设备、装备制造、自行车、纺织、橡胶、乳业、制造业、未来产业、专精特新产业等领域		
张家口	涵盖汽车及零部件、皮毛、装备制造、数字经济及信息、葡萄酒、乳业、文化产业、新能源、未来产业等领域		

2. 河北省物流业发展规划相关文件分析

《京津冀协同发展规划纲要》作为指导京津冀地区协同发展的关键纲领性文件,对河北省作了明确且意义深远的定位。2018 年河北省被定位为"三区一基地",这是对河北省在京津冀协同发展中的功能定位的进一步明晰和丰富,具体涉及现代商贸物流、产业转型升级、新型城镇化以及生态环境这四大核心领域。其具体内容为:河北省将致力于成为全国重要的现代商贸物流基地,推动产业结构的优化升级,探索新型城镇化道路,并发挥在京津冀地区生态环境保护中的支撑作用。《河北省城镇体系规划（2016—2030年）》中提到石家庄是国家级综合交通枢纽和国家级商贸物流中心。《河北省建设全国产业转型升级试验区十四五规划》中将钢铁、高端装备、石化、食品、生物医药健康、信息智能、新能源、新材料、商贸物流、文化旅游、金融服务、都市农业等十二大产业确立为河北省主导产业。《河北省智慧物流专项行动计划（2020—2022年）》提出，到2022年，全省初步建成以智慧物流为特征的现代化综合物流体系。

综合分析河北省的规划文件可知，其在物流业的发展上特别注重商贸物流、物流园区、港口物流、电商物流、智慧物流和冷链物流等多个方面，以推动物流业的全面升级与发展。

3. 各高校学生的就业方向分析

针对河北省开设物流管理相关专业的10所高校的学生就业方向进行整理，明确河北省应用型高校物流管理专业的人才培养整体走向，具体如表9-2所示。

表9-2 河北省应用型高校物流管理专业人才就业去向分析

分布地区	高等院校	就业去向
石家庄	高校1	就业分布在京津冀地区，去向以银行业（中国建设银行、河北银行等）、物流业（中外运、冀铁集团、顺丰等）、商贸业（京东、苏宁等）为主，10%左右的学生考研或考公务员，部分考入湖南大学、厦门大学、美国德州大学等国内外知名高校以及正定商贸物流局和廊坊税务局
	高校2	主要到交通运输行业（公路、铁路、航空、水运）、大型运输企业、新兴的物流企业、仓储企业、生产制造企业、行业协会及政府行政部门等从事与物流相关的工作，主要涉及的岗位有物流专员、仓储管理员、采购主管、物流经理等
	高校3	从事企业物流分析、设计与管理工作，企业商品仓储、运输、配送、包装工作，物流人员培训与管理工作，企业资源计划、运作管理、人力资源管理等工作，或向物流与供应链运营管理、第四方物流管理、物流工程等方向继续深造
	高校4	毕业生就职于顺丰、京东、苏宁、美团、长城等国内外知名企业；本专业考研率（上线人数/考研人数）均在80%以上，部分被天津大学、北京交通大学、大连海事大学、北京理工大学、北京邮电大学等国内知名院校录取
	高校5	在各类快递、配送、物流企业，以及大型港口、货物集散中心和物流园区中担任物流管理相关职务，负责物流运营和管理工作；在各级中等职业学校、大学中从事物流管理专业的教学工作，为培养更多物流管理人才贡献力量；对于有意向进入政府或事业单位的毕业生，可以选择在物流管理相关的机关、事业单位中从事物流行政管理方面的工作，为物流行业的规范和发展提供支持
保定	高校6	到政府部门、企事业单位等从事物流相关的教学、科研及管理等工作
唐山	高校7	到各类物流企业、工商企业的物流管理部门，各级物流行政管理部门，交通运输企事业单位，物流系统规划与设计部门，商业、流通业管理部门，物流设备研发、销售企业，科研院所、大专院校等单位工作
邢台	高校8	从事物流企业管理、物流市场营销、物流配送、运输组织、仓储管理、信息交流等工作
邯郸	高校9	到制造、商贸、物流企业从事物流系统分析设计、物流系统运营管理、物流项目规划建设等相关技术及管理工作，到专业咨询公司、教育培训机构、相关政府部门以及其他社会团体从事物流相关工作
衡水	高校10	到生产制造、商贸零售、电子商务等企业的采购或物流部门，以及供应链、物流（仓储、配送、快递、干线运输等）等企业从事物流方面的运营、管理、规划设计等岗位的工作，或者到交通管理职能部门（如海关、邮政管理局）等政府或事业单位从事相关工作，就业面广，产业发展潜力巨大

通过分析河北省特色产业发展情况（如表9-1所示）、物流服务特点以及物流业相关规划，同时对比各高校在物流管理专业上的人才培养目标和学生就业方向（如表9-2所示），我们得出以下精简结论：总体来说，河北省的专业定位与地方产业发展基本吻合，特别是在商贸物流、制造业物流和电商物流人才的培养上，与地区产业发展特色高度一致。然而，部分高校在物流管理专业的就业导向上略显模糊，缺乏具体的针对性，未能精准对接行业需求。

（二）学科定位是专业建设的基础

学科与专业之间存在密切而基础的关系。学科是专业建立的基石，有了特定的学科领域，才能进一步形成和发展相应的专业。学科主要关注知识体系的构建与完善，而专业则更多地基于社会分工，面向实际的工作需求。专业的划分通常基于社会工作岗位的具体技能需求，它更强调实用性和应用性。相比之下，学科则是随着知识体系的不断扩展和深化而发展的，其活跃性体现在对新知识的吸纳和融合上。而本科专业的目标，则是培养能够胜任某一行业或领域基本职业技能的人才，因此其设置和调整往往相对稳定[6]。值得注意的是，一个专业可能需要融合多个学科的知识和技能，而一个学科也可以在不同的专业领域中发挥作用[7]。这体现了学科与专业之间的交叉性和互补性。在学科建设和专业发展的关系上，两者并非相互排斥，而是相互依存、相互促进的。当学科发展超越当前社会需求时，专业建设可能相对滞后；当社会需求迫切而学科发展滞后时，也可能影响人才培养的质量。因此，保持学科与专业之间的协调发展至关重要，这样才能确保专业教育能够持续、健康地向前发展。

《普通高等学校本科专业类教学质量国家标准》为物流管理与工程类专业的整体定位和人才培养目标制定了明确的规范。然而，值得注意的是，在这一总体培养目标的指导下，国家标准并未对物流管理与工程类专业下辖的三个具体专业（物流管理、物流工程、采购管理）进行逐一的具体定位界定。这意味着，在具体的专业定位和人才培养上，各高校和机构需要结合自身的教育资源和市场需求，进行更为细致和个性化的规划与实施。这一设计既体现了国家标准的宏观指导性，也赋予了高校和机构在专业发展上的灵活性和创新性。

1. 立足学科属性

《物流管理与工程类专业教学质量国家标准》明确指出，物流学科是一门研究经济和社会活动中物品从供应地向接收地实体流动规律的学问。其核心研究内容广泛，不仅涵盖物品的运输、储存、包装、装卸、搬运、流通加工、信息处理等核心环节，还涉及与之相关的科学技术手段、运营组织管理方法以及环境条件等多元要素。

物流学科的成熟和完善，离不开物流领域深厚的科学研究积淀和广泛的实践应用。它融合了管理学、经济学、工学等多学科的知识体系，形成了物流管理、物流工程、采购管理等专业知识框架，进而构筑起一个独立的物流管理与工程学科体系。这一体系为物流领域专业人才的培养提供了坚实的理论基石和实践指引。

2. 区分近似专业

随着全球一体化的推进，国际分工日益深化，职业分工也逐渐细化。同时，新兴技术的崛起，特别是人工智能和大数据技术的逐渐成熟，为传统职业带来了深刻的变革，包括职业的衰落和转型。为了紧跟社会发展的步伐，高校在人才培养上不可避免地出现了大量与现有职业紧密相关的近似专业，这种趋势无疑对高校人才培养模式产生了重要影响。高校需要灵活调整专业设置和教学内容，以适应职业市场的变化，确保所培养的人才能够符合社会需求。但近似专业的侧重点必须明确区分，要明确培养目标、核心课程等关键点。

物流管理专业的设立是为了契合当前社会主义市场经济蓬勃发展的需求。其核心目标是培养具备深厚学术底蕴和实践能力的专业人才，这些人才不仅需要掌握扎实的管理学、经济学和信息技术知识，还需要具备出色的英语交流能力和计算机操作技能。在课程设置上，该专业精心规划了一系列核心课程，包括管理学、经济学、统计学、市场营销学等基础理论课程，同时也涵盖了生产与运作管理、财务管理、管理运筹学等实践应用课程，以及物流成本管理、物流系统建模方法等对前沿领域的探索课程。通过这些课程的学习，学生将能够全面提升自身的专业素养和综合能力。

物流工程专业专注于物流系统的规划设计与资源优化配置，致力于培养学生在物流运作过程中的计划与控制能力，以及企业物流经营管理方面的专业能力。该专业的主要课程涵盖工程制图、运筹学、市场营销学、电子商务导论、应用统计学等基础知识，同时还深入学习物流系统设计与仿真、物流配送与交通运输规划以及物流和供应链管理等专业领域知识。

采购管理专业则在工商管理学科的基础上，着重培养学生的政治素养和采购与供应链管理理论知识，旨在打造具备复合型能力的专业人才。通过学习采购供应管理导论、供应商管理、报价与谈判、采购合同管理等核心课程，学生将能够掌握在企业及政府机构中从事采购与供应链管理工作的关键能力。此外，课程还涉及企业物流管理、采购绩效管理、供应链管理、国际贸易理论与实务、库存管理以及电子商务等内容，以为学生提供全面的知识体系。

考虑到物流管理的广泛性和实用性，建议将其置于管理学学科门类下的管理科学与工程一级学科中，作为二级学科进行设置。在物流管理专业的基础上，可以进一步细化专业方向，如商贸物流、智慧物流和港口物流等，以构建更为完善的课程支撑体系。同时，应密切关注市场需求，确保专业设置和课程内容与行业发展保持同步。

（三）特色定位是塑造专业的灵魂

特色定位的核心在于充分展现学校的独特优势，这些优势可能源自学科专长、地理位置、师资力量、历史文化传承、行业背景或团队协作等多个方面。通过发挥这些优势，可以塑造专业的独特风格和灵魂。

特色定位不仅仅是外在的展示，更是内在精神和实质的体现。在"形"的方面，它涵盖了专业的在读学生规模、教学设施、资金保障、师生比例以及教师职称结构等硬实力；在"魂"的方面，它体现了社会对专业的评价、学生录取的竞争力、学生转专业的意愿、校友在业界的影响力等软实力。

因此，特色定位是"形"与"魂"的完美结合，既要注重外在条件的优化，又要强调内在精神的塑造，以实现专业的可持续发展。

河北经贸大学物流管理专业依托学校"经管"学科优势和区域商贸物流枢纽的区位优势，以底蕴深厚的商贸物流为主体，发扬产学研深度融合的传统优势，融入"智慧物流"实验班新势能，形成了"智慧商贸物流"的新财经专业特色。为进一步提高人才培养质量，塑造专业灵魂，现提出以下四个建议。第一，构建三类团队，支撑三项任务，打通新技术融合。整合校内外资源，组建理论教学、实践实训和行业前沿三类教学团队，完成相应的三项任务。第二，智库研究形成特色品牌，打通科教融合。将师生共建的智库为政企提供咨询，撰写物流业相关重大政策文件及发展报告，以科研反哺教学。第三，构建"三层次双渠道"体系化实训平台，打通产教融合。建设国家、省、校三层次，校内、校外双渠道教学实践平台体系，实现理论与实践、人才培养与市场需求的无缝对接。第四，为确保对毕业生培养质量的全面评估，建议建立定期跟踪调查制度。这一制度将涵盖毕业生追踪调查、委托第三方进行客观评测，以及定期走访用人单位进行调研等多种方式。通过这些方式，学校能更准确地了解毕业生的培养达成度、学生满意度以及专业适应度等关键指标，从而全面把握培养质量的外部评价。

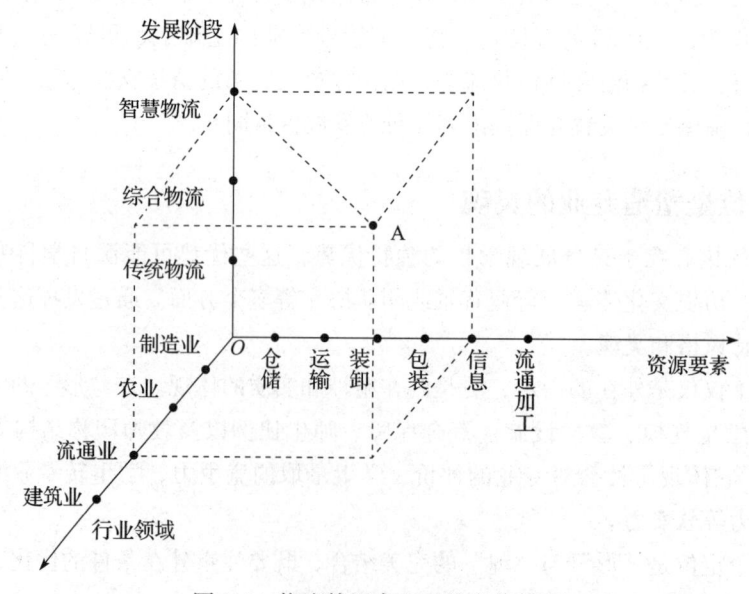

四、物流管理专业三维定位模型及对策

（一）三维定位模型

新财经教育改革推动了河北经贸大学物流管理专业的快速发展，依据《物流管理与工程类专业教学质量国家标准》，确定人才培养的素质、知识和能力要求，为进一步明确新财经"智慧物流"实验班人才培养的专业定位，应突出对大数据等新技术应用、智能化操作以及供应链协调与管理等能力的培养。结合新文科建设要求，本文从需求定位、学科定位和特色定位 3 个方面进行分析，最后根据物流的发展阶段、资源要素以及行业领域 3 个维度，建立物流管理专业三维定位模型，如图 9-2 所示。

图 9-2 物流管理专业三维定位模型

按照《物流管理与工程类专业教学质量国家标准》的定义，物流管理专业的核心在于对物流活动进行全面管理，涵盖计划、组织、指挥、协调、控制和监督等多个方面。回顾物流的发展历程，可以清晰地看到其经历了从传统物流到综合物流，再到现代智慧物流的演变。

物流产业的兴起，实质上是物流资源产业化的结果，这形成了一个复合型或聚合型的产业体系。这些物流资源广泛而多样，包括运输、仓储、装卸、搬运、包装、流通加工、配送以及信息平台等。其中，运输资源尤为丰富，涵盖了铁路、公路、水运、航空和管道等多种方式。

随着这些物流资源的产业化，相应的行业也应运而生，如运输业、仓储业、装卸业、包装业、加工配送业和物流信息业等。值得注意的是，这些物流资源并非孤立存在的，而是广泛分布于多个行业领域，如制造业、农业、流通业和建筑业等。因此，物流的应用场景也十分多样，如制造业物流、农业物流、商贸物流和建筑业物流等均体现了物流在现代社会中的重要作用和广泛应用。

（二）专业定位分析

在进行物流管理专业定位时，要综合考虑多方面的因素。首先，基于需求定位、学科定位和特色定位的分析，我们应当深入剖析专业的发展历史、行业背景以及既有相关专业的情况，从而选择与之相匹配的特定物流发展阶段作为定位基础。同时，不容忽视的是，所在区域的经济社会发展需求特征对物流管理专业定位具有重要影响。一个地区的经济结构和产业布局决定了该地区对物流管理专业人才的具体需求。因此，在进行物流管理专业定位时，必须紧密结合区域经济社会发展的实际需求，确保所培养的人才能够满足当地物流产业和相关企业的需求。通过综合考虑这些因素，物流管理专业的定位将更加准确、有效，有助于提升专业的竞争力和影响力，为区域经济社会发展提供有力的人才支持。

1. 以资源要素定位为主，以行业定位为辅

在运用物流管理专业的三维定位模型进行专业定位时，普遍会涵盖运输、仓储、装卸等物流的基本要素。重要的是，这些定位明确了各自需要突出的重点。然而，由于不同行业在不同的发展阶段有着不同的发展水平，物流相关的就业需求也会随之产生较大的波动。因此，在定位过程中，我们应主要以物流资源功能要素为主导，确保学生掌握物流管理的全面知识和技能。同时，为了应对行业发展的多变性和不确定性，辅以灵活性较大的行业定位，使学生能够根据市场需求和个人兴趣灵活调整职业发展方向。这样的定位策略既能保障学生的专业基础，又能增强他们的职业适应性和竞争力。

2. 细分行业，以特色定位为主

在进行物流管理专业定位时，对行业领域的进一步细分至关重要，这有助于更好地体现专业的特色和优势。例如，在同样的定位点 A 上，我们可能会遇到针对传统商贸行业和针对电商行业两种不同的专业定位情况。对于传统商贸行业，物流管理专业的定位可能侧重于实体商品的运输、仓储、配送等传统物流环节，强调对供应链的优化和成本控制。这种定位旨在培养能够熟练掌握传统物流运作流程，具备较强实际操作能力的人才。而对于电商行业，物流管理专业的定位则可能更加侧重于电子商务环境下的物流配送、仓储管理、数据分

析等新型物流需求。这种定位要求专业人才不仅具备传统物流管理的知识和技能，还需要熟悉电子商务平台的运营规则，能够利用现代信息技术手段提高物流效率和服务质量。

因此，通过对行业领域的进一步细分，我们可以使物流管理专业的定位更加精准、具体，更好地满足市场需求，培养出更具竞争力的专业人才。当专业定位为 A 点时，可能会与贸易经济、物流工程等相关专业产生交叉，不可避免地会与其在培养目标和培养方式上有所重合。此时，物流管理专业除了要体现物流专业知识的系统性外，还要突出"商贸（智慧）"特色，同时也要考虑大数据分析的内容。

3. 以专业内涵要素定位为主，以其他基本物流要素为辅

在进行物流管理专业内涵要素定位时，虽然我们需要明确专业的重点和特色，但绝不可因此忽视其他的基本物流要素。基本的物流要素，如运输、仓储、装卸、搬运、包装、流通加工、配送以及信息平台等，它们之间存在着紧密的内在联系，这些要素相互依存、相互影响，共同构成了完整的物流系统。

因此，当我们通过定位明确了要突出的重点时，并不意味着其他物流要素就可以被忽视或省略。相反，我们需要确保在强化专业特色和重点的同时，全面覆盖和深入理解物流系统的所有基本要素。这样，我们培养的物流管理专业人才才能具备全面的知识和技能，更好地适应和满足复杂的物流环境需求。

总之，专业内涵要素定位是一个平衡和协调的过程，需要在明确重点和特色的同时，注重其他基本物流要素的学习和理解，以确保专业人才的培养质量。

综上所述，河北经贸大学物流管理专业定位考虑到国家对河北省"三区一基地"的战略定位和石家庄作为国家级综合交通枢纽和商贸物流中心的优越条件，依托学校"经管"学科优势，结合专业的发展历史、师资力量和教学资源，将物流管理专业定位为物流系统的分析、规划与运营管理，其物流资源要素体现在仓储、运输与配送，代表性课程有"物流运输与配送"、"库存控制与仓储管理"、"物流系统规划与设计"等；行业定位特点体现在商贸物流上，代表性课程有"跨境电商"等；为适应智慧时代企业运营需求，专业定位特点体现在物流智慧化上，代表性课程有"物流信息系统与技术"、"物流大数据分析"等。

（三）专业定位实施对策

专业特色的凝练需要对物流管理专业的课程体系进行优化，确保课程内容紧密结合物流行业的实际需求，注重培养学生实际操作的能力和解决问题的能力。同时，加强与其他相关学科的交叉融合，提高学生的综合素质。具体实施对策如下。

1. 深入行业调研

进行深入的物流行业调研，了解最新的行业动态、技术发展以及市场对物流管理人才的需求。这将为课程体系的优化提供有力的数据支持。

2. 优化并更新课程内容

基于行业前沿动态和调研数据，对现有课程进行梳理和优化，确保课程内容紧密贴合物流领域的核心知识和技能。同时，不断引入最新的行业技术、实践案例和解决方案，使课程

内容保持前瞻性和实用性。为了适应市场的快速变化，课程内容还需要保持一定的灵活性，便于及时调整和更新。

3. 加强实践教学环节

加大实践教学的投入和比重，通过开展实验课程、模拟操作、案例分析和实地考察等多种方式，让学生在实践中学习和掌握物流管理知识。这样不仅能提升学生的实际操作能力，还能培养他们解决实际问题的能力，为未来的职业生涯奠定坚实基础。

4. 促进跨学科融合

物流管理涉及多个学科领域，因此在优化课程体系时，应加强与经济学、管理学、工程学等相关学科的交叉融合。通过跨学科的教学和合作，为学生提供更广泛的知识背景和更全面的视野，培养他们的综合素质和创新能力。

5. 建立持续的课程改进与评估机制

为了确保课程体系与市场需求保持同步，应建立持续的课程改进与评估机制。定期收集学生反馈、毕业生就业情况等信息，对课程进行评估和调整。同时，鼓励教师参与行业研讨会、培训等活动，以了解行业最新动态和趋势，为课程改进提供有力支持。

五、结论

在推进专业建设的道路上，首要之务便是确立清晰的专业定位。缺乏明确的定位，往往会引发专业建设中的方向性迷失。然而，明确专业定位仅仅是起步，后续的实际建设工作还需要高校付出极大的耐心和努力。本文所提出的专业定位，并非简单地将专业与高校的综合实力或层级挂钩，而是一种更为细致和聚焦的策略。这种定位方法强调从宽泛到具体的逐步细化，采用三维聚焦的方式，确保专业建设的每一步都精准而有力。通过这样的定位策略，高校能够更准确地把握专业发展的方向，避免在建设过程中出现偏差，为专业的长远发展奠定坚实基础。

基于系统论和生态位理论，河北经贸大学致力于将专业建设的核心理念融入高校的整体定位。在教学过程中，河北经贸大学坚持以"学生为本、注重实效、持续革新"为原则，特别关注"智慧与商贸"的融合点。河北经贸大学会对培养目标、课程体系、教学安排以及学生评价机制进行全面调整，着重培养学生的信息技术应用能力、智能化操作技能以及供应链协调与管理能力。通过这一系列的改进措施，河北经贸大学将重新规划并优化培养方案，以实现专业建设的稳健发展和质量提升。

参考文献

[1] 薛天祥. 高等教育学 [M]. 桂林：广西师范大学出版社，2001.
[2] TROUT J, RIES A.Positioning is a game people play in today's me-too market place[J]. Industrial Marketing, 1969, 54(6): 51-55.

[3] 程静,张浩.新文科背景下一流本科专业定位策略研究[J].河南牧业经济学院学报,2023,36(2):89-92.

[4] 高金章.找准专业定位搞好专业建设[J].管理工程师,2010(6):55-57.

[5] 林江湧,吴素梅,宋彩萍.专业定位与专业建设:以上海高校为例[J].高教发展与评估,2012,28(4):102-107.

[6] 冯向东.学科、专业建设与人才培养[J].高等教育研究,2002(3):67-71.

[7] 刘海燕,曾晓虹.学科与专业、学科建设与专业建设关系辨析[J].高等教育研究学报,2007(4):29-31.

物流专业科研反哺教学实现路径探究

◎杜晓丽

[摘　要]　新兴技术的快速发展使得高校更加重视科研的发展，科研反哺教学成为高校培养适应当前社会发展需要的高素质人才的重要手段。鉴于此，本文以物流专业为研究对象，在分析该专业在教研方面存在问题的基础上，从教学准备、教学方式、教学内容与设计以及课外活动等方面，提出科研反哺教学的实现路径。同时，在此过程中以"区块链与供应链金融"课程为例，说明具体的实施方法。最后，提出科研反哺教学的评价体系。该研究可为科研反哺教学在物流专业以及其他相关专业中的推广和实践提供可复制、可借鉴的教学参考。

[关键词]　物流专业；科研反哺教学；实现路径

一、引言

当前，新兴技术的不断发展与进步使得科研创新在民生、产业以及国家发展中发挥的作用越来越重要。高校具有教学、科研、社会服务三大职能，在此背景下，越来越多的高校将科研反哺教学作为一种重要的教学方式，以促进学生的实践能力和职业发展。2023年9月，国家自然科学基金首次试点青年学生基础研究项目[1]，支持优秀的本科学生。这进一步说明，科研反哺教学作为一种将科研与教学相融合的教学改革方式，成为培养高素质人才的重要手段。

有关科研反哺教学的研究，李强等[2]针对"新工科"背景下科研反哺教学模式在应用型本科院校专业建设中的实现路径展开了研究。帅良等[3]从"金课"建设的角度，探究了科研反哺教学在食品专业课教学改革中的应用。陈刚等[4]研究了科研反哺教学对于热能工程专业省级教学团队建设的促进作用。齐岳和黄佳宁[5]从课程教学和人才培养两方面，探讨了新发展格局下财务金融专业科研反哺教学的实施策略。刘勤明和陈水侠[6]以工业工程与物流管理类专业为研究对象，从教学学术角度提出了提升科研反哺教学的措施与路径。通过上述研究可知，当前学术界针对科研反哺教学的研究比较丰富，但聚焦物流专业科研反哺教学的研究较少。

物流专业作为财经商贸类专业中的重要专业，在输送新财经人才的过程中起到了很好的促进作用。为此，本文针对物流专业科研反哺教学模式的实现路径进行探索。同时，以物流专业开设的"区块链与供应链金融"课程为例，进一步说明具体实施措施。

二、传统物流专业教学存在的不足

(一) 传统物流课程与科研融合性不足

目前出版的物流专业相关教材的数量很多，但内容千篇一律，缺乏创新，最新的物流优化技术、管理理念与方法、前沿科技，以及当前的物流热点问题如应急物流、绿色物流、物流金融、电子商务物流爆仓、危险品物流等知识，在教材中少有体现，很容易使课堂教学陷入陈旧老套的境地。同时，教师学术水平的不同使得课堂教学中与学科相关的前沿知识的传递与引入效果不同。

(二) 多数物流专业学生缺乏与科研的接触

在本科阶段，很多学生初次接触科研就是完成毕业论文的撰写。若前期学习未涉及任何科研相关知识，那么很容易导致学生对科研的逃避心理或者不重视现象。同时，学生容易将科研看作学者、研究生的专属技能，对其学习的求知欲不足，难以培养其对科研的兴趣。由于缺乏相关科研训练，部分学生在查找分析文献、收集数据、分析数据等方面存在无从下手的状况。同时，在语言表述、论文格式方面也存在较多问题，这进一步减弱了学生的科研兴趣。

(三) 教师的科研工作与教学相分离

教师在以科研成果为重要量化绩效考核的背景下，容易孤立看待科研与教学，如在物流专业教学过程中，课堂中仅对物流智能设备和技术进行可实现功能的讲述，但其背后的技术内涵所引发的效益与影响分析涉及较少，而该部分正是科研工作的一方面。虽然教学是教师的主体工作，但在教师重科研轻教学，进而导致对于教学缺乏长期思考和实践的情况下，教学工作的质量和效果不佳。

三、科研反哺教学的实现路径

科研反哺教学通过将科研融入课程教学，在传统物流教学内容中嵌入前沿科研成果丰富教学课程，提高教学质量，培育创新型技能人才。此外，借助具体的科研实践，可使学生了解我国物流市场实际运营情况，并应用所学知识解决实际问题。下面以"区块链与供应链金融"课程为例，从教学准备、教学方式、教学内容与设计以及课外活动等方面，全方位阐述物流专业科研反哺教学的实现路径。

(一) 经典教材与前沿科研成果结合

由于科研论文更新速度要远远快于教材，因此为实现较好的教学效果，应在选择经典教材的同时，将与课程内容相关的前沿性知识与经典教材相结合，实现在掌握基本内容的同时，加强学生对该方面学术研究的认知，扩宽学术视野。为实现较好的教学效果，在科研成果选择方面，首先要选择与课程知识点紧密结合的科研成果。然后，选择近5年内影响力较大的科研成果，并且需要注重呈现形式的丰富性，如期刊论文、会议报告、学术讲座等。以"区块链与供应链金融"课程为例，在讲解区块链技术概述时，可引入袁勇与王飞跃在2016

年发表的文章"区块链技术发展现状与展望",在介绍该文章主要内容的基础上,重点分析该文章的被引情况、下载数量等,以此说明区块链技术在当时的受关注程度,同时也佐证说明 2016 年是区块链元年。区块链技术相关内容的科研成果如表 10-1 所示。

表 10-1 区块链技术相关科研成果的引入情况

课程知识点	引入科研成果	对于课程内容的作用说明
区块链技术概念	工业和信息化部发布《中国区块链技术和应用发展白皮书（2016）》	针对当前区块链没有统一概念的事实,给出官方的概念定义
区块链技术特点	袁勇,王飞跃. 区块链技术发展现状与展望 [J]. 自动化学报,2016,42（4）：481-494	介绍学术界对于区块链技术的关注,从计算机角度说明区块链技术特点
区块链技术发展	Blockchain research, practice and policy: Applications, benefits, limitations, emerging research themes and research agenda	全面了解区块链技术的发展情况与应用现状
区块链技术应用	屈绍建,李帅. 区块链背景下订单转保理的供应链金融博弈模型 [J/OL]. 系统工程理论与实践,2023,43（12）：3570-3590	使学生对区块链技术在供应链金融领域的研究范式有所了解

（二）在课堂中引入相关科研讲座

借助线上与线下相结合的教学方式,可以更好地推进科研反哺教学,有助于教师将科研成果引入课堂教学。我国已有丰富的学习平台和工具,如超星学习通、中国大学 MOOC、网易云课堂等,教师可借助这些资源将学术讲座、学术沙龙等与理论教学相融合,构建线上线下科研反哺教学模式。如将有关区块链技术研究现状与展望、区块链技术在供应链金融中的应用研究的最新学术讲座搬进课堂,让学生近距离感受科研的魅力。

（三）科研项目融入第二课堂

教师可基于自身承担的科研项目,结合创新创业类、挑战杯类、三创赛（创新、创意及创业）类学生竞赛项目的选题要求,为学生提供合适的科研竞赛选题,让学生在参与竞赛的过程中,得到完整的科研训练和创新思维锻炼,提升学生的科研主动性。以"区块链与供应链金融"课程为例,教师在教学过程中可鼓励学生参与"供应链金融"全球学生挑战赛、全国供应链大赛、全国供应链金融实战大赛等活动。首先,该方式可以给学生提供涉足学科前沿的机会,让学生对本专业学科的了解更全面。其次,在完成竞赛的过程中,学生可形成对科研的初印象,锻炼自身发现问题、分析问题、解决问题的逻辑思维能力。在此基础上,激发学生的创新意识和科研兴趣,使学生有机会独立发表学术论文或在参与的科研项目中申请专利,在为其毕业论文写作奠定良好基础的同时,可从整体上提高学生对知识的把握能力和创新能力。

（四）开展阶段性课题研究

参照研究生教育的形式,由特定教师负责,在对学生进行分组的基础上,指导其利用课余时间完成选定课题的研究,在该过程中设置开题、中题、结项答辩等环节。例如部分学校的本科生导师制模式、开放创新实验项目等皆为该方面的探索。在该过程中,学生会参与科研的全过程,包括选题、定题、文献调研、实验设计、实验实施、结果分析、答辩结项等,这些过程可以让学生对科研有更具象的认识。以"区块链与供应链金融"课程为例，教师在教授供应链金融交易形态与单元时，可组织感兴趣的学生分组，分别针对应付账款融资、库存融资、预付款融资和战略关系融资4个方面，提供有价值的科学问题并让学生开展探索研究。

（五）组织学生参观学习科研成果

高校可会同相关科技企业或新兴技术企业，在假期组织学生进入企业参观学习生产过程、最新成果。该方式在实现课程所学理论知识与实际应用相结合的同时，可以很具象地将科技成果转化为生产力的过程呈现出来，在学生心里埋下科学的种子。以"区块链与供应链金融"课程为例，教师可以带领学生走进优秀的商业保理、供应链企业实践学习，让学生充分了解金融科技为商业保理和供应链金融行业带来的改变，这可以帮助学生在未来就业时更快进入角色。

（六）关注国情时事，并将其与科研实践结合

最新的国情时事可反映某一行业或领域的发展方向与动态，因此，为弥补物流专业学生对我国物流行业实际状况与发展趋势认识不足的缺陷，在课程教学过程中可融入相关国情时事，拓宽学生的知识视野，培养学生的家国情怀。以"区块链与供应链金融"课程为例，教师可引入与专业相关的国情时事，讲解当前的热点词汇或政策，引导学生将书本所学与实际应用相结合，全方位了解所学专业的前沿热点。同时，为培养学生自主学习的意识，教师可布置相关任务，让学生在课下收集并分析"关于供应链金融感兴趣的问题"或者"最近供应链融资领域的某个热点事件"，并进行课堂分享与展示。

（七）完善科研反哺教学评价体系

建立或完善该方面的评价体系，可从客观上掌握其实施效果，并发现影响其实施效果的因素。本文以全面性、客观性、合理性为原则，构建了科研反哺教学评价体系，具体如图10-1所示。

参考王震等[7]在"新工科"背景下构建的科研反哺教学评价体系，选择教研设计、教学实施、学生学习和教研效果4个一级指标。其中，教研设计指标主要考虑了学科交叉性、科研知识时间占比、创新性、科研融入形式多样性4个方面；教学实施指标主要从学生科研参与度、教学方法的灵活性和科研导师的可选范围3个方面进行考虑；学生学习指标注重其科研能力、创新能力和团队协作能力的提升；教研效果指标选取学生的科研产出、参与学术交流的次数和自主学习能力的提升作为考虑的重点。通过上述评价指标体系的实施，可更全面、科学地评估科研反哺教学的实施效果。

四、结论

本文以物流专业为例，全方位、多角度地提出了科研反哺教学的实现路径，并且为不断推进和优化实施过程，提出了科研反哺教学的评价体系。本文为科研反哺教学在物流专业的应用提供了借鉴，为高校实现科研反哺教学的目标提供了新思路与新方法。

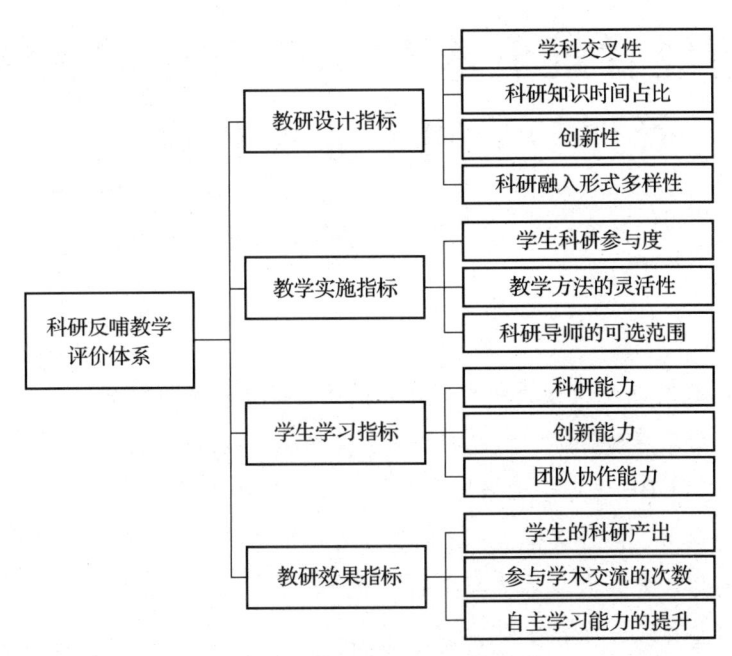

图 10-1　科研反哺教学评价体系

参考文献

[1] 国家自然科学基金委员会. 国家自然科学基金委员会：首次试点青年学生基础研究项目 在青年人才培养中出新招求实效[EB/OL].（2023-09-08）[2025-02-10]. https://www.nsfc.gov.cn/publish/portal0/tab440/info90219.htm.

[2] 李强，徐婉珍，沈洪锐，等."科研反哺教学"模式在应用型本科院校的探索与实践[J]. 计算机工程与科学，2019，41（S1）：153-156.

[3] 帅良，廖玲燕，朱东建，等. 科研反哺教学在食品专业"金课"建设中的研究[J]. 包装工程，2022，43（S2）：150-152.

[4] 陈刚，方庆艳，张成，等. 科研反哺引领热能工程专业省级教学团队建设的改革与实践[J]. 高等工程教育研究，2023（S1）：28-32.

[5] 齐岳，黄佳宁. 新发展格局下财务金融专业科研反哺教学研究[J]. 金融理论与教学，2021（6）：87-94.

[6] 刘勤明，陈水侠. 教学学术视角下地方高校工业工程与物流管理类专业科研反哺教学思考[J]. 物流科技，2022，45（3）：171-173.

[7] 王震，田怀谷，李建辉，等. 关于"新工科"背景下科研反哺教学评价体系的研究[J]. 中国多媒体与网络教学学报（上旬刊），2023（7）：185-188.

新财经背景下基于 OBE 理念的大数据管理与应用专业课程设置[一]

◎胡文岭 李焱 张雪峰 刘烨 王坤坤

[摘 要] OBE 理念教学模式是一种以学习成果为导向的教育模式，强调以学生为中心，以能力培养为目标，已经在许多教育领域得到广泛应用。大数据管理与应用专业基于 OBE 理念，根据培养目标和素质能力要求进行了全方位的课程体系设置，提出了两个支撑：一是素质能力对培养目标的支撑，二是课程对能力素质的支撑，并提出基于学习成果的评价方法，以及时发现教学中存在的问题，不断调整和改进教学内容和方法。

[关键词] OBE 理念；大数据管理与应用；课程设置；质量评价

OBE 理念教学模式是一种以学习成果为导向的教育模式，其核心思想是"以学生为中心，以能力培养为目标"[1][2]。这种教育模式强调学生在学习过程中主动参与，通过自我调节和学习成果的反馈，逐步提升自己的能力和水平。OBE 理念教学模式已经在国内外的教育领域得到广泛应用，特别是在应用型本科院校和职业技术学院。OBE 理念教学模式的特点包括：注重学生的自主性，倡导互动式教学，关注学生的学习成果，强调实践能力和创新精神的培养。在这种教育模式下，学生不再被动接受知识，而是主动参与学习，通过自我调节和学习成果的反馈，逐步提升自己的能力和水平。同时，教师也不再是单纯的知识传授者，而是成为学习活动的设计者、组织者和引导者。

OBE 理念教学模式已经在许多教育领域得到广泛应用[1][3]。这种教学模式注重学生自主性、实践能力和创新精神的培养，提高了学生的学习兴趣和主动性，提高了学生的能力和水平，为学生未来的职业发展和竞争力打下了坚实的基础。

一、大数据管理与应用专业课程设置

大数据管理与应用专业作为河北经贸大学 2021 年新设立的专业，实施"专业教育、素质教育、创新创业教育相融合"的一体化人才培养过程，将素质教育、创新创业教育融入专业教育，通过课程、项目、专题、活动等不同维度的教育教学形式，实现知识、能力和素质相融合

[一] 河北省高等教育教学改革研究与实践项目：大数据管理与应用专业知识体系构建研究——以信息技术与管理课程知识图谱为例（2025GJJG191）。

的柔性化课程体系，聚焦行业发展趋势，深化校企合作，不断结合大数据管理与应用行业的新理论、新工具、新技术、新应用，持续更新教学内容，培养学生的实践能力和创新精神。

大数据管理与应用专业毕业生在知识、能力和素质等方面应达到以下目标要求：①知识要求，即政治理论、形势与政策、社会科学、人文学科等基础知识和通识性知识，数学、经济学、管理学等学科基础知识和数据科学、大数据分析与应用等专业知识；②能力要求，即自主学习能力、大数据管理与应用专业知识的应用能力；③素质要求，即爱国敬业的职业素质和文化素质等。

在 OBE 理念的指引下，需要以学生为中心、以毕业目标为导向[4][5]，不断优化教学培养方案和课程体系。课程体系设置需要达到以下目标：课程设计目标与学习成果相符合，课程设计内容能够培养学生的实践能力和创新思维，课程设计的实施能够得到学生的积极响应，课程设计的效果能够促进学生学习成果和能力的提升。大数据管理与应用专业基于 OBE 理念，通过调整学生培养目标指标、构建课程对能力的支撑矩阵，设置了大数据管理与应用专业课程体系。

二、大数据管理与应用专业学生培养目标和指标

大数据管理与应用专业以习近平新时代中国特色社会主义思想和《习近平总书记教育重要论述讲义》为指导，以立德树人为宗旨，培养适应国家大数据战略发展需要，服务京津冀及周边省市经济社会发展，德智体美劳全面发展，具有高度社会责任感、现代经营管理理念、大数据思维和国际化视野，具备"家国情怀、财经知识、信息技术、职业素养、国际视野"新财经"五维素质"，掌握扎实的经济管理理论和大数据科学基础，善于利用大数据工具进行量化分析与管理，能实现数字化、智能化决策的高素质应用型大数据管理与应用人才。

基于 OBE 理念，根据工业和信息化部《大数据产业人才岗位能力要求》，重新确定大数据管理与应用专业培养目标，设置 4 个一级指标和 12 个二级指标。如表 11-1 所示，一级指标包括家国情怀、国际视野、职业素养和专业知识。二级指标包括家国情怀、国际视野、沟通和表达能力、商业敏感性和洞察力、标准规范和法律法规、熟悉数学原理、大数据管理技术基础、掌握大数据生命周期管理方法、掌握大数据架构方法、掌握大数据管理与应用工具、典型应用场景下数据分析能力、运用大数据辅助决策的能力。

表 11-1 素质能力指标设置

素质能力	家国情怀	1	家国情怀
	国际视野	2	国际视野
	职业素养	3	沟通和表达能力
		4	商业敏感性和洞察力
		5	标准规范和法律法规
		6	熟悉数学原理
		7	大数据管理技术基础
		8	掌握大数据生命周期管理方法

(续)

素质能力	专业知识	9	掌握大数据架构方法
		10	掌握大数据管理与应用工具
		11	典型应用场景下数据分析能力
		12	运用大数据辅助决策的能力

三、大数据管理与应用专业课程设置及对能力指标的支撑

以新财经教育改革为主导思想,积极建成一个基础宽厚、方向明确、结构合理、内容充实、理论与实践并重的专业课程体系。在专业现有的基础上制定发展规划,各项目标既要切合实际,又要有扩展性,积极创造必要的实现条件,稳步推进目标的实现。

(一) 基于 OBE 理念建立课程对能力素质的支撑矩阵

OBE 理念要求学生以掌握学科知识和能力素质为中心,强调学生学习的过程和学习结果的质量,培养其终身学习的能力[6]。而支撑矩阵的建立,可以帮助教师构建有目的性的课程内容,明确课程目标,更好地引导学生学习,同时也方便学生自我评估,了解自己在各个能力素质方面的优缺点,有利于持续改进自身学习方式,达到自我成长的目的。基于原有培养方案中的课程体系,支撑矩阵将分为四大类型,分别是通识通修课、专业基础课、专业核心课和专业选修课。按照课程类型构建每门课程对素质能力的支撑矩阵,支撑程度分为高中低三级。各个模块的素质能力支撑矩阵如表 11-2 所示。

表 11-2 课程对素质能力的支撑矩阵

课程类型	课程	素质能力											
		家国情怀	国际视野	职业素养			专业知识						
		1 家国情怀	2 国际视野	3 沟通和表达能力	4 商业敏感性和洞察力	5 标准规范和法律法规	6 熟悉数学原理	7 大数据管理技术基础	8 掌握大数据生命周期管理方法	9 掌握大数据架构方法	10 掌握大数据管理与应用工具	11 典型应用场景下数据分析能力	12 运用大数据辅助决策的能力
通识通修课	马克思主义基本原理	M	M			M							
	毛泽东思想和中国特色社会主义理论体系概论	H	H			M							
	习近平新时代中国特色社会主义思想概论	H	H			M							
	……												

(续)

课程类型	课程	素质能力											
		家国情怀	国际视野	职业素养			专业知识					
		1 家国情怀	2 国际视野	3 沟通和表达能力	4 商业敏感性和洞察力	5 标准规范和法律法规	6 熟悉数学原理	7 大数据管理技术基础	8 掌握大数据生命周期管理方法	9 掌握大数据架构方法	10 掌握大数据管理与应用工具	11 典型应用场景下数据分析能力	12 运用大数据辅助决策的能力
专业基础课	专业导论			H	M								
	管理科学											M	M
	大数据技术原理与应用							H					
	……												
专业核心课	数据库原理与应用							H					
	大数据采集与处理								H	H	H	H	
	大数据可视化分析								H	H		H	H
	……												
专业选修课	大数据技术与专业能力提升				H				H	H	H		
	财经特色与商业实践能力提升				H						M	M	M
	……												

注：H 表示高支撑，M 表示中支撑。

（二）确定专业核心课程

根据《普通高等学校本科专业类教学质量国家标准》，设置本专业 8 门专业核心课，包括：数据库原理与应用、Python 大数据分析、大数据治理与服务、大数据存储与管理、大数据可视化分析、数据挖掘与应用实践、大数据采集与处理、商务智能与决策分析。主要可以分为以下 3 类。

（1）数据库原理与应用和大数据存储与管理涉及数据库的存储和管理，均为数据库技术体系的重要组成部分。

（2）大数据治理与服务将大数据安全、数据隐私保护和数据治理等问题进行了全面的面向学生的介绍，具有高度的实用性；商务智能与决策分析是基于大数据的课程，能够进行业务需求分析、多维分析、决策模型构建等。

（3）Python 大数据分析、大数据可视化分析、数据挖掘与应用实践和大数据采集与处理均为大数据技术的应用技术课程。Python 语言是大数据分析中常用的编程语言之一，而大数据可视化分析能够直观反映分析结果，数据挖掘与应用实践、大数据采集与处理都是提取大量有用信息和进行数据预处理、清洗、转化的重要环节，这些环节能为后续的决策提供实际帮助。

这8门核心课程具有很强的逻辑关系，能够为学生提供完整、系统化的大数据处理知识和技能。

四、实施建议

在基于OBE理念的教学模式中，教师是教学活动的设计者、组织者、引导者和实践者[7][8]，对教学质量的影响毋庸置疑。学校可以提供充分的教学支持，如培训、研讨会、导师制度等，以帮助教师掌握OBE理念教学模式的实践技巧和方法。更好地实施OBE理念教学模式，需要注意以下几点。

(一) 制定明确的学习目标和发展规划

教师和学生应该共同制定明确的学习目标和发展规划，以确保学生在学习过程中有明确的方向和目标。因此，教师需要根据课程的目标和学习成果，制定清晰明确的多层次目标结构图，并下发给学生，让学生能够明确学习的目标和成果，从而更好地学习和探索。在制定学习目标和发展规划时，教师还应全面考虑学生的职业发展和未来规划。教师可以引导学生关注行业发展趋势、职业岗位需求等信息，帮助他们更好地了解自己的职业选择和发展方向，并提供相关的职业规划和就业指导。这样可以帮助学生更好地实现职业目标和人生价值。

(二) 加强课程设计和教学资源建设

OBE理念教学模式要求课程设计更贴近实际应用，因此需要加强课程设计和教学资源建设[9][10]，不断更新教学资源，设计适合翻转课堂的互动活动，提高学生的学习兴趣和参与度，以实现更好的学习效果。例如，可以开设实践课程、项目课程、创新实验等，为学生提供实践机会，培养创新意识。同时，教师还需要关注学生的学习进程和表现，及时反馈和调整教学策略，帮助学生更好地完成学习任务，实现学习目标。为此，教师可以利用在线教学平台、教学视频、虚拟实验等手段，提高教学质量和学生学习效率。此外，针对实际应用需求，教师还需要不断更新自身的知识和技能，学习最新的学科动态和实践经验，以便更好地指导学生学习，并为学生提供更具价值的实践教学和职业指导。

(三) 建立有效的评估机制

OBE理念教学模式强调学习成果，因此需要建立有效的评估机制，以评估学生的学习成果和能力提升程度[11][12]。学习成果达成度评价指标要基于学习成果，注重学生的能力提升和学习态度评价，同时还要考虑实践操作和综合素质提升等方面。学习成果达成度评价指标主要包括以下方面：学习态度、知识掌握程度、能力提升程度、实践操作能力等方面。还要评价学生的综合素质提升情况，如道德素质、职业素养、团队合作能力、分析问题能力、解决问题能力、创新思维等方面。通过科学合理的评价方法，可以及时发现教学中存在的问题，不断调整和改进教学内容和方法，提高课程设置的质量和效果，为学生未来的职业发展和竞争力打下坚实的基础。

五、结论

大数据管理与应用专业以学生为主体，以德智体美劳全面发展为原则，基于OBE理念将专业教育与创新创业教育和素质教育有机融合，进行了全方位的课程体系设置，提出了12个能力指标，设计了课程体系对能力素质的支撑，并提出了实施建议，形成了设计目标明确、内容合理、实施可行和效果显著的大数据管理与应用专业课程体系设置规划。

参考文献

[1] 黄小琴. 试论成果导向教育（OBE）在我国大学英语课程教学中的本土化实践[J]. 中国多媒体与网络教学学报（中旬刊），2023（2）：46-49.

[2] 黄建毅，谌丽，张景秋. 我国高校成果导向教育研究的热点与趋势分析：基于知识图谱研究方法[J]. 大学教育，2023（2）：57-61.

[3] 张广兵，董发勤，谢鸿全. 成果导向教育模式之溯源、澄清与反思[J]. 黑龙江高教研究，2021（5）：12-15.

[4] 黄卉卉，柳诚刚，易蕾，等. 基于成果导向教育OBE的课程教学实践案例分析[J]. 集成电路应用，2022，39（7）：265-267.

[5] 刘乐然. 以成果导向教育（OBE）理念推动法律西语人才培养：以中国政法大学为例[J]. 中国法学教育研究，2021（2）：281-292.

[6] 唐庆杰，吴文荣，陆银平，等. 基于成果导向教育理念（OBE）的课堂教学活动之设计、组织与实施[J]. 高教学刊，2021，7（23）：93-96.

[7] 万妍君，曹焱，庞鹏森. 成果导向教育（OBE）的发展历程与争议[J]. 科学咨询（教育科研），2021（8）：49-51.

[8] 胡建平，张永瑞，吴兰. 基于成果导向教育（OBE）理念的数字媒体应用技术专业人才培养模式[J]. 办公自动化，2021，26（12）：14-15，11.

[9] 汪婵婵. 基于OBE成果导向教育的在线开放课程教学设计：以Web前端开发为例[J]. 电脑知识与技术，2021，17（13）：147-151.

[10] 宗欣露，徐慧. 基于成果导向教育的人工智能专业教学模式[J]. 软件导刊，2020，19（11）：245-248.

[11] 程家福，刘青，潘和平，等. 基于成果导向教育的一流本科专业培养方案创新设计研究[J]. 淮北师范大学学报（哲学社会科学版），2020，41（4）：98-102.

[12] 陈雄. "新工科"背景下人才培养模式的创新性研究：基于成果导向教育（OBE）理论视角[J]. 福建江夏学院学报，2020，10（1）：113-118.

优化创新创业人才培养路径，提升学科竞赛科学化管理水平

◎王芹鹏

[摘　要] 本文围绕如何提高学科竞赛管理水平的问题，从学生和教师的二维视角分析了当前存在的问题以及应对策略。从学生的视角可以发现，河北经贸大学学生对学科竞赛的了解程度和参与兴趣有待提升；学科竞赛参与性还有待进一步提升，获取信息的主动性还有待加强；参与目的性明确，但学科竞赛效果还有待进一步提高。为提高学科竞赛水平，应该坚持"以赛促教"理念，推动专业发展与教育革新；以科研项目为抓手，增强学生创新意识；培养学生"五种能力"，全面增强学生个人素养和综合素质；渐进式、系统化培养学生的创新能力。

[关键词] 学科竞赛；创新能力；以赛促教

一、绪论

创新是引领未来的核心动力，青年大学生则是激发大众创业精神、推动全面创新的关键群体。在当前经济格局重塑与产业转型升级的浪潮中，生产和服务领域迫切需要既熟练使用技能又具有高素质、拥有创新思维的多元化人才。因此，培养一批这样的青年才俊成为高等教育亟待解决的重要问题。为了应对这一挑战，国务院办公厅和教育部等机构已经发布了《关于深化高等学校创新创业教育改革的实施意见》《国家级大学生创新创业训练计划管理办法》《教育部关于加快建设高水平本科教育全面提高人才培养能力的意见》等一系列文件，转变教育理念、强化创新创业教育改革成为教育的重要任务，构建更加成熟和系统化的大学生创新创业教育体系、孕育杰出人才已成为教育的目标之一。以学科竞赛为基石的人才培养机制已得到广泛认同[1]，以赛促学，以赛促教，营造大学校园创新氛围，正是对高素质创新人才培养的有益探索。建构以专业实践为抓手，以学科竞赛为推力的课程体系，融合创新教育已成为高校培养大学生创新创业能力的重要方式。

作为河北经贸大学成立时间最短的一个学院，管理科学与工程学院在大学生创新创业能

---

① 河北省高等教育教学改革研究与实践项目：新财经建设背景下管理类专业产教融合教学改革研究——以管理科学与工程学院为例（2022GJJG168）。河北省教育科学规划项目：基于新财经教育改革的产教融合模式研究（2302053）。河北经贸大学教学研究项目：新财经背景下管理类专业产教融合教学改革研究（2022JYZ06）。教育部产教融合项目：复合型人才培养的教学内容和课程体系改革（231102817245503）。

力上围绕学院 3 个本科专业的特色，构建了"三类大赛"（即三大赛＋学科竞赛＋校内竞赛）协同发展的学科竞赛发展模式。近三年，管理科学与工程学院在学科竞赛中取得了一系列成绩，在 2020 年"挑战杯""互联网＋""调研河北"等创新创业比赛中，获各级奖项 30 项，学院获校"互联网＋"大赛优秀组织奖；在 2020 全国供应链管理职业技能大赛、全国高等院校数字建模创新大赛中获奖 14 项。

2021 年成立"同助力，促发展"红色筑梦社会实践小分队，由经验丰富的老师指导，对辛集市以及河北省内多地的农村清洁取暖进行调研，最终形成了 2.7 万字的《辛集市清洁取暖政策调研报告》。在探索创新创业的道路上，学院学生不仅成功争取到了 1 个国家级的"大学生创新创业训练计划"项目资助，还获得了 2 个省级和 7 个校级项目的支持。学院在"互联网＋"这一汇聚创新思维的舞台上，荣膺了 8 个奖项，并因卓越的组织能力被授予优秀组织奖。在"挑战杯"省级竞赛的激烈角逐中，更是斩获了 1 项特等奖、1 项一等奖、1 项二等奖和 4 项三等奖，同时在校园层面也收获了 5 个奖项。此外，还在"调研河北"省级比赛中获得 1 项二等奖和 3 项三等奖。在"物流供应链大赛"中赢得了 2 项国家二等奖，在"BIM 建模大赛"土建类别中荣获 1 等奖。

2022 年，学院在大学生创新创业计划立项方面也取得了丰硕成果，其中包括 1 项国家级立项、2 项省级立项以及 4 项校级立项。同时，在"互联网＋大学生创新创业大赛"的高教赛道中，赢得 6 项荣誉。此外，在"第十三届全国高等院校学生'斯维尔杯'BIM-CIM 创新大赛"土建 BIM 建模项目中荣获 1 项一等奖、1 项二等奖和 2 项三等奖，在 BIM 绿色建筑项目中获得 1 项三等奖。在"第八届全国高校 BIM 毕业设计创新大赛"中，共获得了 3 项团队二等奖、2 项三等奖以及 8 项优秀奖。

由于只关注了积极参加学科竞赛的学生，学院对于学生整体对学科竞赛的认识程度还不够了解，有一系列问题的答案尚不清晰。如学院大学生对参加学科竞赛的整体积极性如何？对各类学科竞赛是否了解？日常是从何种渠道了解学科竞赛信息的？参加学科竞赛的动机是什么？哪些动机是比较重要的？学院教师在开展学科竞赛方面面临哪些问题？为全面了解学院师生对学科竞赛的认识，通过问卷与访谈相结合的形式对师生做了调查。下面分别阐述调研结果。

二、大学生对学科竞赛认知调研

针对学院学生对学科竞赛的认知情况，在对学生访谈的基础上借助问卷星对全院学生做了调查，共有 266 名学生参与调研，占本科生人数的 42.99%，其中 2022 级、2021 级、2020 级学生分别占 44.74%、25.56%、29.7%，从专业上看，来自工程管理、大数据管理与应用、信息管理与信息系统、物流管理以及智慧物流管理 5 个专业的学生比例分别为 39.1%、15.04%、7.14%、13.91%、24.81%。

（一）我院学生对学科竞赛了解水平和参与兴趣有待提升

从图 12-1 中可以看到，不了解和非常了解的占比都不高，分别为 6.33%、1.69%，但是不了解学科竞赛的学生比例超过了 6%。超过 60% 的学生选择略微了解，而比较了解的学生

a）大学生对学科竞赛的总体了解情况

b）不同年级大学生对学科竞赛的了解情况

c）不同专业大学生对学科竞赛的了解情况

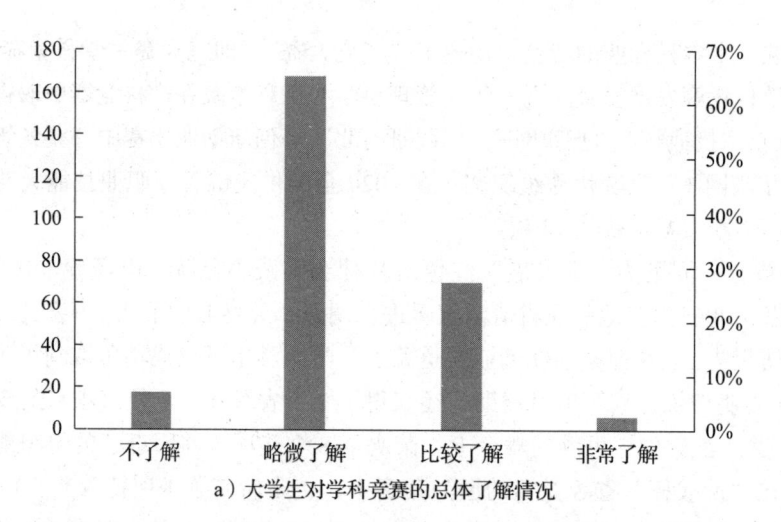

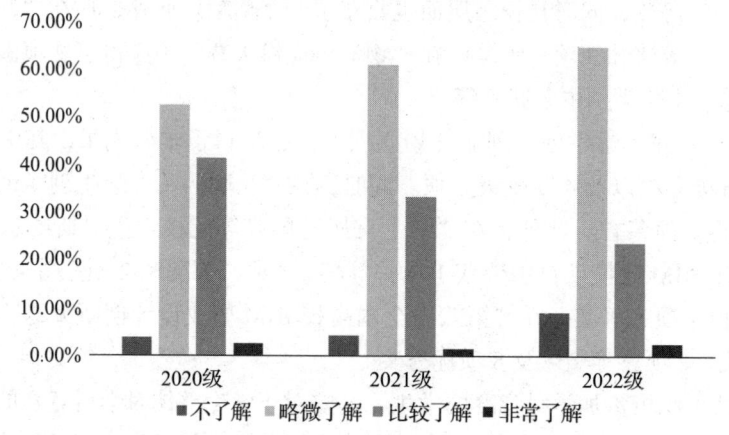

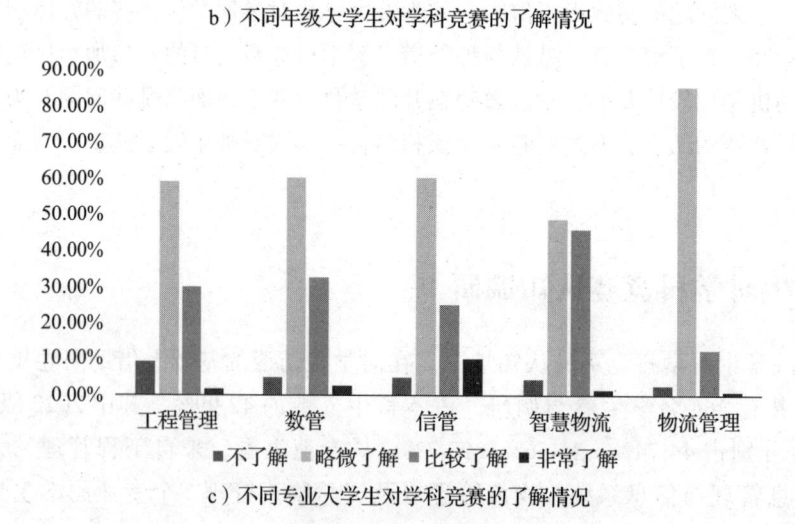

图 12-1　大学生对学科竞赛的了解情况

占比不到 1/3。分年级来看，年级越高了解程度越高，但是平均数都在略微了解水平。分专业来看，工程管理专业了解水平偏低，物流类专业了解程度略高，信息管理与信息系统和大数据管理与应用专业居中。从图 12-2 可知，对学科竞赛感兴趣的占 35.96%，一般感兴趣的占 57.68%，不太感兴趣的占 6.37%。这说明下一步要让所有学生都了解专业学科竞赛，同时要提高学生对学科竞赛的认知水平。因而要加大对各类学科竞赛的宣传力度，从大一开始就应该有目的、有步骤地通过专题讲座、经验交流等形式给学生介绍各类竞赛的基本情况，让学生做到心中有数，有意识、有目的地做好准备工作。

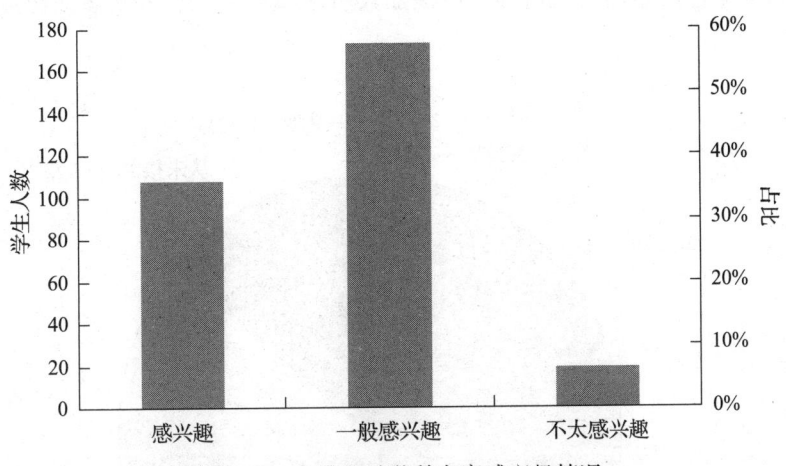

图 12-2　大学生对学科竞赛感兴趣情况

（二）学科竞赛参与性有待提升，获取信息的主动性还有待加强

从图 12-3 可知，参加过专业学科竞赛的占 67.79%，没有参加过的占不到 1/3，其中没参加过但正考虑参加的占 25.47%，没参加过且不考虑参加的占 6.74%。从图 12-4 可知，近六成的学生从大一开始接触学科竞赛，两成多的学生从大二才开始了解学科竞赛，从大三才开始了解学科竞赛的仅占 3.25%，除此之外还有 13.72% 的大学生从未接触过学科竞赛。从图 12-5 可知，班委转发通知是学院学生了解学科竞赛的主要渠道，占 93.63%，其次是学校公告，占 65.54%，同学告知的占 55.43%，而从其他渠道了解的占 7.12%。可以看到学院整体参与学科竞赛的比例还没有覆盖绝大多数同学，有 1/4 的学生准备参加但是还没有实际行动，还需要继续扩大学科竞赛的覆盖比例，争取实现全员参与各类学科竞赛的目标。从开始

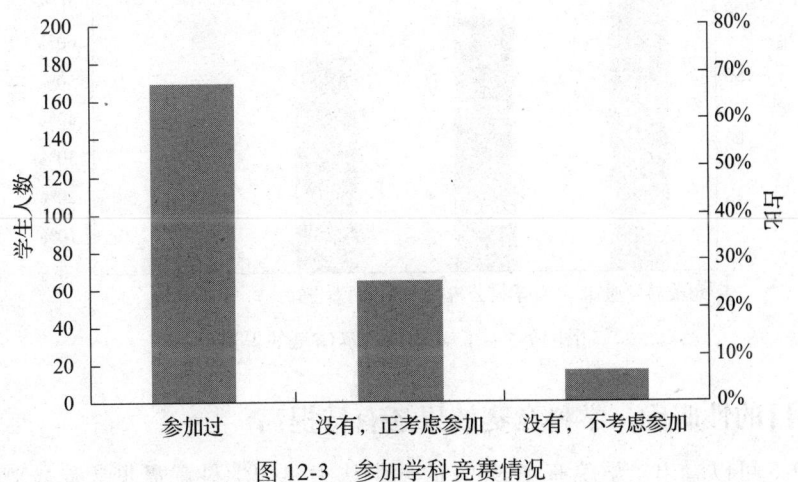

图 12-3　参加学科竞赛情况

接触学科竞赛的时间可以看到，大一是学生开始接触学科竞赛的黄金时间，从大二及以后才开始接触学科竞赛的是少数，大二之后还未接触学科竞赛的学生随着考研、实习、找工作等压力的增加，将不再考虑学科竞赛。从了解学科竞赛的渠道来看，学生还是主要依赖传统渠道，学生自行获取信息的占比相对较少，主动性还不够强[2]，尤其是考虑到大一学生刚进入大学，对大学学习生活一无所知，应该加大引导和宣传[3]，并对参加比赛的学生加强指导。

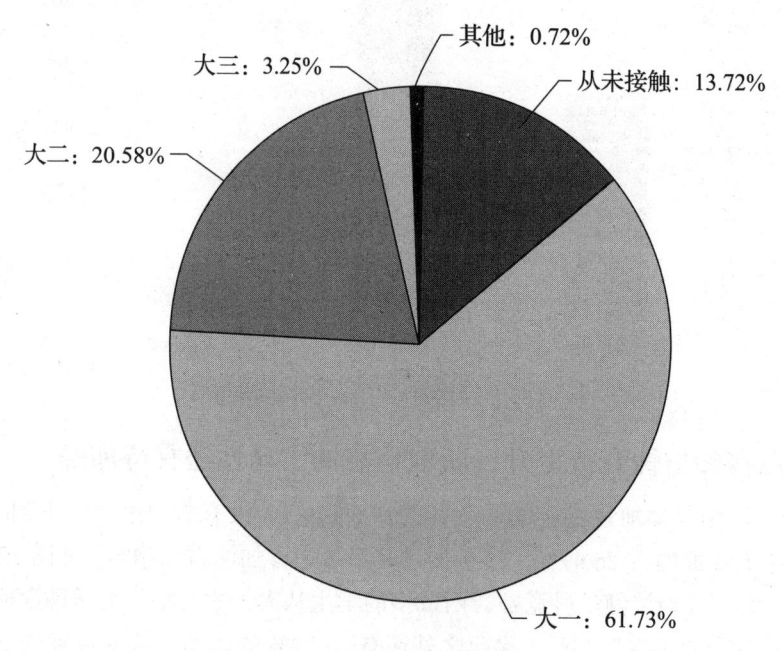

图 12-4 开始接触学科竞赛的时间

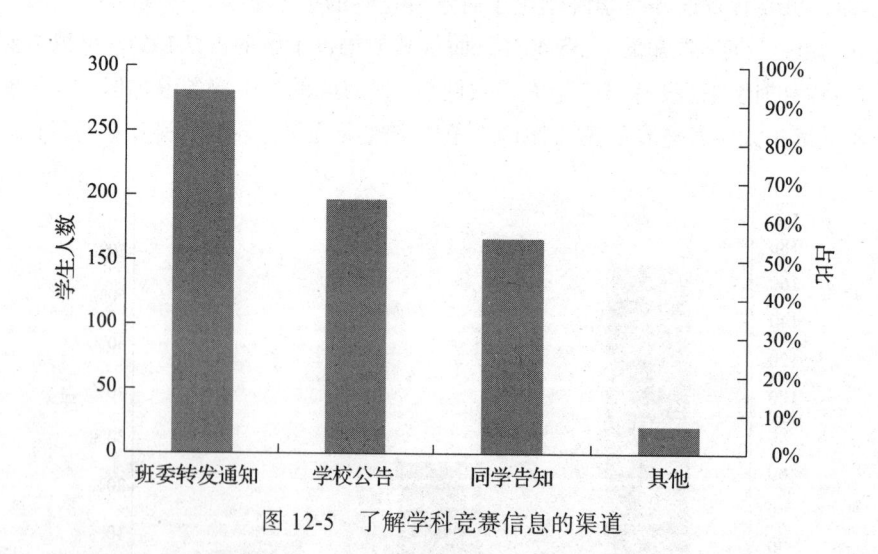

图 12-5 了解学科竞赛信息的渠道

（三）参与目的性明确，学科竞赛效果还有待提高

从图 12-6 可以看出，学院有 47.96% 的学生认为参加学科竞赛非常有意义，有助于个

人能力和人文素养的提升，大约39.03%的学生认为学科竞赛较为有意义，而11.52%的学生对其意义的评价为一般，仅有0.37%和1.12%的学生认为学科竞赛的意义不大和没有意义，将其视为时间的无谓消耗。从图12-7可知，在学科竞赛对学生能力的提升方面，高达84.01%的学生认同其能增强创新创业能力，90.71%的学生相信其能提升团队协作能力，82.16%的学生认为其有助于沟通表达能力的提高，而78.44%的学生则认为其能全面提升自身综合素质，只有3.35%的学生选择了其他。这说明学院绝大多数学生对学科竞赛的认识都是正面的，他们尤其看重团队协作能力、创新创业能力与沟通表达能力的提升。从图12-8可知，关于参加学科竞赛的目的，八成以上的学生是为了将所学知识用于实践，获得经验以及获得奖励；66.91%的学生是为了拓展知识，另有44.61%的学生是为了获得人脉关系，还有1.12%的学生选择了其他。这表明学院学生参与学科竞赛的目的十分明确，一方面反映出学生渴望通过比赛来展现自身能力，另一方面也揭示了学生希望通过比赛获得证书和奖励，为自己未来的职业发展做好充足的准备工作。

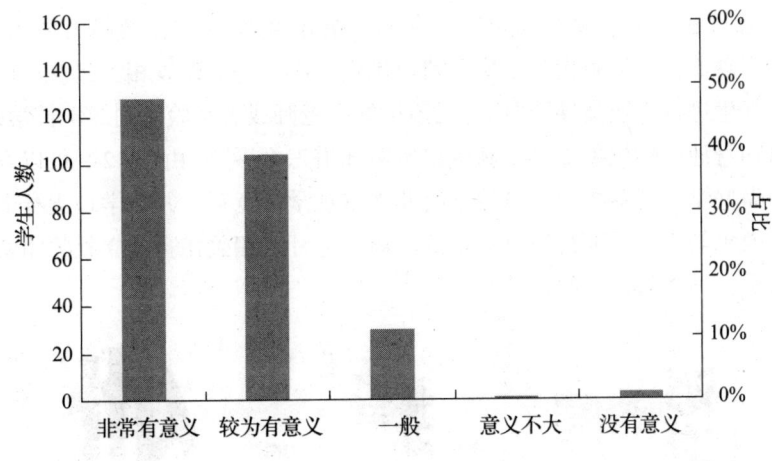

图12-6 对参加学科竞赛意义的认知

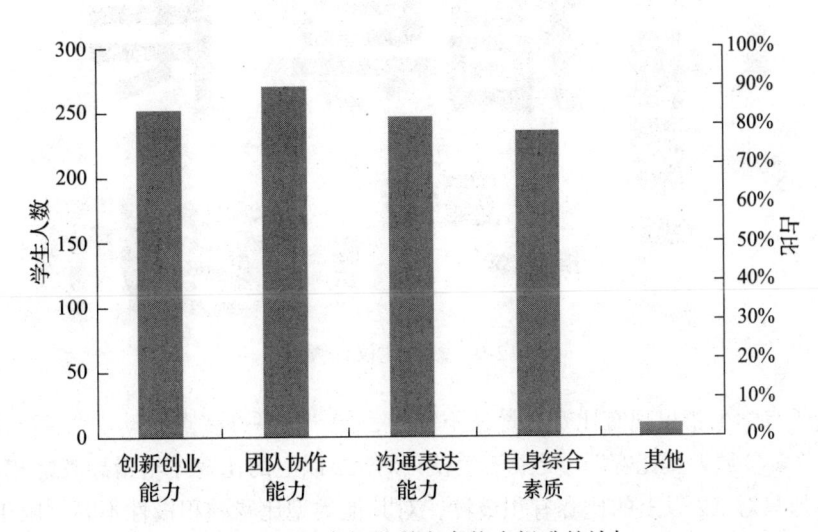

图12-7 对参加学科竞赛能力提升的认知

图 12-8　参加学科竞赛的目的

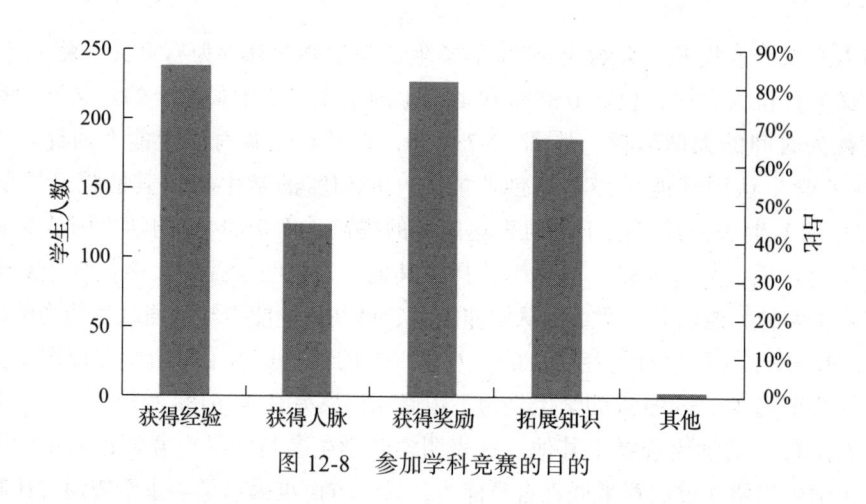

（四）对完善的教师指导与培训有明确的期待，还需要完善学科竞赛管理制度

在反馈的意见建议中，通过词频搜索发现，指导出现 22 次，教师出现 25 次，培训出现 6 次，经验出现 5 次，讲解出现 5 次，建议出现 5 次。仔细阅读相关建议可以发现，有学生指出"多对学生进行专业指导""比赛之前最好有老师或者经验老到的学长学姐辅导""希望老师们可以切身地教学生怎么办，新生根本不知道怎么弄"。由图 12-9 可以发现，学院还需要更多教师做好学科竞赛指导，虽然学院非常重视学科竞赛，并在学科竞赛上做了大量努力，但是实际效果与学生的期待还有一定的距离。应针对相关比赛建立教师团队，专门负责相关培训与指导，加强对学生的指导。

图 12-9　意见建议词频图

此外，还有学生指出现有比赛数量还不够多，如"再举办多点活动""多开展多类型的学科竞赛""多参加大型比赛"。受限于学校只对 A2 以上的比赛才给指导教师相应的奖励，所以学院教师只对 A2 以上的比赛有积极性，对其他类型比赛的积极性不高。限于学校和学院的财力，对其他类型比赛的奖励还存在严重不足。在这种情况下，可以组建师生团队，对

更多类型的比赛给予支持。对学生可以通过发放证书、学业测评加分等形式给以奖励。

除此之外，还有学生建议错开比赛时间与学习时间，提高经费支持力度，扩大宣传，及时让学生了解比赛信息，减少水赛，规范竞赛管理制度，多提供企业调研机会，加强学风建设等。

三、学院教师对学科竞赛的意见与建议

为了解学院教师对学科竞赛的意见和建议，特对8位经验丰富、指导大赛较多的教师做了调研，相关意见可以归纳为以下3个部分。

（一）针对三大赛和专业学科竞赛组建不同的专业教师指导团队，加强对指导教师的培训

常规竞赛以本科导师指导为主；赛学结合相关以课程负责人为主。组织教师对竞赛前期涉及的专业知识进行讲解，开展专门的短期培训，选拔合适的学生，并根据学生表现情况给予奖励。为提高指导教师的指导水平[4]，加强指导教师之间的经验交流与分享，可以邀请校内外知名专家或经验丰富的教师对学院教师开展培训与经验交流。

（二）提高选题的专业性，加强学生选拔，提高奖励，增强对学生的激励作用

为充分利用学院指导教师资源，实现赛学结合，提高大学生综合能力的目的，选题要改变不结合所学专业、随意选题的现象，要符合专业方向，满足社会需求，抓住问题的关键，要能够解决实际问题。鉴于大多数学科竞赛项目具有多学科交叉的综合性特点，团队成员专业不能单一，需要结合项目特点纳入和项目相关的专业学生，提高学科竞赛成绩。对参赛学生着重从过程性创新能力提升开展评价，不单纯以作品的结果评价。对于获得省级以上奖项的学生，除了在学期末加分之外，还可以从学院角度予以适当奖励，甚至可以设立专门的奖学金加以鼓励[5]。

（三）提高项目报告撰写水平，实现获批项目书共享

项目报告的规范性水平、内容的系统性、逻辑性与专业性对中标与否具有决定性的影响。已获奖的申请书和结项书是学院开展学科竞赛的重要资源，通过学习已获奖的申请书能够大大缩短初次参与者的学习时间和成本，节省指导教师的时间与精力，有利于说服评审专家，提高学院学科竞赛的成绩和水平。受制于学生的共享意愿，可以在学生同意分享的基础上，在小范围内适当地扩散那些获奖的申请书、报告书和结项书，形成研究范式，争取每年更新一次，便于后期学生学习与指导。此外创新创业类的申请书要加强财务报表的规范性，完善风险退出机制。

四、完善学科竞赛路径

（一）坚持"以赛促教"理念，推动专业发展与教育革新

为了精准对接各专业的独特需求，并实现培养实用型、多能型、创新型人才的战略目

标，可以实施"一专业一竞赛"的紧密结合模式，即每个专业都聚焦于一项关键学科竞赛来促进课程体系和教学方法的转变。例如，工程管理专业将重点放在 BIM 类学科竞赛上，物流管理专业紧抓供应链管理大赛、采购大赛，大数据管理与应用专业探索智慧商务大数据创新应用大赛等相关比赛。在积极参加学科竞赛的过程中，掌握行业发展信息、相关高校办学水平、实践对学生知识能力的要求等相关信息，适当灵活调整专业培养方案、实践课程体系以及教育教学方法。为了有效提升学生的创新创业能力，应积极开展以成果为导向的 CDIO（构思、设计、实现、运作）、任务驱动式教学等创新教育模式。

（二）以科研项目为抓手，增强创新意识

以校内教学实验室、非实体科研中心及校外实习实践基地为依托，将各课题组向高年级优秀学生开放，构建包含本科生的创新团队。通过定期参与课题讨论，体验科研过程[6]，引导学生了解科学前沿，激发科研兴趣。从文献检索和分析、科研选题、研究方案设计、申请书撰写、研究工具使用、文献综述写作、绘图、论文写作与发表、项目汇报等多方面培养学生的科研素养，增强创新意识，提高解决问题的能力，促进人才培养水平的提高。

（三）培养"五种能力"，全面增强学生个人素养

为了增强学生在学科竞赛中的表现力，应在实践教学环节特别注重培养学生以下 5 项核心能力：一是通过与企业的紧密合作，共同设计实践课程，让学生有机会到真实的职业环境中进行实习和训练，从而锻炼他们的工程实践技能；二是鼓励学生参与开放性和探索性的实验项目，通过这些项目式的评估方法激发学生的创新意识；三是针对学科竞赛特点，指导学生掌握问题识别、分析和解决的技巧，并帮助他们形成以目标为导向的学习方法，即所谓的"矢量学习"能力；四是在团队研究项目中，教导学生如何合理分配任务，明确个人职责，并通过整体评估和分项考核的方式，加强团队合作；五是通过组织项目申报、执行过程中的汇报答辩和路演活动，提升学生的公众演讲和有效沟通能力。

（四）渐进式、系统化培养学生的创新能力

大学生创新实践能力的塑造是一项持久而连贯的任务，它强调系统的规划和全面的实施。应当依据学生不同年级所积累的专业知识、技能水平以及个人的兴趣点，利用科研项目和学科竞赛，设计一套分步骤、逐步深入的创新能力培养框架。具体而言，引导大一新生熟悉学科竞赛的多样性和项目申请的基本流程，以此点燃他们对创新的热情；对于大二学生，提供机会加入研究小组，通过协助教师进行科研工作或主导大学生创新创业训练计划，来磨炼学生的科研洞察力、实际操作能力以及创新思维；鼓励大三学生投身于各种学科竞赛，以此增强他们的团队协作精神和创新实践技能；大四学生则应整合以往的研究成果，完成毕业设计[7]、撰写学术论文或提交专利申请，并在导师团队的协助下，扮演起"传承者"的角色，通过"传授、帮助、带领"的模式，促进低年级学生的成长和专业知识的有效传递。

参考文献

[1] 李洪涛，丁玮玮，刘英超. 医学院校大学生学科竞赛的获奖情况及其影响因素研究：以浙江中医药大学为例 [J]. 浙江中医药大学学报，2023，47（8）：938-943.
[2] 孙云龙，偰娜. 应用型本科高校学科竞赛管理问题研究：以 HG 大学为例 [J]. 高教学刊，2023，9（S1）：9-13.
[3] 曹淼龙，孙雨舟，庞茂，等. 基于竞赛制的实践课程教学跨学科人才培养模式探究 [J]. 高教学刊，2023，9（21）：149-152，156.
[4] 吴志强. 学科竞赛引领下的程序设计基础课程教学改革与实践 [J]. 河南教育（高等教育），2023（7）：63-65.
[5] 袁佩玲，丁星星，张莹. 学科竞赛推动下实验室创新创业能力培养模式探索 [J]. 黑龙江教育（理论与实践），2023（8）：72-74.
[6] 吴忠铁，曹万智，范萍萍，等. 基于"教－研－赛"的土木工程专业创新能力三维培养模式构建与实践 [J]. 高教学刊，2023，9（20）：49-52.
[7] 桂智明，杜金莲，杜晓林. 新工科背景下融合学科竞赛的毕业设计实践教学模式 [J]. 计算机教育，2023（7）：106-110.

新时代应用型本科院校青年教师胜任力特征研究①

◎赵丽丽　曹聪慧　张　敏

[摘　要] 党的二十大报告对新时代下人才工作的深入开展提出了更高要求，新时代的发展需要"新人才"，而教师队伍建设是"塑造新人"的基础工作。青年教师作为新时代应用型本科院校教育教学和管理工作的核心人力资源，对各项工作的开展有着十分重要的作用，同时也关系到学校人才培育、科研创新和服务社会三大主要功能的完成。本文基于扎根理论探讨新时代背景下应用型本科院校青年教师的胜任力特征，旨在改善青年教师职业韧性较脆弱、职业信念不稳固等问题，培养能够服务社会的时代新人。

[关键词] 应用型本科院校；青年教师；胜任力

新时代背景下，应用型本科院校对区域经济社会发展越来越重要，应用型本科院校占据中国高等教育的半壁江山，根本任务是培养具有扎实专业知识的高级技术技能型人才[1]。实现专业培养目标的主要力量就是教师，而青年教师是目前各高校教师队伍的主力军，青年教师的快速成长对学校的未来有着重要作用[2]。根据教育部发布的《2023年全国教育事业发展统计公报》，全国高等学校共计3 074所，其中包括1 242所普通本科学校（含独立学院164所）；高等教育专任教师共计207.49万人，其中普通本科学校的教师有134.55万人。已有研究表明，在专任教师队伍中，年龄在40岁以下的青年教师占高校教师总人数的近70%，青年教师作为教师队伍的主体，对高校的发展和学生的培养质量起着决定性作用[3]。由陆雄文主编的《管理学大辞典》一书指出，胜任力是指一系列影响岗位工作绩效的个人特征要素组合，包括人格、动机、知识和技能水平等，是导致员工绩效差异的关键驱动因素，常用于工作分析、人员选拔和绩效考核等领域，对于高绩效行为的岗位胜任力的界定和发展成为学术界和企业界共同关注的主题。青年教师在应用型本科教育机构中是不可或缺的力量，他们肩负着教学、研究和为社会提供服务的多重任务，其胜任力发展程度对高等教育质量有着深远的影响。

---

① 河北经贸大学教学研究项目：基于OBE理念的工程管理专业人才培养体系研究（2024JYZ07）。

一、文献综述

1973 年，哈佛心理学教授麦克利兰基于大量的实践经验，首次引入了胜任力这一观念。他指出，传统的智力、性向测验等并不能很好地预测个人成就，真正与成就相关的应该是沟通能力、耐心、设定目标、主动性等个人特征，他将这些特征统称为胜任力，从此开启了胜任力运动。

国内学界对应用型本科教师胜任力的研究，主要集中在构建胜任力模型[4]、构建胜任力评价指标体系[5]以及教师实践教学能力研究 3 个方面。

构建胜任力模型方面的研究。苏烈翠运用扎根理论的经典编码构建了大数据背景下应用型本科高校青年教师胜任力模型，即由个人素养、教学能力、学习能力、实践能力和育人能力等 5 个维度构成的"五星"模型[6]；汪琦等基于职业胜任力相关理论，构建了包含 4 个维度 24 个要素的应用型本科高校就业指导教师职业胜任力评价模型，运用模糊层次分析法确定其指标权重，并以某应用型本科高校就业指导师资教学团队为例，进行团队师资的职业胜任力评价实证分析[7]；林涛等运用行为事件访谈法、问卷调查法等方法收集数据，用以测量高校教师胜任特征维度，运用冰山模型、扎根理论研究方法构建了较为合理的应用型本科高校教师胜任力模型[8]；宋文珺通过访谈、问卷调查和因素分析，建立了应用型本科管理专业"双师型"教师胜任力模型[9]。

构建胜任力评价指标体系方面的研究。王晶晶等从教育教学能力、创新创业能力和实践育人能力 3 个层面构建了应用型本科院校创新创业教师胜任力评价指标体系，在问卷调查的基础上借助 IPA 法对应用型本科院校创新创业教师的胜任力水平进行评价[10]；马飞等对比分析了高校教师胜任力特征与中国临床医生胜任力特征，定义了临床教师教学胜任力，得出了 15 项应用型本科医学院校临床教师教学胜任特征，并依托此模型对学院临床教师胜任力现况进行评价与分析[11]；刘会芬阐述了教师在实践教学中作用，并从教师对实践教学的认识不深刻、学生对教师教学设计理念的不认同两个方面分析了应用型本科院校实践教学现状，提出学生直接评价、教学成果评价、教师自我评价与综合评价相结合的实践教学教师胜任力评价体系[12]。

对教师实践教学能力进行的研究。黄慧结合应用型本科高校教师实践教学能力的现状，分析了影响教师实践教学能力的因素，并提出了教师实践教学能力的提升策略[13]；李贺对应用型本科院校"双师双能型"教师实践能力进行了探析[14]。

基于国内关于应用型本科院校教师胜任力的相关文献分析可以看出，学术界关于应用型本科青年教师胜任力的研究相对较少，还需要逐步完善。本文基于扎根理论的研究方法，对青年教师访谈记录中的胜任力特征因素进行提取，进而获得胜任力的核心范畴，对新时代应用型本科院校青年教师胜任力提升路径进行了研究并得出结论，在一定程度上丰富了该领域的研究。

二、研究方法与数据来源

（一）研究方法

采用扎根理论方法探究科研人员科研诚信行为的影响因素及作用机制模型。扎根理论方法是由社会学家 Barney Glaser 和 Anselm Strauss 在研究医院中重病患者与医护人员之间的互动关系时提出的，是一种科学的、系统的定性研究方法。扎根理论方法要求研究人员从原始资料中总结出初始的概念，然后将其发展为范畴，最终将其提升为系统的理论。

（二）数据来源

1. 样本选取

本文的受访对象为河北经贸大学、河北地质大学、河北科技大学、天津商业大学等高校的青年教师，受访对象须具备 1 年以上教学工作经验。遵循理论饱和的原则，当新抽取的样本不再提供与本文有关的新信息时，应作为确定样本数的判断依据。根据 Fassinger 等人的研究成果，选择 20～30 个样本数量是最合适的。因此，本文吸取了扎根理论研究中的宝贵经验，在确保样本理论完整性的基础上，选择了 22 个样本，22 名受访者主动参与了访谈并对自己的胜任能力有了深入的了解。为了让收集到的样本更为全面，本文主要从 5 个关键特征维度出发，对受访者进行了差异性的样本采集，这 5 个特征分别是性别、年龄、学历、工作年限、职称。受访者的统计资料如表 13-1 所示。

表 13-1　受访者统计资料

项目	选项	人数	所占比例（%）
性别	男	6	27.27
	女	16	72.73
年龄	30 周岁及以下	5	22.72
	30～35 周岁	13	59.10
	35～40 周岁	4	18.18
学历	硕士	5	22.73
	博士	17	77.27
工作年限	1～3 年	7	31.82
	3～5 年	10	45.45
	5～10 年	5	22.73
职称	助教	4	18.18
	讲师	10	45.45
	副教授	5	22.73
	教授	3	13.64

2. 数据收集

（1）访谈提纲设计。访谈提纲被视为数据收集的支持性工具，它对数据收集的可靠性和全面性有着直接的影响。基于扎根理论的研究方法和半结构化的深度访谈技巧，访谈小组在开始前需要制定相关的访谈提纲，访谈提纲如表 13-2 所示。

表 13-2　访谈提纲

序号	访谈题目
1	青年教师胜任力的内涵是什么
2	青年教师胜任力的外延包括什么
3	您认为影响青年教师胜任力的关键性因素有哪些
4	请您谈谈青年教师胜任力方面存在哪些不足
5	您认为从哪些方面可以提升青年教师胜任力

上述访谈提纲主要是为了提醒和指导，但在实际的访谈中，访谈小组应保持灵活和开放的态度。提问的方式和顺序会因人和环境而有所不同，通常是按照被访谈者的思路提问。对于被访者未曾触及的重要问题，研究人员会集中进行进一步的提问。

（2）深度访谈。访谈前一周需要预约访谈者，并通过电子邮件告知他们访谈的核心内容。同时，研究人员需要精通关键的访谈方法，并模拟访谈的实际场景，这将有助于提高本次研究资料收集的信度。在正式访谈开始之前，研究者先对胜任力的内涵进行说明，接下来进行深入访谈，每一次的访谈都有一位受访者、一位访谈者以及一位工作助手参与。每名受访者的访谈时长大概是 1h。在接受访谈的过程中，所有受访者都展示了相当积极的配合态度，并根据访谈大纲提供了相关信息。在进行访谈的过程中，访谈者不仅要深入了解受访者对周围知识转移现象的观点和看法，更应重视他们对问题的补充回答，这样可以更好地反映他们的心理动态和思考过程，从而有效避免不诚实的回答和冲动的回答。访谈结束之后，访谈者要回顾访谈中所记录的主题，并对如何营造访谈氛围、如何掌握时间以及如何控制访谈主题进行深入的思考，从而为接下来的访谈提供有益的参考。

三、新时代应用型本科院校青年教师胜任力特征因素提取

通过运用扎根理论，可以从青年教师的访谈记录中提取出胜任力的特征因素，从而确定胜任力的核心范畴。依据扎根理论的理念，胜任力特征因素的提取过程可以分为 4 个主要阶段：开放式编码、主轴式编码、选择式编码以及理论饱和度检验。本文随机选取了 17 份青年教师的访谈记录进行了编码分析，剩下的 5 份则用来验证理论饱和度。为了确保研究的信度与效度，在编码时严格按照扎根理论的范畴归纳与模型构建步骤将访谈资料概念化与范畴化，对于有争议的概念、范畴，根据专家意见予以修订、删减，避免了编码者主观意见给编码结果带来的冲击，增强了编码的客观性。

（一）开放式编码

编码时，为避免研究者个人的主观偏好，尽可能地采用被访谈者的原始话语作为标识，并从中挖掘出初始的概念，最终获得了 379 个原始句子及其对应的基础概念。通过多轮的数据整理和分析，排除了那些出现频率低于两次的初始概念，并最终从原始数据中识别出 8 个范畴，表 13-3 为开放式编码得到的若干范畴及其初始概念。为了节省篇幅，每个范畴只节选了两条具有代表性的原始语句。

表 13-3 开放式编码范畴化

范畴	原始语句
教学技能	A04 表达能力好、教学技术运用能力强、可以因材施教 A06 有较好的课堂驾驭能力、教材处理能力
政治素养	A11 坚持社会主义信仰 A07 有明确的是非观
职业品格	A11 融入学生、了解学生的需求、关爱学生 A15 具有强烈的责任心
专业知识	A01 具有系统化的知识结构 A07 大量研读专业书籍，具有广博的专业知识
人格特质	A04 具有正确的职业价值观 A17 具备较强的自信心和自控力
工作态度	A10 把工作放在第一位 A13 发自内心喜欢自己的工作
成就动机	A12 把工作干得比一般人好 A06 不断超越已有成就
科研能力	A08 可以很好地协调教学与科研的时间分配 A09 科研与教学相互促进

注：A** 代表的是第 ** 位受访者的原话。

（二）主轴式编码

在开放模式下进行主轴式编码可以有效地挖掘封闭结构内部的语义关系和逻辑关联。通过主轴式编码的研究，本文发现在开放式编码中，不同的范畴之间确实有潜在的逻辑关联。经过深入的分析，基于不同领域间的互动和逻辑顺序，本文总结出了业务能力、教学动机和教师特质这 3 个核心领域。各个主要类别所代表的含义以及其对应的开放式编码范畴如表 13-4 所示。

表 13-4 主轴式编码形成的主范畴

编号	主范畴	对应范畴	关系内涵
1	业务能力	教学技能	青年教师的教学技术运用能力强、因材施教会影响其业务能力
		科研能力	青年教师对科研工作的态度会影响其业务能力
		专业知识	青年教师系统化的知识结构会影响其工作态度
2	教学动机	成就动机	青年教师不断挑战自己、超越自己的标准会影响其教学动机
		工作态度	青年教师喜欢自己的工作、把工作放在首位会影响其教学动机
3	教师特质	职业品格	青年教师的责任心会影响其教师特质
		政治素养	有政治信仰、做政治表率会影响其教师特质
		人格特质	青年教师的自信心、自控力会影响其教师特质

（三）选择式编码

"故事线"代表了主范畴的标准关系结构，它不仅涵盖了不同范畴之间的联系，还包括了多种逻辑条件。当"故事线"完成后，它也为我们提供了一个新的核心理论框架。典型关系结构如表 13-5 所示。

表 13-5　主范畴的典型关系结构

典型关系结构	关系结构的内涵
业务能力→胜任力	青年教师的业务能力是高校青年教师胜任力的基础
教学动机→胜任力	青年教师的教学动机是高校青年教师胜任力的动力
教师特质→胜任力	青年教师的教师特质是高校青年教师胜任力的核心

（四）理论饱和度检验

将剩余 5 份青年教师的访谈记录作为理论饱和度检验的数据，依序进行开放式编码、主轴式编码及选择式编码，检验过程中没有发现新的概念，得到的结果仍然符合青年教师胜任力特征因素间的典型关系。检验结果说明理论饱和性较好，可以停止采样。

（五）实践启示

通过深度访谈获得初始资料，经过层层编码，得到"业务能力""教学动机""教师特质" 3 个范畴，并在此基础上构建 3 个主范畴和其对应的子范畴之间的作用机理模型，有效解释了新时代应用型本科院校青年教师胜任力的形成机制及过程，青年教师的专业技能是决定他们胜任力的关键，他们的教学动机对他们的胜任力起到了积极的推动作用，而青年教师的专业能力则是决定其胜任力的中心要素。

四、新时代应用型本科院校青年教师胜任力提升路径研究

当前应用型本科院校对区域经济社会发展越来越重要，青年教师在新时代背景下成为应用型本科院校教师队伍的新生力量，他们肩负着教学、科研和社会服务等多重职责，他们胜任力的发展程度将极大地影响高等教育的质量。新时代背景下应用型本科院校应结合实际状况，运用好青年教师胜任力模型，不断完善教师考核体系与激励机制。新时代背景下应用型本科院校青年教师胜利力提升路径主要包括以下几个方面。

（一）管理部门转变观念，构建以胜任力为中心的人力资源开发与管理机制

应用型本科院校的人力资源管理部门与人才引进部门应主动转变观念，将胜任力作为人力资源管理发展平台的新理念。高校教师是高校的主要人力资源，而在高校教师队伍中，青年教师占据了近 50%，如何培养青年教师的质量成为决定各高校在竞争激烈的环境中能否稳定发展的核心要素。因此应用型本科院校有必要站在战略高度规划青年教师的培养方案。当前多数高校进行的人力资源管理活动仍然基于岗位管理，而在当今知识经济时代，基于岗位的人力资源管理平台已无法满足高校的发展现状，以胜任力为核心构建人力资源开发与管理的新机制已势在必行，而基于胜任力管理的人力资源管理系统对教师进行培训显得尤为重要。教师的职业规划、薪资待遇以及职业成长等方面都是依据教师自身的能力水平来设定的，因此，特别是年轻的教师群体，会积极寻求各种培训和学习机会，以便更快地提升自己的专业技能。教师非常注重个人成长和发展，而学校的进步更依赖于教师的持续进步和成长，这也确保了教师的个人成长能够为学校的整体发展提供支持。

（二）完善青年教师学习制度，营造学习氛围

积极营造教师学习的浓厚氛围，健全青年教师相关学习制度。学习发生于工作实践，发生于教师从事教学和科研的真实过程中，个体直接掌握着学习行为、结果和方式，没有与之相适应的组织文化与制度约束，居于从属地位的教师个体便丧失了求知欲，也不会注意到自己在职场中积极学习、被动接受与完成任务的可能性。应用型本科院校应营造一种能让教师产生积极学习需要的外在良性刺激作用，这一积极刺激作用源于良好的学习氛围以及学校对青年教师学习任务的目标设置。

营造学习氛围的方法有经常举办青年教师说课比赛和教学技能比武大赛；举办学生心目中最受欢迎的教师在线评选活动；经常性地评选优秀教师和优秀教育工作者；定期评选青年教师科研工作先进个人等。

在制度建设上，可以尝试构建青年教师拔尖人才培养选拔体系，确立中青年教师学术骨干的选拔方式，选拔青年教师到外地深造等方法。制度的建立健全能让青年教师对业务努力方向、目标有更明确的认识，做骨干、拔尖人才的意愿将推动他们在学习中加倍努力。

（三）教学与科研并重

为青年教师早日进入教学科研团队创造条件，并发挥这一学习路径对青年教师成长的巨大作用。调查问卷结果显示，青年教师进入教学科研团队或者项目组的机会比较少，这一现象在许多高校中普遍存在。要解决这一难题，除青年教师要努力提升自己的教学与科研能力之外，学校还要多措并举，制定优惠政策，鼓励团队吸收新人，例如，根据教师的人数和年龄分布，可以规定团队每年至少要有 1 名青年教师加入，或者也可以设定团队在 3 年的时间里要培训 1 至 2 名青年教师，而这些青年教师是否留在团队，要根据具体情况而定。

（四）自我反思

从教学理念、教学方法和教学过程等方面入手，使之与实践相结合，思路明了，观点鲜明。青年教师正处于适应过渡期与摸索成长期，应对其人格特征、职业特点进行客观分析，对其职业发展目标进行规划，并摸索出合适的路径与策略以推动其专业化发展。青年教师也应与胜任力模型的特征进行对比，通过对照职业品格和人格特质这些潜在的、不易被观测的内在特征，进行自我提升。

五、结论

百年大计，教育为本；教育大计，教师为本。大力培养新时代好教师关系到教育的未来和学生的将来。本文从应用型本科院校青年教师的胜任力出发，采用半结构式深度访谈、扎根理论和文本分析的研究方法，从交叉学科角度提取胜任力特征因素，在某种程度上为后续研究及应用型本科院校青年教师的管理和成长提供了较新的理论模型及实证对策支持，同时，也为高校青年教师胜任力水平的提高提供了一个全新的视角和思路。

参考文献

[1] 李欣. 应用型本科院校高质量师资队伍建设路径研究[J]. 平顶山学院学报, 2022, 37(6): 114-118.

[2] 毕杨. 应用型本科院校科研工作发展路径研究与实践[J]. 中国教育技术装备, 2023(5): 76-77, 81.

[3] 李娟, 梁利香, 耿晓桐, 等. "工匠精神"背景下应用型本科青年教师的中药传统技能培养[J]. 中医药管理杂志, 2023, 31(4): 17-19.

[4] 赵越春. 应用型本科高校青年教师培养体系构建研究[J]. 金陵科技学院学报(社会科学版), 2022, 36(3): 49-55.

[5] 王贺立. 幼儿园园长胜任力: 模型构建、作用及促进因素[D]. 长春: 东北师范大学, 2022.

[6] 苏烈翠. 应用型本科高校青年教师胜任力模型探析[J]. 教育教学论坛, 2023(21): 49-52.

[7] 汪琦, 张国宝. 应用型本科高校就业指导教师职业胜任力研究[J]. 大理大学学报, 2021, 6(9): 122-128.

[8] 林涛, 周沛, 吴晶博. 应用型本科高校教师胜任力模型构建研究[J]. 金陵科技学院学报(社会科学版), 2020, 34(4): 77-82.

[9] 宋文琤. 应用型本科管理专业"双师型"教师胜任力模型构建研究[J]. 黑龙江工业学院学报(综合版), 2020, 20(12): 22-25.

[10] 王晶晶, 谢超颖, 欧阳纯晶, 等. 基于IPA分析法的应用型本科院校创新创业教师胜任力评价及提升研究[J]. 创新与创业教育, 2022, 13(6): 70-76.

[11] 马飞, 云长海, 李双, 等. 应用型本科医学院校临床教师教学胜任特征的理论分析[J]. 中华医学教育探索杂志, 2022, 21(8): 976-979.

[12] 刘会芬. 应用型本科院校实践教学教师胜任力评价研究[J]. 农村经济与科技, 2019, 30(24): 292-293.

[13] 黄慧. 应用型本科高校教师实践教学能力提升研究[J]. 现代职业教育, 2021(3): 34-35.

[14] 李贺. 应用型本科"双师双能型"教师实践能力探析[J]. 辽宁高职学报, 2018, 20(5): 57-58, 64.

第二篇　课程建设篇

新财经背景下的"工程经济学"教学创新路径研究㊀

◎徐田柏　付　红

[摘　要]　本文依托大数据互联网时代，借助智能信息化教学手段，重构"工程经济学"教学理念、教学生态环境、教学目标、教学内容、教学方法、教学模式、教学评价体系。首先，引入学习共同体创新教学理念，创设良好的教学生态环境。其次，基于CDIO+OBE课程设计理念，构造"概念-原理-方法""指标-应用-项目实践"三层次课程体系，并进行整体教学设计，建立"课前寻觅重难点，课中强化重难点，课后温故而知新"的三维一体的学习进阶模式；建立学习通、智慧树、QQ群、微信群和抖音等课程平台，创建混合式教学模式；创设愿景引导、对话教学、情感链接教学等创新教学方法；建立多元和梯次学习达成度的课程评价体系。最后，分析课程教学创新改革实施数据及成效。

[关键词]　教学创新；教学设计；教学模式；教学方法

　　深化教育教学改革首先要提高教师对信息化技术的应用能力，其次要充分利用互联网、大数据、虚拟现实技术等信息化手段来提升教学水平，不断探索创新教学方法。2019年，教育部明确提出"鼓励有条件的高校基于优质在线开放课程应用的线上线下混合式教学模式"。钟秉林在《"十四五"期间我国高等教育发展的基础与关键》一文中提出，推动线上线下融合的学习变革是我国"十四五"期间高等教育的发展重点之一；以互联网+、大数据和人工智能等信息技术与教学深度融合[1]，是新时代高等教育面临的新挑战，也是"十四五"规划战略任务之一，它改变了学生获取知识的渠道和方式，推动了教师角色的转型和师生关系的改变，从而使教学观念、教学组织形态、教学布局、教学方式、学习方式发生深刻变化。2021年教育部首次举办全国高校教师教学创新大赛，以促进高等教育教学个性化、精准化，促进教学过程的持续改进，提高教育质量，培养适应新时代需求的人才。

　　"工程经济学"课程改革始于2018年，课程团队用近5年的时间，从培养目标、教学理念、教学知识内容重构、教学整体设计、教学模式和方法、教学评价等6个方面进行了改

㊀ 河北省高等教育教学改革研究与实践项目：基于学习共同体理论的高等院校智慧教学创新机制与实践（2022GJJG169）。河北省高等教育教学改革研究与实践项目：数智赋能视域下高校智慧教学深度融合路径与机制（2023GJJG175）。河北经贸大学研究生教育教学改革研究项目：数智赋能视域下"新财经"院校研究生智慧教学深度融合路径与机制。

革与创新[2]，使用了超星学习通、智慧树等课程在线资源平台、成果分享平台和课后评价平台；建立了 QQ 群、微信群、抖音群等课堂互动平台、实时交流平台和情感连接平台，实施线上线下混合式教学模式；通过学习平台把信息化、虚拟仿真、微课、翻转课堂融合到一起，构建学习共同体教学创新模式，并且保留了大量的原始数据，为以后更好地改进教学效果提供了客观依据。

一、引入学习共同体理念，解决教学痛点

学习共同体是由美国学者杜威提出来的，然后日本学者佐藤学将其引入教育改革与实践。学习共同体就是通过学生之间、教师之间以及学校和社会之间的协作，为了实现更高的学习目标，而形成的一个相互联系的整体。学习共同体拥有公共性、民主主义和卓越性三大哲学理念。公共性就是人们在共同的学习空间相互交流，让文化和情感态度互相碰撞；民主主义是在一个学习空间中，每个个体都受到尊重并且拥有平等的权利，是支撑公共性实现的基础。在公共性和民主主义的指导下，共同的学习目标最终是追求个体的"卓越性"，追求自我内心的满足。

（一）传统课堂教学的主要教学痛点

1. 个体化学习

个体化学习是个体行为，可见度低。在传统的课堂教学中，学生个体化学习的特征明显。

一是学生在课堂上的学习过程只是一个人在学，缺乏与他人的交流，导致学习过程可见度很低；二是学习成果可见度低，在课堂上仅完成一些最基本、最简单的课堂提问，课程总评主要以期末考试为主要评价依据，学生一个学期其他成果和产出很少；三是学生的学习需求和困境能见度低，由于班容量比较大，导致学生之间缺乏交流，学生之间的关联度很低，学习过程中缺乏沟通的伙伴，也羞于问老师。

2. 单维度学习

单维度学习主要表现为缺乏高度、深度、宽度，学习内容线性化、视野单一、思路单一、课堂交付形式单一。

传统教学中，学生即使不上课也可以通过教材知道所学内容，这种学习过程会造成学生视野单一、思路单一，因为通常教材与现实有一定的差距，由于社会每天都在发展与更新，教材无法满足课程高阶性的要求。另外，由于在课堂上，同学们只是简单回答老师的提问，课下没有查阅资料和深入思考，在每节课结束之后就"挥挥手不带走一片云彩"，导致课堂交付形式单一。因此这种教学模式没有课堂产出，学期末只需要交一份课程作业，或者参加期末考试。因此，单维度学习导致学习缺乏高度、深度和宽度。

3. 浅表化学习

浅表化学习主要体现为学生与课堂融合度不高。很多学生认为课程只是为了拿到学分顺利毕业，缺乏对课堂的归属感，既没有太多参与感，也没有太多体验感，因此学生和课堂融

合度不高，无法实现专业人才培养目标，即培养有专业知识、有实践本领、有国际视野、有社会担当的人才。本文的研究目的就是帮助学生在课堂上完成从知识建构到能力养成，再到价值塑造的一个完整的学习过程。

（二）构建学习共同体和深化学习共同体理念

1. 营造学习氛围

课堂教学初衷可以概括为三个方面：一是提高课堂卷入度，让学生真正参与课堂，在课堂发挥其价值，并做出相应贡献；二是提高课堂学习能见度，即学生的学习过程、学习成果及其困难与需求能够被看见；三是提高课程满意度，使学生学有所获、学有所成，课程学完后能在他们心中留下深深的印迹。

营造学习氛围是从学生走进教室开始的，而不是从听课开始的。学生对课堂是否喜爱，并不是从坐下来翻开书听老师讲话开始，而是从他走进这个教室，就已经开始了。良好的学习氛围和学习准备对于学生非常重要，所以，老师要通过营造良好的学习氛围吸引学生。

根据卷入度、能见度和满意度的要求，采取以下营造学习氛围的措施。

（1）仪式化的体验。现在的学生主要是00后，其从小生活在多感官刺激的时代，平时注重各种仪式感，在上课之前可以带领各学习小组通过把手放在一起，喊口号为自己的小组加油。

（2）跨班级组成学习小组，拆分班级，打乱班级之间的壁垒，让班与班之间产生交流。从课程一开始就借助学习通、智慧树等平台进行随机分组，打破学生之间的人际壁垒。避免学生只选择自己熟悉的同伴，这不利于多元文化的碰撞。另外，整个学期全程都有分组协作任务。通过这种方式，学生能在分组协作过程中自发地建立团队情感和团队文化。另外，在成绩评定时，会告诉学生一个小组所要完成的整体任务，每个人都会影响团队得分，因此会产生集体荣誉感。

2. 建立学生团队行为规范

人员确定后就要定规矩，由于学习共同体理念非常倡导民主。因此，制定规则时要遵守3个原则。

（1）决策民主原则。每个学生都有平等的参与学习、倾听成员意见的权利，此外，成员数为单数有助于学生真正体验少数服从多数的决策模式。

（2）机会均等原则。每个学生在课堂上的机会都是均等的，一学期至少有一次课堂发言的机会，既可以单独发言，也可以与团队成员一起发言，从而锻炼学生的沟通和表达能力。

（3）优势互补原则。学习成绩好的学生不仅要多承担学习任务，同时还要帮助学习成绩稍微差一点的同学。

3. 创新学习场所、学习用具及激励措施

第一，上课时要求每个小组坐在一起，这样在听老师讲课时，所有的成员都可以面向老师，而当团队讨论或完成小组任务时，可以迅速围成一圈，进行分工合作。

第二，在学习空间设置上，小组分享活动时要求学生摆出U字形，便于学生在中间分享。

第三，课堂的流动性。课堂中各团队的位置不是固定的，而是非常灵活的，便于团队成

员与其他小组交流,或者观摩,甚至可以到走廊上去讨论。

第四,学习用具。课程伊始要求每个学生准备一个学习包,装有彩笔、A4纸、便利贴和白板笔等,学生讨论时,可以画一些五颜六色的思维导图,这种方式不仅能增强思维的活跃程度,而且非常有趣,学生可以用他们喜欢的颜色去绘制脑海中的景象。另外,上课要带手机、笔记本电脑等基本的电子学习用品,方便线上互动和成果的提交。

第五,激励物。在课程中倡导语言激励,在一些特别时刻,可以给一些小小的物质激励,譬如说一张奖状。大学生和小孩子一样,他们非常希望得到肯定。

二、基于CDIO+OBE课程设计理念,构建融入课程思政的三层次课程体系

针对课程内容繁杂和难度大,涉及经济、会计、管理等多学科多层次知识领域,学生对课程知识理解难、消化难和现实应用难等问题,基于CDIO(Conceive、Design、Implement and Operate)工程教育模式和OBE(Outcomes-based Education)课程设计理念,教学团队从课程目标设置、知识内容重构、课程思政融入等3个方面进行教学创新改革,以期解决课程教学中存在的痛点问题。

(一)基于CDIO工程教育模式设置课程目标

"工程经济学"是工程技术与经济相结合的交叉学科,旨在寻求工程技术与经济相结合的最优项目方案。根据CDIO工程教育模式对课程的要求,通过调研确定工作需求,制定课程的3个一级目标,再细化成17项二级目标,构建课程目标矩阵,具体如表14-1所示。

表14-1 "工程经济学"课程目标矩阵结构

一级目标	二级目标	教学要求
知识目标	工程经济分析的概念、原理和方法	掌握
	经济生产要素包含的内容及计量	了解
	技术方案经济分析、评价和比较	熟悉
	设备选择、更新的方法	熟悉
	提高技术方案经济效果的途径	应用
能力目标	时间与资金管理的能力	渗透
	数理推导与计算的能力	具备
	编制项目财务评价报告的能力	具备
	编制可行性研究报告的能力	构思、设计
	项目方案实施和运行中风险管理分析的能力	实施、运行
	能为技术的采用和发展提供经济决策的能力	具备
素养目标	职业能力与职业道德	综合
	认真做事、心思缜密	态度
	语言沟通与文字表达能力	行为
	团队组织能力、执行能力	主动意识
	创新创业能力、合作能力	主动意识
	社会责任和价值观	工程意识

(二) 基于 CDIO+OBE 课程设计理念进行知识内容重构

在"互联网+"和"数字化"背景下，以工程项目生命周期为载体，基于 CDIO 工程教育模式和课程设计理念，重构课程体系，如图 14-1 所示。首先，创新教材知识体系，以教材为基础融入现实问题；其次，针对跨学科进行知识融合，为响应新财经教育改革，融入管理学、会计学、经济学和财务管理等知识点，拓宽本课程的知识宽度；再次，注重前沿性和学术性的引导，将前沿议题、经典学术论文等作为学习资源，培养学生的学术兴趣；然后，引入社会热点事件或问题，培养学生学术关怀和社会关注能力；最后，形成基础知识、专业能力、素养能力三模块六部分课程体系[3-4]。

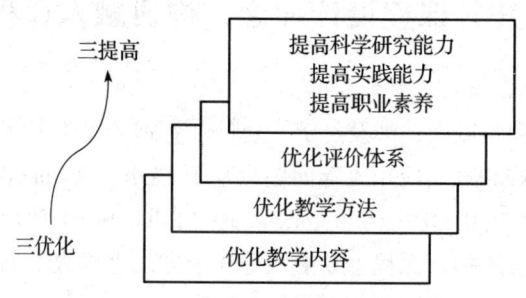

图 14-1　CDIO+OBE 课程设计理念

根据知识体系，构建模块间的逻辑框架，形成了"概念－原理－方法""指标－应用－项目实践"三层次课程体系，如图 14-2 所示。通过建立"两性一度"的课程标准和挖掘思政元素、探究思政素材，实现以学生为中心，寓道于教、寓德于教、寓教于乐的教学思想；培养学生的正确价值观、家国情怀和严谨的职业素养，使学生从知识、能力、素质三个层次得到提高。

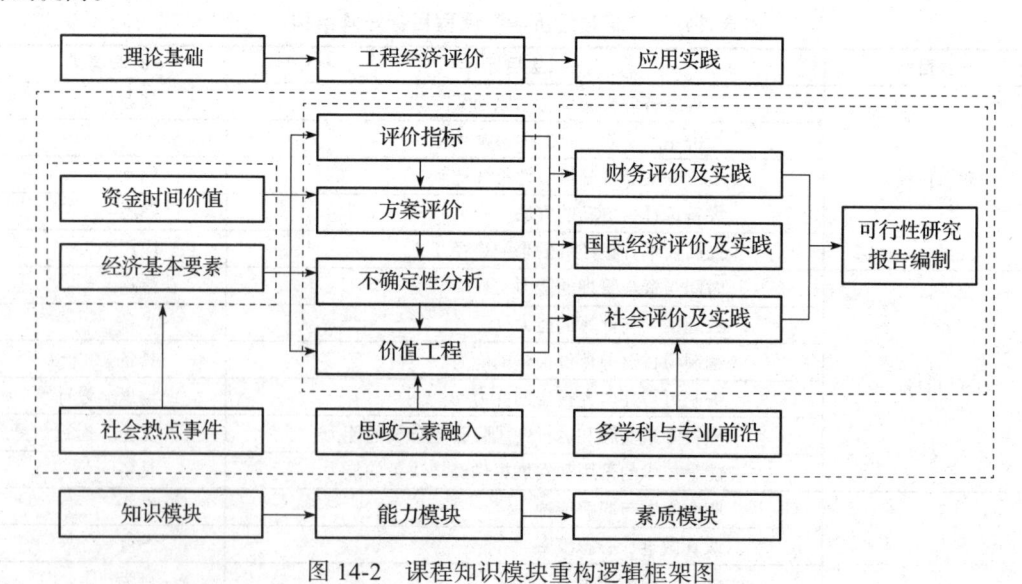

图 14-2　课程知识模块重构逻辑框架图

(三) 挖掘思政元素，探究思政案例，确保知识点与课程思政有机融合

工程项目经济评价与国家经济、社会舆情、工程案例密切相关，针对课程内容进行具体

分析和思索后，选择了 13 个知识点进行课程思政改革。具体的课程思政实施路径及方法如下：首先，根据知识点内容挖掘相应的思政元素；其次，分析思政映射与融入点的相关内容；最后，搜索合适的案例、图片和故事等思政素材，采用不同的融合手段确保专业知识与课程思政高度契合，如春风化雨，润物无声。具体详见课程思政实施分析表，如表 14-2 所示。

表 14-2　课程思政实施分析表

知识点	思政元素	思政映射与融入点	思政案例	融入手段
工程技术	家国情怀 民族自信 工匠精神	应用技术需要发扬"工匠精神"，中国古建筑	港珠澳大桥 都江堰工程	建筑史
技术与经济	可持续发展 辩证唯物主义观	技术与经济结合 可持续发展	火神山医院 超级工程	新闻报道
现金流量	理财观 勤俭节约	企业、家庭 个人现金流	100 元现金的魔力	生活实例
复利计算	法制教育 正确三观	利滚利 个人成长的复利效应	"校园网贷" "荷花定律"	生活实例 新闻报道
等值计算	金钱观 消费观 价值观	分期还款的利息陷阱	花呗 信用卡	生活实例 新闻报道
投资与成本	爱国情怀 四个自信	一分耕耘一分收获	新冠防疫费用	新闻报道
折旧	人生观 价值观 职业观	人生不能荒废时光 自我不断提高	明星折旧 职场人的折旧	新闻报道
方案比选	家国情怀 正确的三观	有舍才有得	鸟巢瘦身风波 鲁迅弃医从文	新闻报道 榜样人物
盈亏平衡	创新精神 职业素养	面对困难和挑战	阿里云的盈与亏	生活实例
风险管理	严谨 求真务实	风险无处不在 勇于承担风险	华罗庚	榜样人物
财务报表	职业素养 严谨科学态度	各财务报表间的逻辑 数据的真实性	美国安然事件	新闻报道
费用与效益	环保意识 可持续发展	绿水青山就是金山银山	三峡工程	建筑史 新闻报道
价值工程 提升途径	社会责任感 历史使命感 社会主义核心价值观	国情教育	人防工程	建筑史 新闻报道

三、基于 CDIO+OBE 的整体教学设计，构建三维一体的学习进阶模式

为更好实现优化的课程内容的教学效果，培养工程经济学思维的个性差异，实现理论与实践结合的能力培养和"两性一度"的课程标准的深度融合，根据 CDIO 的 12 条准则，从课程目标出发不断将成果导向和教育的核心理念融入整体教学设计。课程整个教学环节的设

计体现了基于成果导向、持续改进的教学设计思路[5]，如图 14-3 所示。

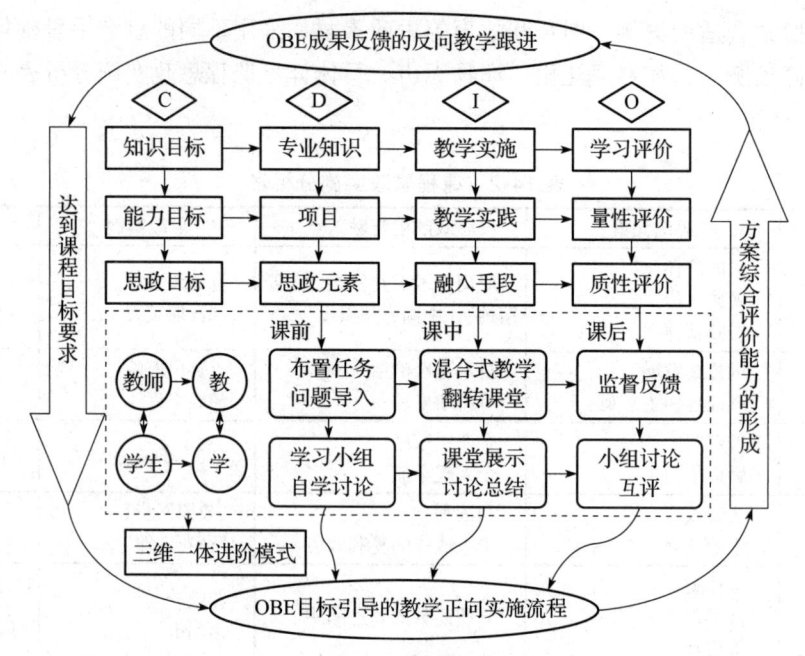

图 14-3 基于 CDIO+OBE 的教学设计理念

教育的最伟大进步是教育方式的进步。在整体教学设计基础上，针对高年级专业课程多、学生压力大、时间分配困难等特点，建立内容导学和任务驱动的碎片化学习模式，帮助学生在最短的时间内高效掌握多维度的知识体系，获得最大的学习能力。

针对学生学习过程参与感低、被动学习占比大的顽疾，建立教学目标与学习活动关联的教学模式，通过任务驱动促进学生自主学习，建立"课前寻觅重难点，课中强化重难点，课后温故而知新"的三维一体的学习进阶模式（如表 14-3 所示），激发学生的学习兴趣，提高学生的创新能力。培养学生自主学习、交流与探究的意识和习惯，解决学习中存在的学生个体化学习不足、单维度学习和浅表化学习的教学痛点问题[6]。

表 14-3 三维一体的进阶模式与教学设计

学习阶段 + 目标	教学环节	教师活动	学生活动
课前 寻觅重难点	导学	发布导学任务和学习资源	线上自主学习、完成任务
	课前测验	测试发布，学情反馈	完成测试，学习反思
	教学优化	根据学情反馈，优化教学设计	知晓重难点
课中 强化重难点	导入案例	导入案例，引入问题激发学习兴趣	强化思维、关联知识点
	翻转课堂	师生互换，参与讨论	强化自主学习，交流与探究
	工程案例分析	关联知识点、重实际应用	理论与实践相结合， 实现零距离
课后 温故而知新	作业拓展知识	反思与辅导	完成作业、温故而知新

四、基于信息化技术的创新混合式教学模式

信息化技术的发展又创设了另外一个空间——网络空间。针对课程内容繁杂、知识量大、难度大、实践性强、高年级专业课程门类多、学生知识获取压力大、时间分配有困难等教学痛点，使用超星学习通、智慧树等在线资源平台、成果分享平台和课后评价平台；建立QQ群、微信群和抖音群等课堂互动平台、实时交流平台和情感连接平台等多维度的立体混合式教学模式。

通过学习通、智慧树等课程资源平台发布一些学习资料以及课后拓展的资源，收发学生作业，发布分组讨论任务；通过学习通实现实时互动讨论、作答、选人、互评、小组分享等功能。

通过学习通、智慧树、MOOC等学习平台，实现教学在学习时间、学习空间和学习内容上的开放；通过采用启发式、课堂翻转及BOPPPS等现代教学手段，提高学生学习效率和主动学习能力，提高学生与课堂融合度，减少课堂观光客，从多个维度激发学生学习兴趣，提高学生学习积极性，实现从传统课堂向创新课堂的转变。通过增强学生对课程设计的知情权，采用启发式和参与式案例教学法，激发学生参与意识和探究思维能力，培养学生的应用能力和解决实际问题的能力，实现教学与现实的零距离。

建立内容导学和任务驱动的碎片化学习模式，帮助学生在最短的时间内高效掌握多维度的知识体系，获得最大的学习能力。

将课程内容和教学方法通过课堂三步曲（如图14-4所示）让学生在课前、课中和课后有激情与速度，让每个学生的学习由被动变为主动，学习成果入脑、入心，真正体现"教之目的在于学""教之主体在于学"的教学精髓，真正实现以学生为中心的目标[7]。

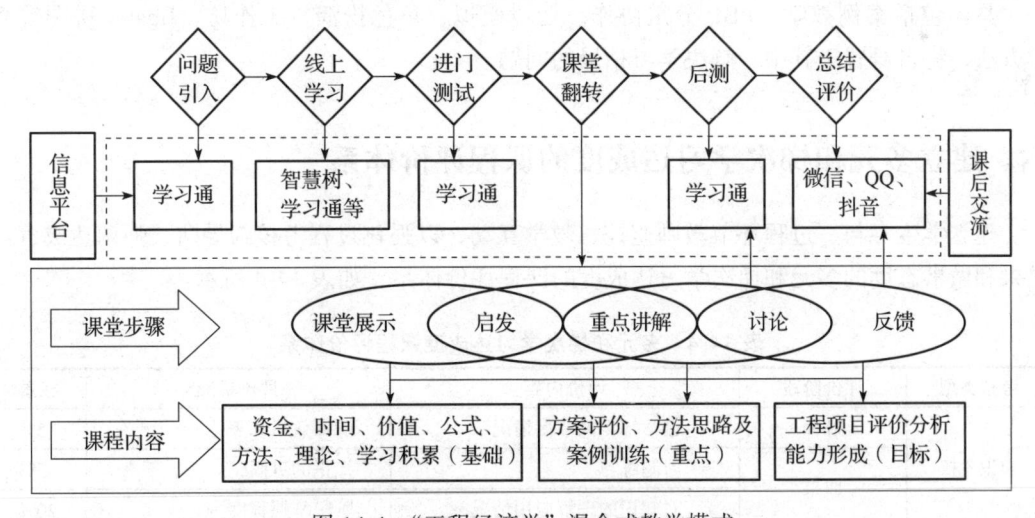

图14-4 "工程经济学"混合式教学模式

五、创新教学方法

（一）学习愿景引导教学方法

教学目标，从教的角度来说就是希望学生学完之后，老师也倾听一下学生的愿望，所

以把每一次的开学第一课作为一个学习愿景引导，介绍课程内容架构、课程安排和考核安排。

在开学第一课，除介绍课程外，首要的是树立榜样的力量，通过播放优秀毕业生的事迹视频，在学生的心中种下榜样的种子，规划好课程的学习。另外，利用心理学中的承诺一致原则，让学生和学习小组制定学习目标，树立团队共同愿景，把个人学习目标和团队目标联系在一起。

（二）对话式教学方法

佐藤学曾经说过，学习的过程其实就是学生与教材相遇和对话的过程，也是与他周围的伙伴相遇和对话的过程，是与老师对话的过程，也是与自我对话的过程。一是学生与文本对话，文本包括教材、经典著作和学术论文等；二是学生与学生之间的对话；三是师生对话，包括网络空间、线下空间的对话，譬如，学生在分组讨论时，老师要走到他们中间，融入小组。学生通过对话，实现与环境的对话，与社会、与世界的对话，最终实现自我对话。

（三）情感链接教学方法

利用微信（群）、QQ（群）、抖音（群）等信息平台与学生实时链接，形成社群文化。一个简单的称呼（譬如宝宝们），对学生来讲，是一个社群文化的体现，奠定了社群文化亲和而又活泼的基调。

（四）集成教学方法

具体包括案例教学、PBL 分组协作、情境模拟、角色扮演、工作坊、Jigsaw 拼图等教学方法，将自身置于其中，解决学习枯燥的问题。

六、建立多元和梯次学习达成度的课程评价体系

建立学生参与、过程环节教师监控、教学互动，以强化过程考核为导向，强调达成育人成果和做事态度的多元和梯次学习达成度的课程评价体系，如表 14-4 所示。

表 14-4　多元和梯次学习达成度课程评价体系

考核类型	评价阶段	评价内容	评价标准	权重
知识考核	过程	已学知识的掌握情况	听课效果和表达	5%
	成果	习题练习	知识的巩固	15%
		对知识的理解应用情况	阶段掌握程度	20%
能力考核	过程	态度	认真程度	10%
	成果	项目报告	内容完整性和创新性	25%
素养考核	过程	语言沟通与文字表达能力	回答和评价问题的情况	5%
		收获创新性	讨论贡献度、逻辑、观点	5%
	成果	团队合作能力、执行能力	观察指标、典型案例分析	5%
		职业素养	敏锐性、客观性和创新性	10%

（一）创新评价方法

教师评价主要由平时成绩、平台线上资源的学习和期末考试 3 个部分组成；学生评价包括学生互评和自评；社会评价包括专家评价，社会组织评价以及专业实践评价；第三方评价包括参加互联网大赛、创新创业训练项目等专业类评价[8]。

（二）创新课程评价构成及比例

课堂表现占比为 30%（包括出勤、互动、展示、讨论），超星学习通和智慧树学习平台占比为 30%（线上视频、作业和测试），期末考试占比为 40%；课程评价比例充分体现了重视过程考核的全新教学模式，不再把传统的期末考试作为考核的唯一依据。

（三）创新评价内容的多元化和梯次化

激励学生主动参与，引导学生深层次学习，提高学习质量；对学生知识、能力、素养的培养分解为各个考核类型，并赋以相应的权重，突出课程考核的全面性[9]。

七、课程教学创新改革实施数据分析及成效

（一）学习通"工程经济学"课程平台利用情况

混合式教学创新开课 5 学期，本科生和研究生选课总人数超 750 人次，页面浏览量累计为 75 万次、互动累计 1.5 万次，作业发布 351 次。

（二）课程改革成效

通过采用混合式+翻转课堂的教学模式，学生每周主动在线上学习 2h，展示课件内容有深度，课堂上踊跃发言、提出自己的观点，积极互动。课程成绩优良占比从 2016 级的不足 30.00% 逐年递增到 2020 级的 71.8%，增幅为 139%，不及格人数呈现逐年递减的趋势。学生科研方面也有很大提高，成功申请大创项目国家级 2 项，省级 4 项，校级 10 项，参加互联网+大赛获得银奖一次，帮困基金和科研项目 4 项，红色专项调研 2 项。

（三）创新混合式教学模式适应性调查

本次调查问卷构成要素主要包括：①学习动机和兴趣：对学习目的的评价；②学习习惯：对课前主动学习的评价；③学习方式：对教师、PBL 时间分配的评价；④学习风格：对混合式授课模式的评价；⑤学习能力：对查阅资料方法的评价；⑥专业支撑：对专业课支撑作用的评价；⑦认知能力：对课程知识难度的评价；⑧起点水平：对前续课程掌握程度的评价等 8 个方面 33 个选择题。经过分析发现，有 86.5% 的学生通过混合式教学创新模式很好地激发了自主学习的能动性，实现了高阶达成学习目标；90.8% 的学生认为专业思维得到了锻炼；93.6% 的学生认为在"价值观"层面的获得感较多。另外，课程学习平台中的教学视频和习题、案例分析和测试实现了随时随地的学习，对课程学习很有帮助。大部分学生希望提高教师在线讨论频率，这将是课程团队持续改进的方向和动力。

参考文献

[1] 陈国青,任明,卫强,等. 数智赋能:信息系统研究的新跃迁[J]. 管理世界,2022,38(1):180-196.

[2] 尹苗,史洁,李逢庆,等. 基于ADDIE教学设计模型的智慧课堂教学:以"真菌"一节的教学设计为例[J]. 现代教育技术,2020,30(11):19-25.

[3] 李莹,黄贞,叶灵珍,等. 新工科背景下应用型本科高校《工程经济学》教学方法的创新[J]. 黑河学院学报,2022,13(2):106-108,136.

[4] 刘姗姗,闫倩倩,王宁. 基于OBE工程教育理念的工科类课程混合式教学改革:以《工程经济学》为例[J]. 科技风,2022(30):95-97.

[5] 毛景焕,南京航空航天大学教师发展与教学评估中心,高等教育研究所,等. 智慧教学时代高校教师的新角色及新课堂建构[J]. 煤炭高等教育,2019,37(2):49-54.

[6] 李昕.《工程经济学》案例教学融合思政教育探索研究[J]. 物流工程与管理,2023,45(6):153-155.

[7] 刘艳. 基于OBE教育理念的《工程经济学》课程教学改革[J]. 阜阳师范大学学报(自然科学版),2023,40(2):115-120.

[8] 汪芳. 智慧教学创新研究的探索与实践[J]. 科技与创新,2021(1):137-138.

[9] 王静,张明燕,陈丽红,等. 基于成果导向的《工程经济学》课程教学改革实践[J]. 高教学刊,2021(5):157-162.

"数据挖掘与商务智能"课程线上线下混合式教学模式探索与实践

◎马秀红

[摘　要]　课程是人才培养的核心要素。本文根据"数据挖掘与商务智能"课程的特点及教学过程中遇到的问题,结合新财经教育环境,从智慧树教学平台建设、线上资源建设、线下课程内容重构、课程团队建设、教学过程设计等几个方面进行优化设计,构建了新财经背景下的线上线下混合式教学模式,并应用于教学实践。该模式为其他大数据类课程教学实践提供了方法借鉴和思路创新。

[关键词]　混合式教学模式;新财经;网络教学平台

一、引言

课程是人才培养的核心要素,课程质量直接决定人才培养质量。"数据挖掘与商务智能"课程是一门涉及大数据技术、大数据管理与应用、应用场景的多学科交叉融合的课程。教学实践中存在如下问题:一是学习动力和创新热情不足;二是由于课时较少、课程内容较多,要想把所有知识点讲完讲透存在困难;三是单一线下教学方式受空间限制,师生交流与团队协作不足;四是学生素质能力基础及发展意愿存在个体差异,需要个性化学习。因此更新教育教学理念,创新教学方法与教学模式,建设适应新时代要求的优质特色本科课程,成为当务之急。

混合式教学模式即线上线下混合式教学模式,是将在线教学和传统线下面授的教学方式结合起来的一种教学模式[1-2]。因其兼容线上教学方便快捷、突破时空局限与线下教学体验感强、参与感和交流反馈获得感强的特点[3],所以已经成为高校常态化教学的重要方式[4]。大量教学实践表明,混合式教学模式不仅能提升学习体验感和学习动力,还能强化教学效果、提高教学质量[5-7]。

本文以"数据挖掘与商务智能"课程为例,结合该课程的特点,针对教学过程中遇到的问题,以网络教学平台为技术支撑,构建了线上线下混合式教学模式,旨在将知识、能力、素质有机融入课堂教学,引导学生自主学习、探究式学习、个性化学习,建设适应新时代要求的一流本科课程。

二、"数据挖掘与商务智能"课程教学中存在的问题

"数据挖掘与商务智能"是一门涉及大数据技术、大数据管理与应用、应用场景的多学科交叉融合课程,该课程针对物流管理、贸易经济、电子商务、数字经济等专业学生开设。教学实践中存在如下问题。

一是学生的学习动力和创新热情不足。如何让学生忙起来、让课堂活起来是当下亟须解决的第一个问题。因此需要通过更新教学理念、创新教学方法,引导学生自主学习,激发学生创新热情。

二是存在教学任务多而课时少的矛盾。由于课时较少、课程内容较多,要想把所有知识点在课堂上讲完讲透存在困难。如何优化教学内容、创新教学方式是当下亟须解决的第二个问题。因此需要优化课程内容,建立网络课堂,利用网络资源和平台辅助教学,解决课时较少与课程内容较多的矛盾问题。

三是单一线下教学方式受空间限制,师生交流与团队协作不足。在传统的教学方式中,师生交流多是仅限于课堂教学中,因此师生交流不足,而且,在传统的教学方式下,学生的团队意识和团队协作能力不足。如何增加师生交流的渠道、创新教学方式是当下亟须解决的第三个问题。因此,需要利用信息技术,建立网络课堂,采用项目式实验和小组讨论、小组作业的教学方式,解决师生交流与团队协作不足的问题。

四是学生个人素质、能力基础及发展意愿存在个体差异,需要个性化学习。如何满足学生个性化学习的需求是当下亟须解决的第四个问题。因此,需要建设优秀的教学团队,并建立网络课堂,为学生提供个性化学习的资源和途径。

因此更新教育教学理念,创新教学方法与教学模式,建设适应新时代要求的优质特色本科课程,成为当务之急。课程组教师在教学实践中不断摸索,构建了基于智慧树网络教学平台的线上线下混合式教学模式,授课教师在授课过程中以"坚持知识、能力、素质有机融合,引导学生自主学习、探究式学习、个性化学习,建设一流课程"为目标,应用了本文提出的教学模式。

三、混合式教学模式设计

(一)混合式教学模式设计原则

一是理念新,即以培养优秀人才为目标更新教育教学理念、创新教学方法,确立以学生为中心、以产出为导向、持续改进的理念,建设适应新时代要求的一流本科课程。

二是课程优,即立足经济社会发展需求和人才培养目标,聚焦新财经建设,体现多学科思维融合、跨专业能力融合,建设培养复合型人才的优质特色课程。

三是教师强,即以提升教学能力为目的加强教学团队建设,通过强化教学研究、对外交流与培训等途径,建设优秀教学团队。

四是课堂活,即以提升教学效果为目的创新教学方法,通过现代信息技术与教学的深度融合,强化师生交流互动和团队协作,让课堂活跃起来。

五是学生忙,即以激发学生学习动力和专业志趣为目的创新教学方法,通过提升课程学习的深度、广度、难度和挑战性,让学生忙起来。

(二)智慧树教学平台建设

建设智慧树教学平台,为教学提供丰富的在线教学资源和各类教学互动交流功能,支持在线直播、学生自主学习以及师生间的交流,引导学生进行探究式与个性化学习。线上教学平台功能构成如图 15-1 所示。

1. 课程基本信息模块

课程基本信息模块用于学期开始时学生对课程的了解,主要包括课程简介、课程团队信息、教学大纲、教学进度计划、实验教学大纲等教学文件。

2. 在线教学模块

在线教学模块包括语音直播、腾讯会议、视频直播以及实验教学过程。语音直播具备多种课堂互动工具,包括签到、点名、投票、抢答等,适用于教师主导的实时互动型课堂。腾讯会议不仅可以语音互动和视频互动,还可以共享屏幕,适用于师生实时互动型课堂。视频直播适用于讲授型课堂。实验教学过程包括分组与选题、实验准备、实验过程指导、实验结果、成果演示与答辩。其中,实验过程指导是指学生在网络教学平台记录实验日志,教师对此逐一点评,实现对实验过程一对一的个性化指导;实验结果即实验报告,该功能子模块是由学生提交实验报告,由教师进行点评。

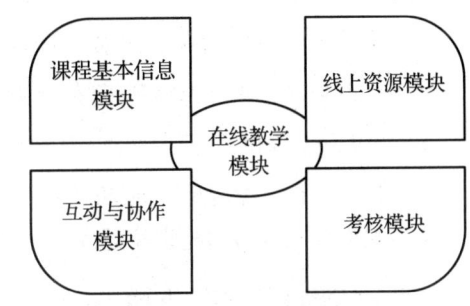

图 15-1 线上教学平台功能构成

3. 互动与协作模块

互动与协作模块用于教学过程中的团队协作、师生交流,包括小组作业、小组日志、讨论板、重难点解析、答疑解惑、实验反思等。

4. 线上资源模块

线上资源模块包括课程基础资源模块和拓展学习资源模块两部分[8]。课程基础资源模块用于学生自主学习,包括课程导学、各章节课件、课后思考题、各实验专题课件、各实验专题的教学视频、各实验专题的练习与答案、在线测试等。拓展学习资源模块用于学生拓展学习,包括信息系统开发案例、参考书籍、开发工具下载、各种工具使用指南、前沿动态等[8]。

5. 考核模块

考核模块用于实验过程和理论学习过程的考核。对实验过程的考核,由学生通过平台提交实验日志,由教师点评、打分;对理论学习过程的考核,利用网络教学平台对学生提交的小组作业进行点评、打分;对理论知识与实验原理知识的考核,由学生跟随课程教学进度,以在线测试的形式自主完成。所有在网络教学平台完成的考核都由网络教学平台自动记录成绩。

（三）线上资源建设

1. 完善和优化基础资源

除案例、题库和微课之外，还包括理论部分的每章导学、课件和思考题，实验部分的实验选题、实验准备（导学）、专题课件、实验指导书、实验大纲、实验教程电子书；此外，还有讨论主题和推荐参考书。

2. 开发教学案例

开发教学案例包括智能搜索引擎案例、客户分类案例、客户风险评估与欺诈识别案例、电商用户情感分析案例、课程思政案例等。

3. 建设课程试题库

包括单选题、多选题、判断题、填空题、编程应用题等，内容涵盖课程的所有知识点，并从中抽取部分题目组建训练题库，供学生自主练习。

4. 录制知识专题短视频

包括教学团队录制视频、引用其他课程视频等。

5. 建设拓展学习资源

包括国际标准、前沿动态、课程内容拓展、各类工具使用指南等。

6. 开设在线学习与交流互动模块

包括在线训练题库、在线测试、任务的发布与接收、作业的布置、提交与批阅、分组学习、实验日志的记录与点评、问答与讨论等板块。

（四）线下课程内容重构

课程内容分为理论课和实验课两部分。其中，理论课部分根据"数据挖掘与商务智能"课程特征分为技术篇、理论篇、应用篇三部分，结合课程涉及的专业设计综合性案例，并贯穿课程各大模块，在将课程知识点有序串联起来的同时，增加了课程的知识性和人文性，提升了时代性和开放性；实验课部分设置综合性实验内容，适当增加难度，使得学生加大学习投入，培养学生解决复杂问题的综合能力和高级思维能力。

增加课程思政内容。结合新财经背景下的交叉学科特点，根据大数据管理与应用专业的特色和育人目标，将实现中国梦的责任感、使命感、家国情怀、科学的思想和方法、工匠精神等思政元素融入课程教学。

（五）课程团队建设

加强师资队伍建设，拓宽学术视野，改进教学理念、方法。根据"技术+理论+应用实践"的原则，初步组建了由大数据管理与应用专业的2名教师、信息技术学院的1名教师、物流管理专业的1名教师组成的课程团队。其中，一人参加了包含基础语法、高效办公、爬虫精进、大数据分析在内的Python系列课程培训，一人参加了全国高校大数据分析与机器学习师资研修班培训，两人参加了全国高校商务数据分析实战师资研修班培训，并且，其中两人已取得工业和信息化部认证的高级大数据分析师职业技术证书，一人取得工业和信息化部认证的高级机器学习工程师职业技术证书。注重加强现有教师的培训与对外交流工作，并积极引进高层次教师，实现教师职业培训、终身学习全覆盖，推动教师培训常态化，从而提升教师科研教学水平。

（六）教学过程设计

在课程内容和授课方式上，将理论讲解、课堂讨论和实验相结合，课堂讨论和实验都以小组协作的方式完成，同时线上线下相结合，将现代信息技术与教学深度融合，引导学生进行探究式与个性化学习，如图15-2、图15-3所示。

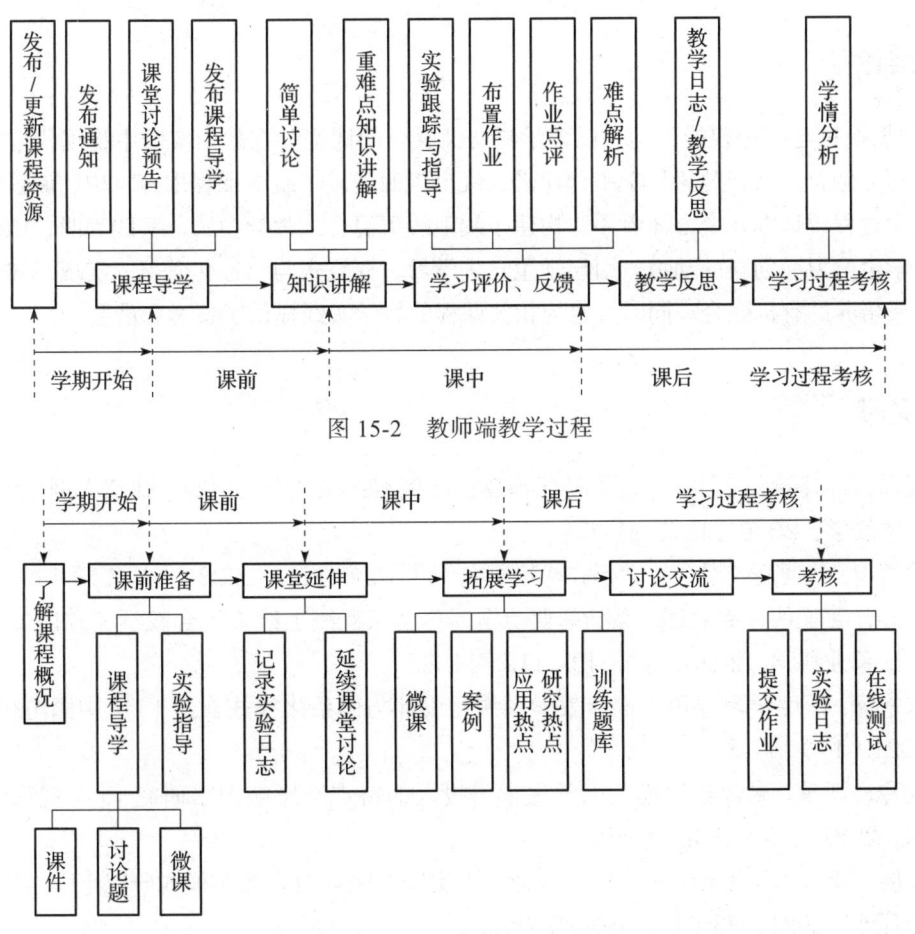

图15-2 教师端教学过程

图15-3 学生端学习过程

课前，通过课程导学、学习资源和课堂讨论预告，指导学生做好课前准备和拓展学习。

课中，特殊时期采用线上授课的方式，正常情况下结合网络教学平台的课堂工具到教室面授。由于课堂学时有限，因此先在课堂上完成计划学时的讨论，然后转到网络教学平台继续进行课后讨论。在实验课中，由于时间限制，往往无法针对每个学生提出的问题进行一对一的指导，因此在网络教学平台建立小组日志模块，可以随时对各组实验过程进行一对一的个性化指导。

课后，对作业逐一进行点评，并通过在网络教学平台建立课程博客对教学过程中学生表现出来的薄弱环节以及重难点问题进行解析，从而弥补教学中的疏漏[8]。

另外，部分考核工作也由网络教学平台完成。如对实验过程的考核是由学生通过平台提交实验日志，教师点评、打分完成的；对理论课学习过程的考核，一方面利用网络教学平台对学生提交的小组作业进行点评、打分，另一方面利用网络教学平台建立在线测试功能模块，测试环节由学生在平台自助完成。所有在网络教学平台完成的考核都由平台自动记录成绩，从而加强学习过程考核。

同时，在教学过程中，利用网络教学平台建立教学日志，记录和分析教学过程，总结教学收获与不足，积累教学经验，为今后改进教学方法提供经验，促进教学水平的提高。

四、结论

"数据挖掘与商务智能"是一门多学科交叉融合的课程。在教学实践中将现代信息技术与教学深度融合，从智慧树教学平台建设、线上资源建设、线下课程内容重构、课程团队建设、教学过程设计等几个方面着手，构建了线上线下混合式教学模式。实践表明，该模式能够提升学生学习和创新的动力，引导学生自主学习、探究式与个性化学习，实现了知识、能力、素质培养的有机融合。同时，也为相关课程的教学实践提供了参考和借鉴。

参考文献

[1] 王乔，徐建斌，王雯. 一流本科课程建设的探索：以"中国税制"课程为例［J］. 中国大学教学，2020（12）：31-35.

[2] 徐靖喻. 普通高校混合教学模式构建研究［J］. 教育评论，2022（6）：140-143.

[3] 焦婷，曹文侠，赵生国，等. 草食动物饲养学课程线上线下混合教学模式优化与实践［J］. 草业科学，2023，40（4）：1125-1138.

[4] 朱永海. 深度学习视角下混合教学系统化设计与体系化模式构建［J］. 中国电化教育，2021（11）：77-87.

[5] 刘玲，汪琼. 混合教学模式下学生学习投入的特点及影响因素研究［J］. 现代教育技术，2021，31（11）：80-86.

[6] 阎群，李擎，崔家瑞，等. 新工科背景下实践类课程混合教学模式研究［J］. 实验技术与管理，2021，38（1）：198-201.

[7] 杨震，赵志根，周美霞. 基于雨课堂的地质地理野外实习混合教学模式构建［J］. 实验技术与管理，2021，38（6）：217-221.

[8] 马秀红，王海涛. 基于交互式平台的项目引导型翻转课堂教学模式研究：以《信息系统分析与设计》课程为例［J］. 中国教育信息化，2017（18）：39-43.

"物流系统建模与仿真"课程思政教学探索与实践

◎刘力军

[摘　要] 在"大思政课"格局下，深入推动教育协同发展具有重要意义。"思政教育"如何与"专业教育"有机融合，彻底扭转两者之间"硬融入、两张皮"现象是当下高校教学过程中面临的一大挑战。本文以物流专业核心课程"物流系统建模与仿真"为例，通过对课程思政建设模式、建设思路、建设内容以及具体实施等几个方面的探讨，探索在教育目标引领下该课程思政建设的实施过程，构建"专业+思政"内容体系，助力实现"三全育人""立德树人"的根本任务。

[关键词] 物流系统建模与仿真；课程思政；教学模式

一、引言

思政课在高校课程体系中发挥着政治引领和价值引领的重要作用，"课程思政"是将显性教育的思政内容寓于知识传授和能力培养之中，在提升学生专业技能的同时，帮助学生塑造正确的世界观、人生观、价值观[1]。教育部《高等学校课程思政建设指导纲要》指出，要全面推进高校课程思政建设，发挥好每门课程的育人作用，提高高校人才培养质量。高校要发挥好教师队伍"主力军"、课程教材"主阵地"、课堂教学"主渠道"作用，做到"门门课程有思政，个个老师讲育人"。因此，高等学校在传统的专业育人模式上实施课程思政改革是新时代教育改革的重要组成部分，是落实党的教育方针和立德树人根本任务的必然选择。

对于专业课程而言，以专业技能为主的知识体系中并没有独立的思政要素，思政内容是以专业课程为基本载体，通过教师的讲解体现出来的，思政课要在对学生进行专业能力培养的同时，完成对学生的价值塑造过程。如何结合课程特点，创新思政建设模式，重构教学设计，在课程中"润物无声"地融入与专业课程价值理念一致的思政内容，是每个专业课教师必备的教学能力[2]。本文以"物流系统建模与仿真"课程思政建设为例，对课程思政建设模式、建设思路、建设内容以及具体实施等几个方面进行了探讨，希望能助力实现高等教育"三全育人""立德树人"的根本任务。

二、课程思政建设模式

"物流系统建模与仿真"是物流管理专业的核心课程。该课程旨在提升学生对物流系统的分析能力,了解物流仿真应用环境和常规仿真软件的使用,并能利用仿真方法解决物流系统中的实际问题,使学生在优化理论的基础上,从多维度解决本领域内的各类问题。

本课程思政建设的总体目标是:以提升学生综合能力为核心,以物流系统建模仿真应用为支点,通过模拟真实的物流系统运营过程,帮助学生理解相关理论以及物流运营的本质,并提高其决策和优化能力。同时,将学科前沿、实际应用案例、社会故事等融入物流系统分析过程,培养学生树立正确的系统观、价值观、实践观,为社会培养具备核心价值观和使命感,以及较强物流系统分析能力的物流管理人才。

本课程采用"双线三融五结合"的课程思政建设模式。首先,双线即为"线上"和"线下"互补,在认真完成线下教学内容设计的基础上,积极打造网络课堂,同时充分利用慕课、智慧树等线上平台的教育资源,为学生提供优质的思政案例和专业知识拓展。其次,在课程思政建设时还要做到教学内容与思政内容、教学环节与思政元素、教学方法与课程特点相融合。"教学内容与思政内容相融"即将"课程思政"渗透式地融入专业课教学,摒弃一味说教、把思政课的内容强加在专业课上的僵化模式。"教学环节与思政元素相融"即立足总体思政教学目标,根据不同的教学环节,搜集与教学内容契合的德育素材,避免重复性的或者生拉硬拽式的思政元素设计,立足中国精神,从多个维度有机融入社会主义核心价值观、系统观、民族自信等思政元素。"教学方法与课程特点相融"即在课程的教学实施中,不同课程有不同的特点,教师要能够根据课程本身要求,结合特定的任务场景,合理选择教学方法,如案例教学、线上或课堂讨论、课外实践、知识竞赛等,充实以培育特定技能主线为目标的专业课程群教学体系,实现育人目标。最后,五结合是指课程思政建设要做到"与区域物流发展相结合""与学校师德师风文化体系建设相结合""与物流业专业技能社会培育体系相结合""与新财经实验班试点建设相结合""与本专业新教材建设相结合"。这5个结合主要是要求专业课程思政建设不能脱离时代背景,要与人才培养的整体要求和培养过程中的各个阶段性目标有机结合。

三、课程思政建设思路

(一)教师教学态度和专业知识教学能力是课程思政建设的第一要素

专业课程的思政教育应做到与专业知识传授的有机结合,不能一味地为强调思政教育内容的丰富程度,而应多角度地挖掘思政要素,思政要素过于分散容易影响专业课程体系的完整性和序进性[3]。因此,首先要认识到,教师要身体力行,兢兢业业做好本职工作,把该课程专业知识以最好的教学形式、教学方法传授给学生,提升学生对专业技能的掌握程度,向学生展示高素质的职业规范,这才是专业课程思政教育隐性场域的最好呈现。

(二)教学资源更新重构

课程思政旨在对学生进行知识传授和能力培养的同时,加强大学生价值观的培养,为学生塑造健康、积极和端正的价值观取向，因此在本课程教学大纲中要专门设置思政教育目标，具体可表述为"在专业知识教学过程中，结合对实际物流系统的分析讲解，激发学生的历史责任感、使命感和民族自豪感，理论教学环节注重培育学生崇尚科学、严谨、不畏难、勇于创新的奋斗精神，实训环节注重引导学生形成诚实守信、认真负责、注重效率的职业意识。"基于此目标，在原有的以专业知识为主的课程教学资源的基础上，更新课程标准，建立以影视资料、多媒体课件、图片等多种形式呈现的思政内容教学资源库，并实现两类课程资源的有效对接，构建"专业课程＋思政课程"的完整课程资源体系，为实现全方位育人的总体目标奠定内容基础。

（三）教学设计优化

课程思政不是强行灌输，也不是照本宣科。应结合"物流系统建模与仿真"课程中的专业知识点，充分挖掘其中蕴含的思政要素和德育功能。因此在教学设计中，要采用以下方法对原教学设计进行优化调整。

首先，要充分了解学生的学习特点和学习需求，明确本门课程思政教育的总体要求，以及各章节教学内容中指向的思政要点，围绕政治信念、职业素养、社会主义核心价值观等内容进行教学设计，扩展实际物流系统中的真实案例背景，结合时事讲解教学内容，并根据具体教学需求选择合适的教学实施方案。其次，应加强与学生的互动交流，引导学生主动提出问题，尤其是识别蕴含在相关知识点中的德育元素，并通过对教学内容的自主思考和深入研究，实现对知识点的良性延展，这里宜采用线上和线下相结合的手段，辅以渗透式、引入式等潜移默化的教育方法。最后，建立多元化的学情反馈系统，通过有效采集学生学习情况，并加强课下作业巩固延展，与课堂教学有机结合，形成教育合力，培养学生遵从客观规律，积极发现问题，增强学生创新意识、创新能力和团队协作能力，树立正确的个人操守和职业操守。

（四）将思政纳入教学评价

课程思政的目的是实现全方位育人，强调德育与智育并重。其有效性体现在学生思想政治素质的提升方面，具体表现为是否形成良好的生活学习习惯、是否具有健康的专业伦理和科学素养。因此，可以将学生平时的学习态度、参与团队协作的责任意识、交流互动过程中的主动意识、作业完成的数量和质量、课下知识拓展情况等加入考评环节，以过程性考核评估代替传统的单一结果性考核，对学生做出更科学、客观的全面评价。

四、课程思政建设内容

目前，整个专业的课程思政教学存在着较为严重的"同质化"现象。这种同质化体现在两个方面，一是不同课程、同一课程的不同章节各自提炼出的思政元素存在"同质化"现象，比如"爱岗敬业"这个思政元素，在物流管理专业很多课程中都会涉及，当然从一般角度而言，思政要素只要与合适的专业知识点融合，在教学中体现出来就属于正常现象；二是承载思政元素的教学资源也存在"同质化"现象，不同课程中有时会使用同样的视频、图片或教学案例[4]。以上这些同质化问题并不违背课程思政建设的基本规律，但从教学效果上讲却未必尽如人意，毕竟留给学生的印象往往是同类内容的重复和反复叠加，一定程度上容易造成个别学生不专心、不专注的现象。因此，在考虑课程思政建设内容时，要遵循以下几个原则。

（1）要符合以相关课程构成的课程群思政体系建设目标，厘清本课程的思政内容在课程群思政体系中的地位，避免多课程思政内容同质化。

（2）挖掘思政元素要符合本课程思政目标且易于融入专业知识点。

（3）要充分考虑课程差异，认识到对应专业课程的思政重点，有合理的思政元素遴选方法。

物流管理专业能力培养路线如图16-1所示。"物流系统建模与仿真"课程在整个专业教学计划中，隶属于"战略思维与规划设计能力"主线。在培养目标中，"战略思维与规划设计能力"要求学生具备企业战略思维能力、物流规划设计能力、数据处理分析能力以及科学决策能力，要能够根据实际情况搭建智慧物流体系，要能够自主制订战略思维、规划设计、运营管理、决策分析的一体化解决方案。按上面提及的基本原则，本课程要结合不同能力主线对应的课程群来确定思政建设内容，同时依据与本课程相关的工作岗位能力需求设计学习任务，以任务驱动模块化课程思政内容设计。具体内容构成除基本思政要素外，还可能体现为与课程内容相关的社会热点问题、物流领域的创新创业故事等，通过这些内容来增强学生的社会责任感，鼓励学生用所学技术回报社会。

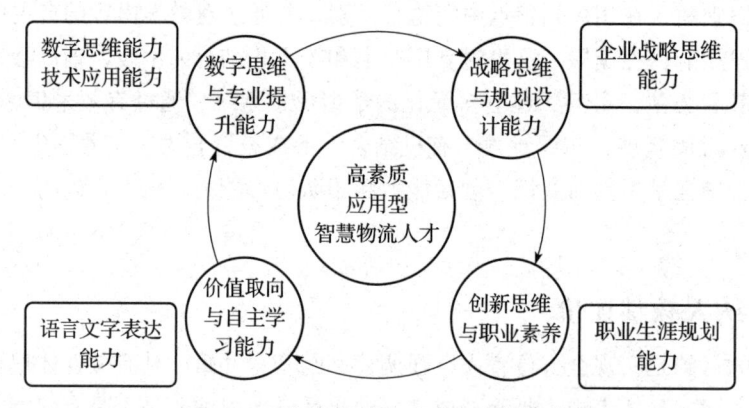

图16-1 物流管理专业能力培养路线

在本课程具体内容的设计过程中，结合新形势下的时代需求，坚持以德为基，智育为主，德智相融，以"厚植家国情怀，践行责任担当，赋能物流业高质量发展"为思政教育主线，将教学内容按项目式管理需求整合为4个模块：基础理论模块、手工仿真模块、方案设计模块、实验操作模块。对应4个模块的思政内容，提炼系统观和全局意识、职业素养、工匠精神、高质量发展、爱国情怀等课程思政内容，充分挖掘思政元素，明确知识目标、能力目标和思政目标，认真打磨教学知识点，将圆满完成专业知识传授作为行为和态度上的第一思政内容，同时将社会主义核心价值观教育贯穿课程教学全过程，有机统一价值引领、知识传授和能力培养，推进全员、全过程、全方位育人，在"润物细无声"的知识学习中，全面提高学生用专业技术解决问题以及缘事析理、明辨是非的能力，让学生成为德才兼备、全面发展的高素质人才[5]。具体思路如图16-2所示。

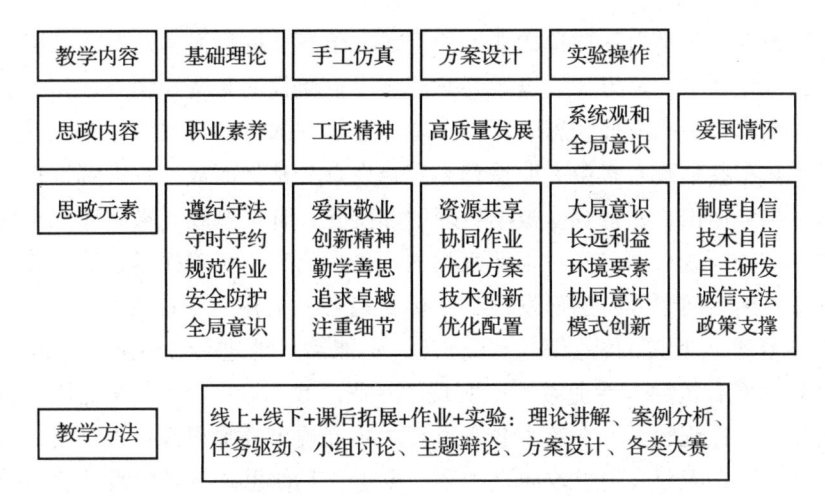

教学内容	基础理论	手工仿真	方案设计	实验操作	
思政内容	职业素养	工匠精神	高质量发展	系统观和全局意识	爱国情怀
思政元素	遵纪守法 守时守约 规范作业 安全防护 全局意识	爱岗敬业 创新精神 勤学善思 追求卓越 注重细节	资源共享 协同作业 优化方案 技术创新 优化配置	大局意识 长远利益 环境要素 协同意识 模式创新	制度自信 技术自信 自主研发 诚信守法 政策支撑
教学方法	线上+线下+课后拓展+作业+实验：理论讲解、案例分析、任务驱动、小组讨论、主题辩论、方案设计、各类大赛				

图 16-2　课程思政总体设计框架

五、课程思政建设实施路径

（一）学情分析

大学时期是青年心智成长的关键时期，在这个时期，学生的知识、能力、道德修养、情感、人生观、世界观、价值观等都在不断成长，初入校门的学生和即将毕业学生的心智成熟程度相差很大，课程思政教学是着眼于学生心智培养和三观塑造的，因此学生的心智成熟程度应该是课程思政教学的一个重要考量因素。本门课程的授课对象是物流管理专业三年级学生，这些学生已经适应了大学的教学环境，学习动机较为清晰，对本专业有一定的认同感，不再像入学初期很多学生一样，把关注点放在专业兴趣上，同时具备系统化的物流管理学科知识基础，他们更关心的问题主要体现在未来职业规划、实践能力培养等方面，具有较高程度的职业意识，对专业行业领域热点也较为关注。因此通过本课程的学情分析，可以确定课程思政教育的重点主题，应该以"行业认知""职业素养""个人发展"为主，这也为下一步的思政元素挖掘和教学资源遴选提供了方向引导。

（二）教学目标与思政元素挖掘

课程思政教学目标是寓思政教育于专业教育这一行动的预期结果，引领着课程思政建设的大方向，是对"培养什么人、怎样培养人、为谁培养人"这一根本问题的解答。《高等学校课程思政建设指导纲要》明确指出："全面推进课程思政建设，就是要寓价值观引导于知识传授和能力培养之中，帮助学生塑造正确的世界观、人生观、价值观，这是人才培养的应有之义，更是必备内容。"由此可以得出，"物流系统建模与仿真"课程思政目标要把能力培养与价值观塑造相统一，以系统观、大局观为基础，将爱国、敬业、诚信、友善等价值准则贯穿教育教学全过程，构建涵盖国家意识、社会价值、个人素养3个方面内容的课程思政体系，即培养学生坚定的理想信念和爱国情怀，培育学生良好的人文素养、职业道德、匠心精神，使之具备较强的专业技术能力和可持续发展能力，为中国特色社会主义事业培养合格的建设者和接班人。

思政要素的挖掘不是简简单单的要素罗列，对于专业课程而言，思政要素兼具专业教育与思政教育双重属性，一方面，思政要素源于专业课程的某些知识点，作为隐性内容深植于专业知识内部；另一方面，思政要素又是专业知识的自然延展和拓深，其分布形态也呈现出多样性。有些思政元素由专业课程内容自发顺势延伸而成，在讲解过程中与专业知识一脉相承，顺势而出，非常容易被学生理解和接受；有些思政元素则体现出明显的个体差异性，往往是教师或根据自身对本课程相关理论的研究与实践探索经历，或结合时代特征、实际场景、热点问题等有感而发，学生接受起来可能有一定的难度。因此在挖掘思政要素时，要注意思政要素的特点和方式方法，不能简单地进行"专业+思政"的生硬融合，要将思政元素有机融入专业教学，实现"专业思政二合一"。首先要认识到最大的思政点就是认真做好课程教学，在整个教学过程中要展现出教师积极负责、精益求精的工作态度，以"身教"作为育人的思政起点和第一要点。其他思政元素的设计要保持与教学目标的高度一致性，同时教师要深入了解思想政治教育的目标任务、主要内容、路径方法，结合世情、国情、民情、舆情，考虑思政要素融入专业教学的实践过程设计，如图16-3所示。

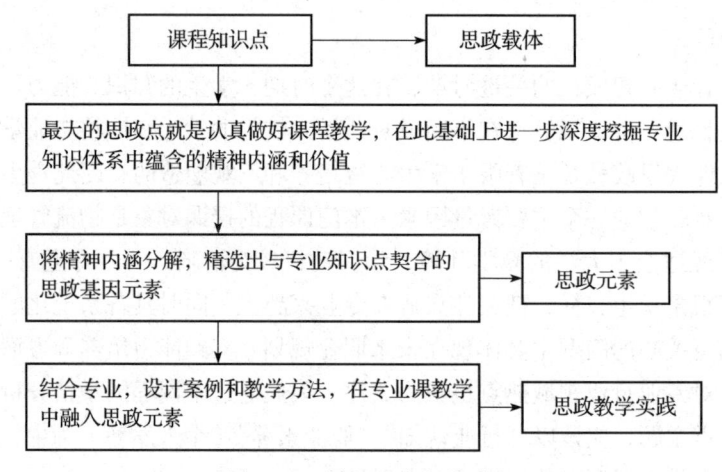

图16-3　课程思政实施路径

（三）教学方法与手段

每个学生都有其特定的知识背景，其学习习惯和对知识的理解和接受能力各不相同，每门课程除理论基础、内容方法外，也有其特有的行业背景，任课教师采用的教学方法与学生、课程内容的适宜程度直接影响着教学效果。这就要求教师在做教学设计时，必须充分考虑到学生的主观能动性，突出"以生为本"的教育理念，改变传统教学模式中单纯的、单方向的知识灌输，针对不同教学内容的特点和学生的学习需求，综合采用研讨式、引导式、体验式等不同教学方法和手段，提高学生的学习热情，增加课程的亲和度[6]。

本门课程教学策略可采用线上与线下相结合的项目式教学模式。具体进行项目式教学时，要根据各模块内容，梳理出能"链动"的知识点，并结合学生学情，鼓励学生利用学习通、智慧树等云平台进行线上自主学习，再结合线下授课、线上线下讨论的混合式教学模式，以学生为中心，实施课前线上自学、课中面授指导、课后网上答疑的全程导学，在教学中穿插相关历史时事热点，凝聚课程思政合力，集价值引领、技能培养、知识传授于一体，系统组织，构建"自主、合作、体验、发展"的教学策略。物流系统仿真需要学生进行大量的实验活动，这部分实训内容以分组方式进行，通过教师布置和小组自主选择实验项目两种方式，小组成员相互配合与协作，共同完成实验项目，一方面培养学生的团队意识和沟通能力，另一方面锻炼学生的项目管理技能，提升专业能力。

（四）课程评价

课程评价要强化学习过程在考核中的重要性，参照课程价值塑造、知识传授、能力培养3个不同维度的目标，进行评价指标的细化和完善，其中思政内容的教学效果更多的是通过学生学习过程反馈出来的，因此在考核指标中要酌情增加平时成绩占比，尤其是在学习过程中体现出的学习态度、学习主动性和积极性等多元因素，再结合学习效果，从质量、数量、参与程度等多个角度对学生进行考核和评价。课程考核指标构成如表16-1所示。

表 16-1　课程考核指标构成

数量指标 10%	质量指标 30%	参与程度 10%	期末考试 50%
线上学习进度 讨论、测试参与次数 考勤	线下作业 实验成绩	课堂互动情况 课下答疑情况	考试成绩

六、结语

专业课"课程思政"教学设计是一项系统工程，需要从教学目标、教学方法、教学评价等多角度进行协调，有序的教学组织决定着"课程思政"教学的整体效果，尤其是考虑到专业课程的关联性，应以专业课程群为基础，建立"课程思政"集体教研制度，变"单一课程的思政建设"为"课程群思政建设+单一课程思政建设"，充分发挥教研室、教学团队、课程组等基层教学组织的作用。同时，要考虑到思政课教师的专业优势，通过搭建思政课程教师与专业课程教师之间的交流合作平台，促进专业课程思政建设的质量提升，使高校的德育工作做到显性教育与隐性教育同向发力，携手并进。

参考文献

[1] 王莉.应用型本科院校课程思政建设研究：以物流信息管理课程为例[J].物流工程与管理，2019，41（10）：162-164.

[2] 韩延慧.《供应链管理》课程中的思政建设研究[J].教育现代化，2020，7（49）：193-196.

[3] 李红卫，王友青."物流信息技术"课程思政探索与实践[J].陕西广播电视大学学报，2020，22（4）：77-80.

[4] 王宁."物流信息技术及应用"课程思政建设与实践[J]. 物流技术, 2022, 41(6): 133-135, 140.
[5] 纪静娜, 严筱.《物流信息技术与应用》的课程教学改革与实践[J]. 物流科技, 2022, 45(2): 173-174, 177.
[6] 郑训臻. 信息技术支持下的课程思政教学模式与实践研究: 以工程力学课程为例[J]. 高等建筑教育, 2023, 32(1): 144-154.

数字化知识管理工具在"信息技术与管理"教学中的应用[一]

◎王坤坤

[摘　要]　"信息技术与管理"作为一门交叉学科性质的课程，教师在教学过程中面临多学科知识融合、跨学科思维培养、课程知识体系建设、管理和维护等一系列问题。基于数字化知识管理工具Obsidian在教学中的应用，可有效整合各学科知识，建立综合的学科知识库，通过双向链接迅速关联课程相关知识点，打通学科间的壁垒，形成知识网络，并可生成可视化知识图谱，提升教师工作效率和教学质量，提高学生的学习兴趣，激发创新思维。因此，引入数字化知识管理工具是现代化教学的重要组成部分，对提高教学质量和效果具有重要作用。

[关键词]　知识管理工具；信息技术与管理教学方法；课程建设

随着信息技术的快速发展，尤其是人工智能、大数据可视化等新兴技术的兴起，教育领域的数字化转型已经成为一种不可逆转的趋势[1]。这种转型不仅是对传统教育方式的简单替代，更是教育理念、教学方法和学习方式的深刻革新。课程教学作为教育改革的核心领域，一直是各级教育机构关注的焦点。数字化教学工具的应用已成为课程教学的一个重要组成部分[2]。在教学中使用数字化工具，不仅能够丰富教学内容，增强学习的吸引力和互动性。还能促进教学方法的创新，为学生提供更加多样化的学习路径。近些年数字化知识管理工具的涌现，为教学带来了诸多积极影响，不仅提高了教学效率和质量，也为学生提供了更加个性化和便捷的学习体验。随着技术的不断发展，这些工具将继续推动教育领域的创新和变革，并成为改革传统教学模式、提升教育质量的重要手段。

一、"信息技术与管理"课程建设及面临的问题

随着社会的不断发展，各国面临的竞争更加激烈，问题更加复杂，必须依靠多个学科的信息、方法和理论促进科技创新和重大问题的解决[3]。多学科融合成为一种发展趋势，交叉学科的知识体系建立以及人才培养越来越被看重[4-6]。交叉学科是指多个学科相互渗透、

[一]　河北经贸大学教学研究项目：新财经教育改革背景下《信息技术与管理》课程知识图谱构建及教学研究（2024JYY15）。

融合形成的新学科[7]。面对新的需求变化，多所高校在学科交叉融合建设及复合型科技创新人才培养模式方面进行了深入探索[8-10]，以打破学科专业壁垒，创新人才培养模式[11]。以河北经贸大学为例，基于新财经教育改革背景，在新财经人才"五维素质能力"培养中提出构建以现代信息技术深入应用为特征的新财经课程体系和知识体系，并在学校多个专业中开设了"信息技术与管理"课程，以增强学生的数据素养和信息技术应用能力[12]。课程要求学生掌握管理信息系统的相关理论、管理信息系统开发过程的步骤和方法，以及项目管理的相关知识，以使学生能够运用相关理论、知识和方法从信息技术的视角寻求解决管理中相关问题的途径，提高学生信息素养和信息思维能力。

本课程是一门具有交叉学科性质的课程，它需要综合运用管理科学、计算机科学、通信技术、系统科学等多门学科的概念和方法[13]。虽然课程建设得到了学校及相关部门的高度重视，但在具体教学过程中仍面临着课程知识体系建设、多学科概念的理解及知识融合、跨学科思维的培养、多学科知识的管理和维护等一系列问题。

首先，"信息技术与管理"课程需要将涉及的多个学科的基本概念、原理等基础知识全部汇集在一门课程中进行讲解，教师不仅需要综合掌握多学科知识，还需要对课程内容持续更新，这对教师知识管理能力提出了挑战。其次，对于交叉学科的教学，需要高度协调和整合各学科之间的知识体系，不仅要求教师在课程设计、教学实施中具备跨学科的知识和能力，还要求学生准确掌握不同学科间的概念、理论和方法，具备综合运用跨学科思维、解决问题的能力。面对以上问题，可用数字化知识管理工具来辅助教学，为"信息技术与管理"的教学提供支持，使教学工作更加高效。

二、数字化知识管理工具介绍

（一）基于双向链接的数字化知识管理工具

20世纪60年代，泰德·尼尔森提出了超文本（hypertext）概念及Xanadu计划[14]，即在信息间建立链接，可直观查看信息的来源，并在不同文本间建立联系。近些年，基于该理念而开发的数字化双向链接（Bi-directional Link）类知识管理工具受到众多知识管理工作者及学者的关注。

双链知识管理工具是一种创新的知识管理工具，它将信息的记录与链接相结合，构建出立体的知识网络。使用者不仅可以在软件中记录相关内容，还可以创建链接，并与其他相关内容建立联系。这种方式不仅方便了信息的记录和查询，更有助于发现知识之间的关联。

（二）Obsidian数字化知识管理工具

在已有软件中，Obsidian是一款优秀的知识管理软件，由滑铁卢大学Shida Li和Erica Xu开发[15]。它基于本地文件系统，允许用户创建、管理和链接他们的知识，具有强大的搜索和过滤功能，支持插件扩展，支持关键词的双向链接功能，可形成精美的知识图谱，且核心功能免费使用。表17-1列出了Obsidian软件的主要特性。借助Obsidian数字化知识管理工具，可有效解决"信息技术与管理"课程教学过程中面临的相关问题，为教师教学提供帮助，并提升学生学习效率。下面将以 Obsidian 为例，介绍其在"信息技术与管理"课程教学中的应用。

表 17-1　Obsidian 软件的主要特性

运行平台	文本格式	费用	双向链接	文件存储	插件
Windows, Mac OS, Android, iOS 等	Markdown	核心功能免费	支持	本地＋网络	插件市场

三、Obsidian 在"信息技术与管理"课程教学中的应用

（一）建立树状结构的教学内容

Obsidian 软件可在官网（https://obsidian.md/download）下载，根据自己的操作系统选择合适的版本进行安装。安装完成后，启动 Obsidian，软件左边栏有"新建白板""关系图谱""快速切换"等选项；在左侧目录面板上有"新建笔记""新建文件夹""排序"等选项。首先在本地硬盘创建"信息技术与管理"课程笔记库（vault），与课程相关的内容全部放置在此文件夹下。

Obsidian 的文件系统使用的是基于操作系统的文件夹管理方式，单击"新建笔记"按钮开始整理课程内容，例如，可将"信息技术与管理"课程大纲及教案按照一定的章节进行排列。文档结构呈树状展示，位于界面左侧，如图 17-1 所示。可根据"信息技术与管理"课程的特点，将涉及的不同学科间的知识进行分类整理，使文件夹和文件的组织更加清晰，并将课程所有文档放到同一个知识库中，使教师或学生快速了解课程全貌，方便知识点的查找、复习与回顾。另外，还可根据课程需要，随时在树状结构中添加、删除内容，对原有课程结构进行梳理，形成更加严谨的逻辑结构。例如，"信息技术与管理"课程教学大纲修改后，可及时对课程知识库中的文档结构或内容进行调整，使课程库的内容和新大纲匹配。总之，Obsidian 软件的树状结构非常有利于对课程库中的内容进行记录、整理、查找、修改、展示和管理。

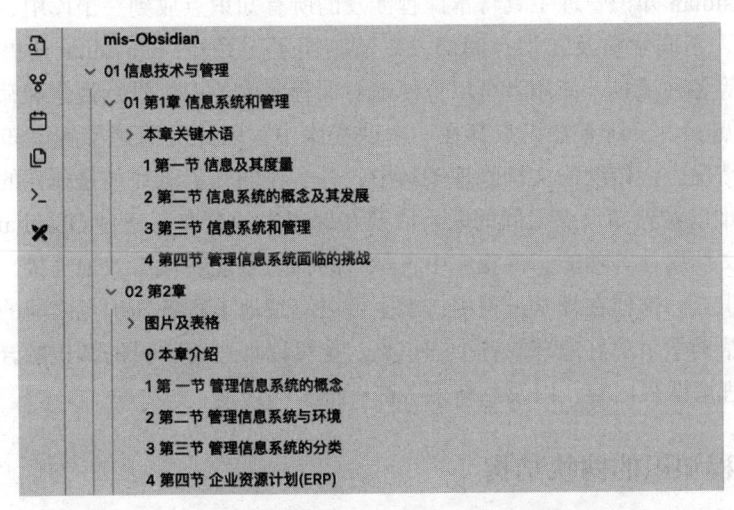

图 17-1　"信息技术与管理"课程知识库文档结构界面

（二）对课程重点内容建立双向链接

由于"信息技术与管理"课程涵盖多个学科的知识点，要求学生必须具备多个领域的基础知识，才能学好这门课程。但对于学生来说，通常他们在某一领域或多个领域内的知识储备是不足的，这无疑使得他们在理解和掌握课程内容时有一定的困难。同时，交叉学科的复杂性也给教师的教学带来了一定的挑战，教师需要将多方面的知识融入一门课程，并将各个知识点形成一个完整体系讲授给学生。由于 Obsidian 软件具有双向链接功能，当在原文档中引用或者提及某一概念时，可通过这个概念的链接指向另一个文档，同时还能从被链接的文档返回到原始文档。这种链接方式可以使信息的管理和查询更加方便，提高信息组织和检索的效率，有效打通知识间的连接，同时每个链接页面还可添加相关内容。

以"信息技术与管理"课程库为例，在编辑课程教学内容过程时，对于涉及的重点概念、原理、方法等内容，使用双中括号将内容括起来（例如"[[重要概念]]"），则软件会创建一个基于此概念的链接，新创建的"[[重要概念]]"页面就和原内容产生了关联（双向链接），并可通过关系图谱查看两者的链接关系。例如，可通过链接进入其他章节中查看该知识点，学生通过对比某一知识点在不同内容中的使用情况，将会更加全面深刻地理解该知识点。另外，根据课程需要，将涉及的每一个关键概念、理论或者方法，建立一个单独的文本页面，在页面中对相关的概念、理论或者方法进行详细的注释，当学生需要了解相关知识点时，只需要单击链接，即可进入对应的页面，并且在查看相关内容后，通过链接快速回到原有的知识体系中，这不仅快速补充了知识盲区，还减少了学习中断问题，保证了学习的连续性，提升了学习效果。双向链接不仅能查看链接关系和页面的详细内容，还可以通过双向链接的引用关系，查看某一知识点在课程库其他章节的使用情况，学生可根据双向链接对某一知识点的引用数量来判断该知识点的重要程度。

（三）打通课程知识点间的壁垒

从交叉学科的定义可以看出，"信息技术与管理"这类课程更多地强调学科间的相互渗透、融合。Obsidian 知识管理工具将本课程涉及的所有知识点放到一个库中，并以树状结构进行有序排列，不同学科及知识点间的关系清晰明了。另外，Obsidian 还提供了搜索、标签、文档属性等各种工具，使用者可以方便地对课程库中的内容进行搜索和筛选，从而快速找到所需知识点。由于所有知识点都在一个课程库中，因此可清楚了解该知识点在课程知识库中的分布情况。在传统的文档管理工具中，各学科的知识点往往是孤立的，这使得学生在学习时往往难以看到知识点之间的联系以及在课程中的分布。通过 Obsidian 的双向链接、搜索、标签、文档属性等功能，课程库中各学科的知识点能够被有效地连接，学生可以全面地查看每个知识点。这样在教学过程中，学生可以清楚地了解各知识点之间的联系和分布情况。不仅可以帮助学生更好地理解各个知识点，也可以促进跨学科的知识融合，对于提高学习效率、深入理解课程内容，以及创新思考都有很大的帮助。

（四）建立课程知识的网状结构

对于学生来说，学习和掌握"信息技术与管理"课程库内的知识要点是基本要求，

Obsidian 课程库给学生提供了课程知识体系框架，为学生学习该课程提供了依据和基础。面对社会的快速发展和不断变化，学生仅具有基础知识是不够的，仅具有知识基础无法适应社会对人才的需求，特别是在面临复杂和不确定的问题时，学生需要有创新思维。如何在课程教授过程中培养学生的创新意识呢？Obsidian 课程知识库可激发学生的创新思维。无论是传统的知识书籍还是电子文档工具，它们给学生提供的知识都是线性的结构，实际上知识并非线性和孤立的，而是一个网状的结构，线性结构很难激发学生去做更多的思考和创新。虽然表面上"信息技术与管理"课程在 Obsidian 中构建的知识是一种树状结构，但通过 Obsidian 的双向链接功能，知识点间相互链接，形成了一种网状结构。这种知识结构打破了线性思维的约束，不仅能够有效扩充已有知识面，更能激发学生的好奇心和探索欲望，可为学生提供从不同角度看待问题的视角，帮助学生找到知识点之间的联系，增强其思考能力，从而激发他们的创新思维，促进新想法和见解的提出。因此，通过 Obsidian 构建的课程网状知识结构，对于培养有创新意识的学生，让学生适应未来社会的发展具有重要的价值和意义。

（五）辅助更新课程内容

"信息技术与管理"课程涉及的各个学科的知识是不断发展和更新的，尤其是信息技术，新的技术、理论不断涌现，大量的课程内容需要任课教师及时更新，以保证课程内容的时代性、新颖性及社会对学生知识结构的最新要求。在使用传统文档工具时，如果要修改某一知识点，需要通过查找并逐个修改与该知识点相关的内容，费时费力。而在使用 Obsidian 来管理"信息技术与管理"课程库时，当某个知识点需要更新或修改时，即使这个知识点在多处被引用，教师也只需要在课程库中修改一次，所有引用了这个知识点的文档都会自动更新。这就避免了大量文本的手动修改，大大减少了教师的工作量，教师可以将更多的精力放在教学内容的优化和提升上，而不是放在重复的工作上，从而提高教学效率和质量。同时，这也保证了知识点的一致性，避免了因为手动修改导致的信息不一致等问题。

（六）建立课程可视化知识图谱

在建设"信息技术与管理"课程库的过程中，教师对重要的概念、理论和方法使用双括号建立了一个链接的节点，这些节点并不是孤立的，而是通过双向链接建立了相互连接的关系，通过在软件中单击"查看关系图谱"按钮，可快速生成可视化的知识图谱，帮助学生以可视化的方式看到各个知识点之间的关联，提供了一个全局视野，学生能够从更高的角度来理解整个课程的内容。Obsidian 还会根据课程库中各个知识点的链接关系形成一定的"聚类"效应，如图 17-2 所示，这种效应在可视化界面上表现为一组紧密相连的节点，这些节点之间的链接关系比其他节点间的链接关系更为紧密。用户可以根据"聚类"效应来分析课程内容、查看重要知识点。另外，视觉化的知识图谱更容易引发学生的兴趣，还可增强学生的记忆力，更好地帮助学生记住知识点，提高学习效率。总之，基于 Obsidian 形成的课程可视化知识图谱可以让学生从一个更广阔的视角看到这些知识点之间的关联，从而更好地理解和掌握交叉学科涉及的复杂知识体系。

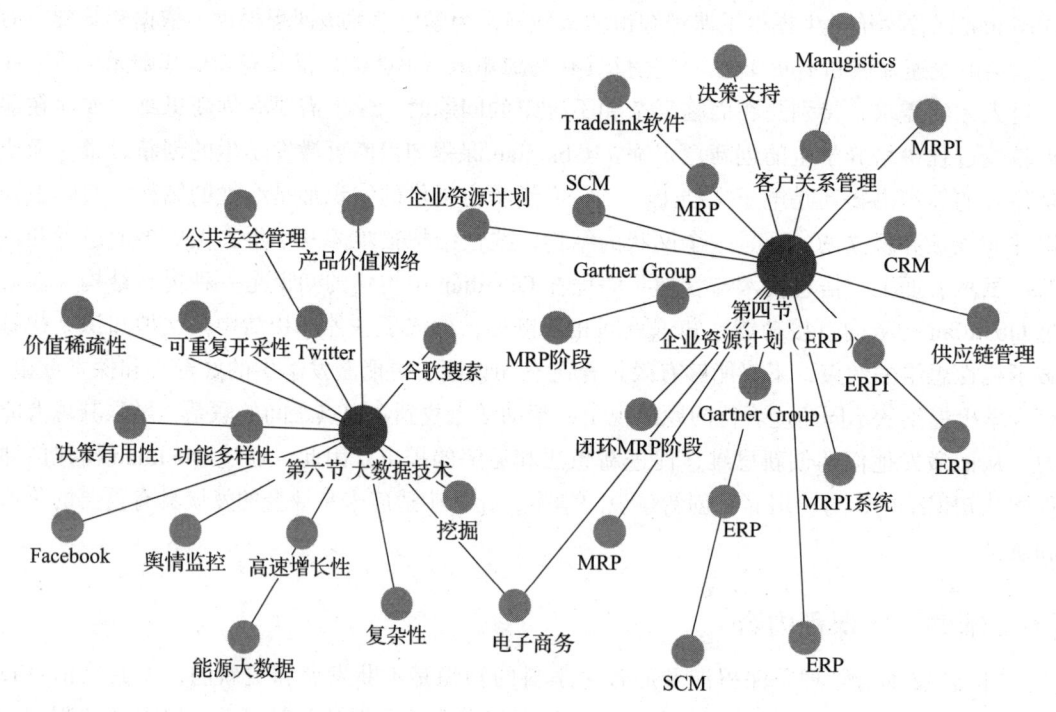

图 17-2 "信息技术与管理"课程可视化图谱

(七) 课程内容本地化管理

基于 Obsidian 的优势以及"信息技术与管理"的课程要求，教师可以建立一个完整的课程知识库，且包含课程涉及的所有知识点，不仅能够有效整合课程所涉及的不同学科的知识，还便于知识的归类和整理。Obsidian 课程库中的所有数据都存储在本地设备上，既保证了用户对数据的完全掌控权，又提高了信息的安全性。此外，Obsidian 的本地化存储特性为信息共享提供了便利，教师可以通过简单的拷贝等方式，将课程数据库的所有内容分享给相关的任课教师或者学生，这不仅方便了教学资源的共享，也使得课程内容的传播更加高效和准确。课程数据库中的所有内容都是基于 Markdown 格式的，这使得课程数据库的内容可以被其他工具软件方便地读取。Obsidian 工具支持在 Windows、Mac OS 和 Linux 平台上运行，还支持 Android 及 iOS 系统，保证了课程数据库在多种设备上的使用。以上特性保证了课程数据库的延续性和可靠性，使得信息的存储和传播不再依赖于特定的软件环境，大大提高了信息的通用性和可控性。

(八) 定制化课程库

除以上应用以外，Obsidian 还提供了丰富的可定制化选项，供教师对课程库中的内容进行编辑和定制化。例如，Obsidian 支持 Markdown 语法格式的文本编辑，可方便地对文本进行高亮、加粗、斜体等操作。支持创建模板，教师可根据自己的需求定制化笔记模板，并从模板中新建笔记。还可通过在页面中添加标签，更好地组织和搜索课程相关内容。"信息技术与管理"课程中涉及部分代码和数学公式，Obsidian 支持在页面中插入代码块及 LaTeX 数学公式。此外，Obsidian 提供了丰富的插件，教师可根据需要添加相应功能。Obsidian 丰富的功能及高度的定制化为课程库的建设提供了一种灵活且高效的解决方案，从而使得每个教师都可以根据自己特定的使用场景和偏好来定制课程库。

四、结语

数字化知识管理工具 Obsidian 可以帮助教师更好地整合、归纳不同学科之间的知识，将"信息技术与管理"课程中涉及的所有内容存放到同一个课程知识库中，形成完整的课程知识体系，以便随时调取知识库中的知识点，查看课程内容。双向链接提供了一种可以快速链接不同学科间知识点的方式，可便捷地探索不同学科间的联系，打通了交叉学科间的壁垒，形成了知识的网状结构，不仅可以帮助学生更好地记忆和回顾已学内容，还可帮助学生发现与在学内容相关的其他内容，有效扩充已有知识面，并促进新想法的产生。双向链接知识管理工具在链接不同概念、理论和方法的基础上生成的可视化知识图谱可帮助学生在更广阔的视角下查看不同知识点间的关联，从而对"信息技术与管理"课程形成更全面的认知。Obsidian 作为一款强大的知识管理工具，其本地化存储、方便的数据管理、支持 Markdown 格式、跨平台运行、支持双向链接、生成知识图谱、可定制化等特性都使其在交叉学科课程教学中有着广泛的应用前景。

教师应该与时俱进，跟上时代的步伐，积极拥抱新科技，并适时地将新兴技术引入自己的教学工作流程。由 Obsidian 在"信息技术与管理"课程教学中的使用可以看出，数字化教学工具能够提供更丰富、更直观的教学内容，帮助教师进行个性化教学，不仅能使教师的教学更加有效，还能给学生提供个性化的学习体验，提高学生的学习兴趣，激发学生的创新思维。因此，无论从何种角度看，引入数字化教学工具都是现代化教学的重要组成部分，对提高教学质量和效果具有重要作用。

参考文献

[1] BIRHANE A, KASIRZADEH A, LESLIE D, et al. Science in the age of large language models [J]. Nature Reviews Physics, 2023, 5(5): 277-280.

[2] 刘明, 吴忠明, 廖剑, 等. 大语言模型的教育应用：原理、现状与挑战：从轻量级 BERT 到对话式 ChatGPT [J]. 现代教育技术, 2023, 33（8）：19-28.

[3] LEDFORD H. How to solve the world's biggest problems [J]. Nature, 2015, 525(7569): 308-311.

[4] ANTHONY L J, PALIUS M F, MAHER C A, et al. Using discourse analysis to study a cross-disciplinary learning community: insights from an IGERT training program [J]. Journal of Engineering Education, 2007, 96(2): 141-156.

[5] SANTILLAN-JIMENEZ E, PARKER J, MABISI K, et al. Description, assessment, and outcomes of three initial interventions within a national science foundation research traineeship (NRT): onboarding event, career exploration symposium, and multidisciplinary introductory course [J]. 2021 ASEE Virtual

Annual Conference, 2021.

[6] 黄巨臣. 联合学位：日本研究生国际化培养机制的改革实践及启示 [J]. 高教探索，2018（4）：45-51.

[7] 李立国. 国家发展与交叉学科建设的新使命 [J]. 北京社会科学，2023（1）：87-90.

[8] 袁广林. 新科技革命与交叉学科专业设置：兼论新一轮学科专业目录调整的方向 [J]. 研究生教育研究，2021（5）：1-8.

[9] 范涛，宋英华，梁传杰. 高校学科交叉的探索与实践：以武汉理工大学公共安全与应急管理学科为例 [J]. 学位与研究生教育，2018（9）：32-38.

[10] 祁红梅，宋晓刚. "新财经"背景下管理科学与工程学科创新发展路径研究 [J]. 河北经贸大学学报（综合版），2022，22（2）：38-44.

[11] 王传毅. 优化顶层设计 分类推进交叉学科建设 [J]. 北京社会科学，2023（1）：102-105.

[12] 赵霞，王琦. 新财经人才培养教学体系创新与实践 [J]. 河北经贸大学学报（综合版），2022，22（3）：73-80.

[13] 黄梯云，李一军，叶强. 管理信息系统 [M]. 7版. 北京：高等教育出版社，2019.

[14] WOLF G. The curse of xanadu [J]. Wired, 1995, 3(6): 137.

[15] 刘卉萌，李瑞，王予童，等. 双链笔记软件在突发公共卫生事件流行病学调查报告分析中的应用 [J]. 中国医院统计，2023，30（1）：59-63，70.

基于MOOC的混合式教学模式构建[一]

◎ 郭立硕

[摘 要] 随着新财经、互联网技术和数字化升级的迅猛发展,传统教育模式面临着许多挑战和改变。首先,本文分析了传统教学模式存在的不足,如缺乏互动和个性化的学习体验。其次,介绍了基于中国大学慕课(MOOC)的混合式教学模式的优势,如提供更灵活、更个性化的学习方式等。再次,构建了传统教学和MOOC相结合的混合式教学模式框架,总结了混合式教学活动和混合式教学评价的实施操作要点。通过列举混合式教学模式的实践案例,展示了该模式在不同教育领域的应用和取得的成效。最后,总结了混合式教学模式的重要性和未来发展趋势,强调了其在满足学生个性化需求和提升教育质量方面的潜力。

[关键词] 传统教学;MOOC;混合式教学

随着互联网、大数据、人工智能的发展,高校也迎来了新的改革,就新财经类高校而言,要借助数字化改造升级技术,以提升人才培养质量、优化人才培养体系、培养特色创新型人才为目标[1]。新财经行业以创新为核心,需要具备创造性思维和行动能力的人才。在新的经济形势下,传统的教育模式往往无法培养学生的创新能力和市场洞察力,因此需要通过创新的教学模式来激发学生的创新潜能[2]。此外,新财经行业需要具备金融、技术、数据分析等多方面能力的人才,要能够应对快速变化的市场和技术环境。新财经行业对人才的学习能力和适应能力提出了更高的要求。融入互联网、人工智能等新型技术的新财经行业具有知识和技术更新迅速的特点,需要人才具备持续学习和自我提升的能力。传统的教育模式往往只注重知识的传授和应试能力的培养,无法满足新财经行业对个人能力的要求。

综上所述,新财经行业的教育需要更加注重人才培养的多样化和专业化,强调对创新和创业意识的培养,以及提高学生的终身学习能力和适应能力。为了满足这些需求,混合式教学模式的应用可以提供更灵活、多样化的教育方式,使学生更好地适应新财经行业的发展和变化。

一、传统课堂教学的不足

传统课堂教学是指教师在教室内面对面地授课,学生通过听讲和讨论等方式获取知识。在传统课堂教学中,学生主要依赖教师的口头讲解,缺乏个性化、互动性的学习体验,存在

[一] 河北经贸大学教学研究项目:《"嵌入式"教学在〈工程经济学〉课程中的应用探究》(2024JYQ07)。

教学资源不足的局限性[3]。传统课堂教学难以适应现代教育的发展需求，教育改革需要引入更多灵活、多元的教学模式，以提升学生的学习效果和综合素质。传统课堂教学的不足主要体现在以下几方面。

（一）个性化教学不足

在传统课堂教学模式中，教师根据统一的课程标准和进度进行授课，难以兼顾学生的个体差异。每个学生的学习能力、兴趣和基础不同，传统课堂教学往往无法为每个学生提供个性化的学习方案。

（二）互动参与有限

传统课堂以教师讲授为主，学生被动接受知识，互动形式单一。这种单向输出模式容易使学生感到枯燥，缺乏主动参与的机会，导致学习效率下降。

（三）教学方式单一

随着科技的发展，学生接触信息的渠道更加广泛，但传统课堂教学未能充分利用多媒体、网络等现代技术手段，教学方式相对单一，难以激发学生的学习兴趣和创新思维。

二、混合式教学模式的优势

混合式教学模式是通过融合传统课堂教学和在线学习，以及利用多媒体技术来促进学生学习的教学模式，是一种以互联网信息技术为媒介的线上和线下教学相结合的教学方法。混合式教学将同步和异步学习相结合，以最大程度地发挥各自的优势，提供更灵活、更个性化的学习方式。

在混合式教学中，同步学习通常是指面对面的课堂教学或实时在线会议，而异步学习则是通过在线课程、视频、论坛讨论等方式进行学习，学生可以根据自己的时间和节奏进行学习。通过混合式教学，学生可以在同步学习中与教师和同学进行实时互动，解决问题，及时获得反馈。而异步学习则允许学生按照自己的节奏学习，重复学习内容、深入思考问题，并且可以随时回顾和复习学习材料。同时，混合式教学模式也提供了更多的学习资源和工具，例如在线视频、模拟实验、虚拟实践等，可以丰富学习体验，满足不同学生的学习需求和学习风格。这种教学模式增强了学生的自主学习能力和解决问题的能力，同时也提高了教学效率和教学质量。同时，这种模式能提供更灵活的教学环境和更好的体验式学习机会，提高学生信息和资源的可用性和丰富性，并通过更多的互动和协作机会吸引和激励学生[4]。

（一）混合式教学模式线上教学实施

1. 选择合适的在线学习平台

选择功能齐全、易于使用的在线学习平台，能提供学生在线学习所需的各种资源和工具，例如在线课件、教学视频、讨论论坛等。

2. 设计多样化的学习活动

通过在线学习平台，设计多样化的学习活动，包括观看教学视频、参与在线讨论、完成在线作业等，以激发学生的学习兴趣和主动性。

3. 提供灵活的学习时间

在线学习可以提供更加灵活的学习时间，学生可以根据自己的时间安排进行学习，同时也可以根据自己的学习进度进行复习和巩固。

4. 提供即时的学习反馈

通过在线学习平台，教师可以即时了解学生的学习情况，及时给予学习反馈和指导，帮助学生解决学习中的问题。

（二）混合式教学模式线下教学实施

1. 合理安排面对面教学的时间

在混合式教学中，面对面教学的时间也需要合理安排。可以将面对面教学的时间用于讲解复杂概念、进行实践操作、展示学生作品等活动，以提高学生的实践能力和团队合作能力。

2. 激发学生的参与和互动

在混合式教学中，教师应积极激发学生的参与和互动，可以采用小组讨论、案例分析、角色扮演等形式，促进学生之间的交流和合作。

3. 提供实时的问题解答和辅导

在混合式教学中，教师可以实时解答学生的问题，提供单独辅导，帮助学生理解和应用所学知识。

4. 组织实践活动和实地考察

混合式教学可以组织实践活动和实地考察，让学生亲身体验和应用所学知识，增强学习的实际效果。

通过线上和线下教学的有机结合，学生可以在线上进行基础知识的学习和自主学习，同时，通过线下教学的互动和实践活动，提高自身的应用能力和团队合作能力。同时，教师可以根据学生的学习情况进行及时的反馈和指导，以增强教学效果。

三、混合式教学模式的构建

混合式教学模式包含同步和异步学习工具，提供了以最优方式安排有效学习过程的可能性。

MOOC 平台是以互联网信息技术为媒介的学习平台之一。MOOC 平台涵盖全国 800 多所高校的计算机、外语、理学、工学、农学等各个专业的国家级精品课程、省级精品课程。MOOC 平台的每门课程都设有单元测验、章节练习、专门的讨论区，开课老师也时常上线为学生答疑。MOOC 平台的开放使得学生可以根据自己的兴趣和需求，在任何时间、任何地点通过网络访问这些课程资源、观看视频、参与讨论、完成作业和测验等。MOOC 平台具有丰富的课程视频、课程讲义、单元测验、案例分析等教学资源，MOOC 平台突破了时间和空间的限制，可以在线交流和评估，不需要自建线上资源数据库，为构建混合式教学模式提供了强有力的线上平台支撑。

混合式教学模式可以将传统课堂和 MOOC 在线模式相结合，充分利用 MOOC 平台的资源，与传统教学模式融合，便于学生消化吸收所学知识。"混合"是学习环境的"混合"，是教学活动、教学评价的"混合"，也是线上教学和线下教学的"混合"[5]。混合式教学模式可以从教学目标、教学活动和教学评价等方面进行混合式教学模式设计[6-7]。设计流程如图 18-1 所示。

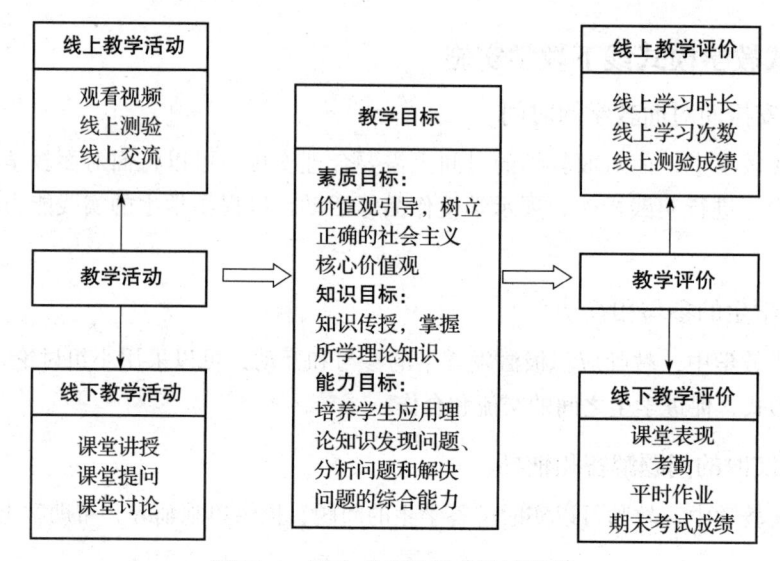

图 18-1 混合式教学模式设计流程

（一）混合式教学活动

就教学活动的混合而言，混合式教学活动的设计可以分为课前、课堂和课后教学 3 个部分：课前教学主要利用 MOOC 平台的线上课程资源；课堂教学主要是对知识点的梳理、划分；课后教学主要是巩固复习，用线上和线下结合的形式进行，可安排线上、线下的答疑交流。

1. 设置课前线上导学

课前线上导学是混合式教学实施的首要环节，课前学生通过教师分享的线上 MOOC 资源进行自主学习。教师课前在教学 MOOC 平台上发布本次课程的相关资源，布置学习任务，督促学生做好课前预习工作，利用 MOOC 平台工具统计学生学习时长、学习次数、任务完成情况，作为考查学生平时成绩的依据。

2. 线下面对面课堂教学

面对面课堂教学活动包括对课程知识点进行梳理、划分等，针对知识的难易程度来进行课程设计，采取不同的教学互动方法并分配课堂教学的时间。对于易于理解的知识点，以学生线上课外自学为主，线下课堂可以采取翻转课堂等教学手段检验学生的学习效果；对于中等难度的知识点，线上采取任务驱动式教学，让学生通过完成任务发现问题，教师根据问题采取思维引导式等教学方法，逐步突破各个知识点；对于难以掌握的知识点，线上采取主题讨论式教学，分小组布置任务，线下课堂教师重点讲解，提炼难点。

3. 课后线上巩固复习

在课后线上巩固复习环节，学生根据自己的学习情况，对所学的知识点、重点、难点和薄弱环节进行归纳、总结，以便进一步巩固所学知识。教师应综合学生的课堂预测、课堂表现、总结报告，制定测试任务课题（小论文、PPT汇报等），并安排线上、线下的答疑交流。线上答疑时，学生可以灵活选择MOOC平台或其他方式随时随地提出问题；线下答疑时，教师在教室课堂实施面对面的整体答疑。

混合式教学模式的成功实施需要教师和学生的共同努力。教师需要熟悉并掌握相关的技术和教学设计方法，同时要积极参与学生的学习过程，提供指导和反馈。学生则需要主动参与学习，积极利用在线平台进行学习和交流。此外，还需要提供良好的网络环境和技术支持。

（二）混合式教学评价与考核

就教学评价的混合而言，混合式教学评价可以从线上和线下两个维度进行评估。线上教学评价可利用MOOC平台统计信息反馈每个学生的学习状况，主要关注以下几个方面。

（1）学生参与度。线上教学主要依靠学生主动参与，可以通过评估学生在在线讨论、小组合作、测验等环节中的参与度来衡量教学效果。例如，可以评价学生在论坛上的发言次数和质量，在小组合作项目中的合作度等。

（2）学习成果。线上教学的学习成果可以通过评估学生完成的在线作业、测验和考试成绩来判断。可以结合学生的平均得分、答案正确率等指标来评价学生的学习效果。

（3）学习效果。线上教学还可以通过评估学生的学习能力来进行评价，如学生对于学习内容的掌握程度、解决问题的能力、思维能力的提升等。可以通过个性化反馈、课堂表现与互动等方式来了解学生的学习效果。

线下教学成效可通过师生互动、学生课堂表现、测验成绩等方面反映，主要关注以下几个方面。

（1）互动参与度。在线下教学中，教师和学生之间的面对面交流和互动更为直接，可以通过评估学生在课堂上提问、回答问题的积极性，参与小组讨论的积极性等来评价学生的参与度和互动情况。

（2）课堂表现。可以通过评估学生理论练习的准确性、实训操作的规范性、课堂提问表现等考查学生的知识掌握程度、回答问题的深度和准确性。

（3）测验成绩和项目实践。通过学生期末考试作答和项目实践模拟，评价学生对知识的理解和运用能力。可以考查学生的综合能力、创造性思维以及解决问题的实践能力。

总的来讲，线上教学评价和线下教学评价都可以反映学生的自主学习能力（学习态度、学习主动性、互动参与度）、学习成效（课堂表现、测验成绩、学习成果），如图18-2所示。

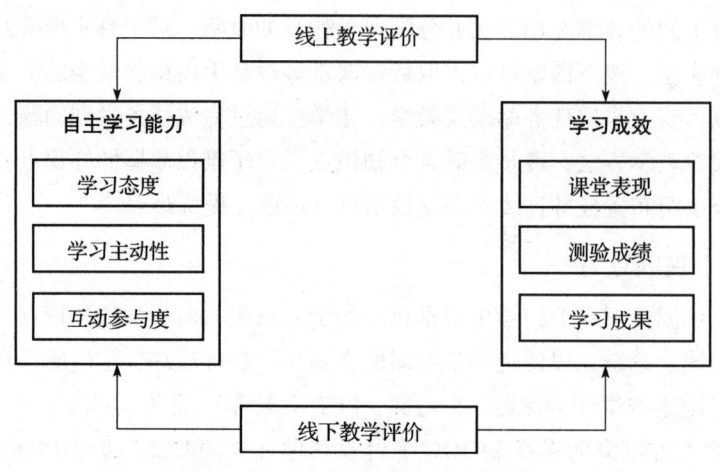

图 18-2　线上与线下教学评价设计

四、混合式教学模式案例

某双一流大学"技术经济学"课程获批校级线上线下混合式一流课程。课程内容包含三大模块：第一，技术经济学理论模块；第二，技术经济学案例讨论模块；第三，技术创新创业项目实践模块。课程由技术经济学线上 MOOC 平台、技术经济学线下课程案例讨论模块、创新创业项目线下实践模块组成，三大模块协同实现专业知识到实践能力的应用转化，不断提高学生技术创新创业项目的培育能力。

（一）课程目标

课程通过线上理论知识体系的学习，线下技术创新项目的案例讨论、实践应用指导，为全校本科生提供满足不同层面的学生需求的课程内容，课程教学的目标如下。

1. 素质目标

将知识传授与价值观引导相结合，通过"技术经济学"课程学习与课程思政的协同效应，培养学生家国情怀、使命担当、诚实守信、追求卓越的优秀品格。

2. 知识目标

"技术经济学"是自然科学和社会科学的交叉学科课程，课程目标是寻找技术和经济的最佳结合路径，提升技术资源的配置与可持续利用效率。线上理论学习使学生具备对创业项目进行综合分析评价的基本理论功底，培养学生分析解决实际商业问题的能力以及领导力、创新精神和社会责任感。线下典型创新创业项目案例的分析培养学生运用定性和定量分析相结合的方法对创新创业项目进行技术评价、经济评价和可持续发展评价的能力，提升学生创新创业项目孵化的成功率。

3. 能力目标

课程通过对技术经济基本理论和方法的深入讲解，夯实理论基础；引入该学科前沿理论发展和行业现象，为学生打开新视野，激发学生探索学科行业新知识、新技术、新成果的主动性；采用案例教学法，引入现实中不同类型的典型创新创业项目，引导学生对理论与方法的综合应用。最终形成以理论为指导、方法为工具、前沿为引领、实践为落脚的循序渐进式教学体系，培养学生应用理论知识发现问题、分析问题和解决问题的综合能力，提高学生发现市场机会的能力，使学生能利用所学理论进行创新创业项目孵化、项目参赛、项目计划与组织、项目风险的分析。

（二）课程运行

课程建设团队组成符合"传帮带"的结构设置，由两位主讲教师（教授与副教授），一位助教（青年博士）组成。主讲教师负责线下课堂的教学活动，如讲解概念、示范实验或分析案例等，可以通过面对面的教学和互动，帮助学生理解和掌握知识。同时，还可以利用在线平台提供课程资料、作业和练习题等，以便学生在课后进行深入学习和巩固。助教协助主讲教师管理在线平台，通过线上平台或QQ等社交软件解答学生的问题，并提供学习指导和反馈。助教组织和推动学生之间的互动和合作，促进学习社群的形成。通过与学生的密切互动，可以更好地了解学生的学习情况和需求，及时调整教学策略，提供个性化的学习支持。

（三）课程成绩

1. 成绩评定方式

线上：采用MOOC平台进行成绩与学分的认定，占总成绩的40%。线下：理论课程占总成绩的20%；项目孵化、路演占40%。成绩组成如图18-3所示。

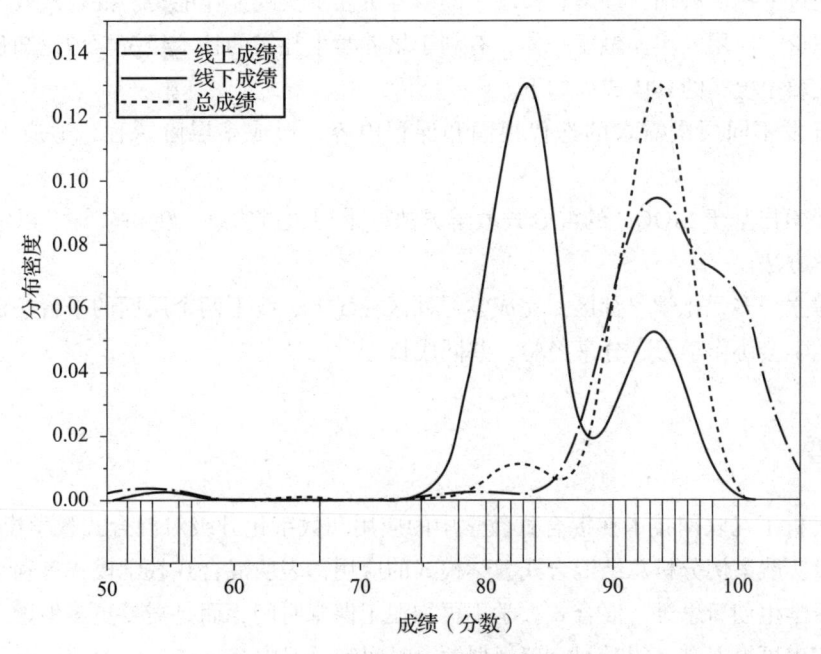

图18-3 混合式教学成绩组成分布

2. 成绩考核结果

MOOC平台数据显示，某一学年秋季学期"技术经济学SPOC"选课人数共计194人，选课学生来自全校近 20 个学院。161 人观看了学习视频，视频累计观看次数 4 260 次，累计观看时长 532.75h，平均每人观看 3.31h。参加期末考试并提交成绩共计 151 人，成绩达到优秀（90～100 分）的有 27.16%，成绩达到良好（80～89 分）的有 67.9%，成绩达到合格（60～79）的有 3.7%；成绩不合格（60 分以下）的有 1.24%。总体上，成绩合格通过率达 98.76%，成绩优秀率为 88.7%。成绩占比分布如图 18-4 所示。

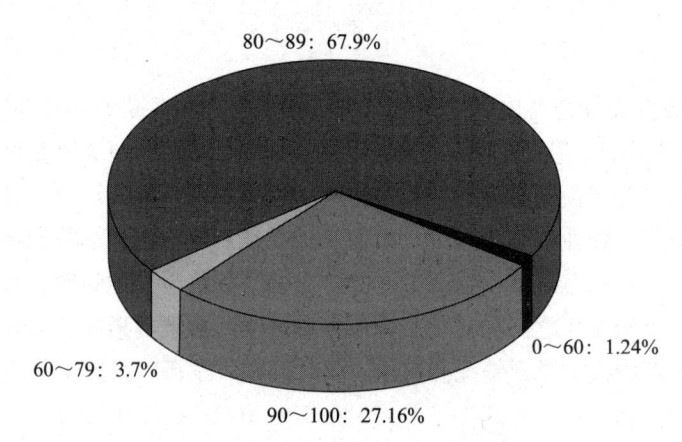

图 18-4 混合式教学成绩占比分布

（四）案例总结

总体来看，"技术经济学"模块一的内容偏重理论基础和理论方法；模块二的内容更注重应用，通过案例讲解加深理解；模块三的内容更注重实践操作能力。混合式教学模式更加灵活，将理论、应用、实操融于一体，有利于培养学生扎实的技术经济学理论知识和实践能力。混合式教学模式的具体成果如下。

（1）开发不同层次需求的迭代视频和课程内容，形成多层阶课程，适应不同起点的学生。

（2）探索出基于 MOOC 的混合式教学方法，采用边讲边练、生讲生评、以练代讲的翻转课堂教学方法。

（3）建立了多元化学习社区，完成学习社区在线上、线下两个层面的平台搭建和功能覆盖，使学生学会协作学习，分享经验，共同成长。

五、结语

本文浅析了互联网技术在混合式教学中的应用和数字化升级对混合式教学模式的影响。同时，通过实践案例分析总结混合式教学模式的应用，表明混合式教学模式有利于增强学习效果、培养学生创新思维。混合式教学不再拘泥于课堂时间，而是需要更多地融入学生的自主学习，学生可根据自己的时间合理规划学习时间和学习内容。

未来混合式教学模式的发展方向可能包含以下几方面。第一，科技应用的深度融合：未来混合式教学模式将更加深度地融合各种科技应用，如虚拟现实、增强现实、人工智能等，以提供更丰富、互动性更强的学习体验。第二，个性化学习的实现：未来混合式教学模式将更加注重学生的个体差异，通过数据分析和个性化学习系统，提供定制化的学习内容和学习路径，满足学生的不同需求。第三，社交化学习的推进：未来混合式教学模式将更加注重师生之间的互动和合作，通过社交媒体、在线讨论等方式，促进师生之间的交流和合作，增强学习效果。第四，真实场景模拟的增强：未来混合式教学模式将更加注重真实场景模拟的应用，通过虚拟现实技术等手段，让学生能够在虚拟环境中进行实践，增强学习的真实性和实用性。第五，自主学习能力的培养：未来混合式教学模式将更加注重培养学生的自主学习能力，引导学生主动参与学习过程，培养学习的主动性和自我管理能力。

综上所述，混合式教学模式具有多方面的优势和广阔的发展前景，未来将以数据驱动、社交学习、技术拓展和持续教育为重点，不断推进教育创新和教学模式的改进。

参考文献

[1] 祁红梅，宋晓刚. "新财经"背景下管理科学与工程学科创新发展路径研究[J]. 河北经贸大学学报（综合版），2022，22（2）：38-44.

[2] 张志明，靳伟凤. 新财经人才培养体系构建研究[J]. 高教学刊，2023，9（21）：145-148.

[3] 杨玉蓉，闫国民，高帆，等. 混合式教学模式探索[J]. 绥化学院学报，2023，43（5）：131-133.

[4] 秦汝兰，关颖丽，薛长松，等. 混合式教学模式在课程教学中的应用案例[J]. 电子技术，2022，51（3）：180-181.

[5] 莫健樱，杨满福. 基于ADDIE模型的微课设计与开发[J]. 中国教育信息化，2020（14）：81-84.

[6] 李艳华，李伟键. 项目式混合式教学法在动态网页制作课程中的探索与实践[J]. 计算机教育，2019（09）：138-142.

[7] 余芳菲，余瑾，谢芹，等. 混合式教学模式在作业治疗学课程中的构建与应用[J]. 高教学刊，2023，9（22）：114-117.

"大数据管理概论"课程混合式教学模式探索与实践[一]

◎李 焱

[摘 要] 近年来，混合式教学模式在高校应用广泛，有力推动了高校的教学改革。本文首先对混合式教学模式的内涵及应用现状进行了分析，接着以"大数据管理概论"课程为例，基于超星学习通平台，介绍了混合式教学模式在该课程中的应用目标及应用步骤，并对实际教学效果进行了量化分析。结果表明，该模式的应用使师生间的互动交流更加便捷，教师对教学过程的管理更具针对性，对学生学习成绩的评价更加全面、客观、科学，学生学习的积极性和主动性也有所提高，教学效果明显。

[关键词] 大数据管理概论；混合式教学模式；教学策略；教学过程；教学评价

一、混合式教学模式的内涵及应用现状

随着教育信息化的不断发展，越来越多的高校重视混合式教学模式的应用。该模式是一种集线上教学与线下教学、传统教学与现代教学等优点于一体的新型教学模式。混合式教学模式首先改变了教学过程，不再是教师单向输入，而是将引导学生自主探究贯穿始终。其次改变了教学方法，通过问题导向完成整体教学目标。同时实现了教师和学生角色的转变，从以"教师为中心"真正转变为"以学生为中心"[1]。

（一）混合式教学模式的内涵

1. 教学理论的融合

混合式教学模式实现了多种教学理论的融合，包括人本主义、建构主义、行为主义等理论。混合式教学模式强调学生的学习过程是一个积极主动、富有建设性的过程，既要求学生通过网络平台开展个性化的自主学习，又要求学生在线下进行团队协作、开展探究性学习，旨在使学生在教师的指导下有步骤地实现知识的理解、整合及深度学习和创新应用。

2. 教学资源的融合

实施混合式教学模式的前提和基础是拥有丰富的教学资源。混合式教学模式下的教学资源既包括基本教学资源，又包括扩展教学资源；既包括线上教学资源，又包括线下教学资

[一] 河北经贸大学教学研究项目：《大数据管理概论》课程混合式教学模式探索与实践（2023JYY20）。

源。通过整合教学资源，可以充分调动学生的学习积极性和主动性，丰富和扩展他们的知识面，激发他们的学习热情，进一步提升教学效果。

3. 教学方式的融合

在混合式教学模式中，需要学生课前自主预习、课堂上积极参与探究讨论，课后利用线上资源回顾知识点，完成课后检测及复习任务。教师与学生可在讨论区进行充分的沟通交流以有效解决问题。混合式教学模式改变了传统的教学方式，自主学习、小组讨论的教学方式贯穿始终，实现了线上线下教学方式的融合，提高了教学形式的灵活性[2]。

4. 教学评价的融合

混合式教学模式融合线上和线下教学评价手段，以形成评价思路为指导，建立教学全过程的教学痕迹数据采集及评价实施。融合过程性评价和总结性评价两个角度，同时融合多个评价主体，以教师评价为主，学生自评与同学间互评为辅，体现了评价的公平性[3]。

（二）混合式教学模式的应用现状

1. 混合式教学内涵丰富，聚焦于优化教学效果

不同学者从不同角度对混合式教学的内涵进行了解读，主要概括为：基于信息技术实现线上教学与线下教学的有机结合，充分发挥教师的主导作用，突出学生的主体地位，有效提升教学效果[4]。

2. 混合式教学平台功能强大，与课堂教学有效融合

云计算、大数据、物联网技术的发展为混合式教学模式提供了有力的平台和工具支持，如雨课堂、超星学习通（下文简称"学习通"）、智慧树等。这些平台及工具操作简单、功能强大，通过与课堂教学的有效融合，促进了教学的智能化及精准化。

3. 混合式教学模式应用逐步深入，教学实践广泛

随着人们对混合式教学模式的意识不断增强，其应用也在逐步深入。很多高校已开展混合式教学实践，混合式教学模式已成为高校提升教学效果、提高教学质量的重要手段，对培养学生的自主学习能力、合作交流能力、创新能力有较好的推动作用。

4. 混合式教学师资队伍建设路径逐渐明晰，强调综合教学素养的提升

混合式教学模式的应用对高校教师素养提出了更高的要求，要求教师能够熟练掌握平台工具的使用，并能够驾驭线上线下不同教学方法间的衔接、融合。目前，高校在混合式教学模式教师素质的提升上，不仅关注教师技术性素养的提升，同时对综合教学素养也提出了更高的要求。

二、混合式教学模式在"大数据管理概论"课程中应用的目标

大数据管理与应用专业是我国从 2018 年开始招生的新专业，关于其相关课程的混合式教学模式研究基本处于起步状态。河北经贸大学于 2021 年开始招生大数据管理与应用专业

的学生,"大数据管理概论"是该专业开设的第一门专业基础课,学习本课程能使学生理解大数据的内涵及概念,熟悉大数据的应用领域,培养学生用大数据思维分析问题的能力,提升学生的大数据安全意识。同时要求学生了解大数据管理与应用专业知识体系,形成对专业的整体认知。掌握相关的基础技术知识,为后续相关知识的学习奠定基础。在新专业的开局、起步阶段,该课程的教学效果对学生的专业认知、专业兴趣有重要的引导作用。本文基于超星学习通平台构建混合式教学模式,并应用于"大数据管理概论"课程教学中,目标如下。

(一)丰富线上教学资源,满足对知识详解的需求

"大数据管理概论"课程涉及的内容多,基于超星学习通教学平台,可提供丰富、系统、全面的教学资源,包括章节资源、案例资源、思政资源、题库资源、活动资源等,满足教与学的需要。同时在平台工具的支持下,使其具有良好的易操作性和易学习性。

(二)有效组织线上、线下教学活动,满足掌握知识的需求

"大数据管理概论"课程在大数据管理与应用专业大一的下半学期开设,学生对大数据类的课程没有先修课程,因此有效组织教学活动,激发学生的学习兴趣尤为重要。线上预习能让学生带着较好的知识准备走进教室,线下课堂的讲授内容针对重点、难点及共性问题,课后可以充分利用线上资源进行复习。通过线上、线下教学活动的有效组织实现学生对所学知识的理解、巩固与深化,提高学生对知识的综合运用能力。

(三)科学进行评价,满足综合评价需求

通过构建多维度的评价指标体系,科学评价混合式教学模式质量。评价的内容既涵盖线上和线下各环节,又包括过程和结果全流程。通过评价不但能让教师教得清楚,也能让学生学得明白,不断提升教师和学生混合式教与学的水平[5]。

三、混合式教学模式在"大数据管理概论"课程中应用的步骤

(一)混合式教学导学策略构建

导学策略是指教师根据学生的实际情况,有目的、有计划、有组织地引导学生,让学生自发、主动地学习,从而加深他们对知识的理解、掌握和应用。教师的角色不再是单纯的知识传授者,而是从"教"学生转变为"导"学生。

1. 引导学生制订混合式学习计划

混合式学习计划的制订可以帮助学生了解自己的学习进度,合理安排学习时间,保障学习的有序开展。首先,在课程开始之前,教师需要确定学生的基本特征,包括当前的知识水平、学习动机等,以确定他们的学习需求。其次,必须明确阐述学习目标和评价方法,以便学生能够准确地理解课程并明确学习方向。通过引导学生制订个性化的学习计划,合理安排线上、线下学习时间,激发学生学习的信心和热情,使其尽快适应混合式教学模式[6]。

2. 引导学生融入混合式学习模式

教师需要让学生了解基于学习通平台的混合式教学模式的特色和优势，以帮助学生从心理上认可该模式的教习方式和学习方法，提高他们参与这种教学模式的积极性。还可以使用成功的教学案例介绍，鼓励学生形成积极的学习态度，使其尽快熟悉并融入混合式学习模式。

3. 引导学生深化知识理解

具备自主学习能力是基于学习通平台的混合式教学模式对学生的一项基本要求，但自主学习并不是否定教师的主导作用。自主学习要求教师构建思维导图，根据思维导图设置若干学习指引模块，设计多种学习活动，加强过程性交流合作，加强多元化反馈管理。在教学过程中，教师需要引导学生积极参与讨论、互动、交流。在讨论中，教师应设计具有启发性的话题，准确把握方向，逐步将学生的思考导向深入。同时还要设计有意义的学习任务，比如，在线上分享学习案例，在课堂中设计与课程相关的任务让学生完成，真正将导学融入学生的活动，让学生在做中学，帮助他们深化对知识的理解[7]。

（二）混合式教学资源构建

课程资源是开展混合式教学模式的前提，根据"大数据管理概论"课程的特征，构建符合混合式教学模式的课程资源，主要包括课程资料、章节资源、案例资源、思政资源、题库资源与活动资源。表19-1是课程资源分类表。

表 19-1 课程资源分类

资源类别	资源详细内容
课程资料	课程简介、教学大纲、教学进度计划、教案
章节资源	教学课件、微课视频、习题、拓展习题、拓展资料
案例资源	案例文档、案例PPT、案例讨论题
思政资源	思政案例、思政元素、思政案例讨论题
题库资源	单选题、多选题、填空题、判断题、简答题、论述题
活动资源	问卷、分组任务、讨论题、抢答题

1. 课程资料

河北经贸大学要求在学习通平台建设的全部课程必须有作为教师教学主要依据的课程资料信息，主要包括课程简介、教学大纲、教学进度计划、教案4项内容。课程简介简要介绍课程的类型、课时、定位、特点及要达到的目标。教学大纲以纲要形式介绍课程目标、内容体系、教学方法等内容。教学进度计划是对课程内容进行具体的课时规划。教案的内容是针对每一个教学单元展开的，教案详细介绍了每一个教学单元的教学目标、重难点内容、课堂教学的具体安排、拓展学习内容等。要先制定教学大纲，根据教学大纲制订相应的教学进度计划和教案。

2. 章节资源

章节资源包括教学课件、微课视频、习题、拓展习题、拓展资料。教学课件按章制作，微课视频针对重点及难点内容制作。每一章均设置相应的习题及拓展习题，习题及拓展习题均要求给出答案，以便学生针对本章内容加强练习及拓展学习，并能参照答案及时发现问题。同时每一章均提供拓展资料，帮助学生了解相关前沿知识。

3. 案例资源

案例教学能够实现理论与实践的结合，通过对案例进行分析，帮助学生更好地理解所学知识，提高其分析问题、解决问题的能力。针对每一章的内容提供有代表性的大数据管理与应用的案例资源，包括案例文档、案例 PPT、案例讨论题。通过案例帮助学生更好地理解相关知识点。如"第二章　大数据与其他新兴技术的关系"选用的案例包括阿里云计算中心、中国云计算之父、掌上公交 app、区块链普洱茶追溯平台等。通过这些案例，学生能更好地掌握大数据与新兴技术的关系。

4. 思政资源

课程思政是推进三全育人、落实立德树人根本任务的重要途径。构建多元化、有效化、有针对性的课程思政资源可以引导学生树立正确的世界观、人生观、价值观。本课程建立了思政案例库，案例库中不同的案例针对不同的思政元素。如"大数据安全"选取的思政案例是棱镜门案例和 12306 数据泄露案例，对应的思政元素是家国情怀和责任担当意识。"大数据共享"选取的思政案例是菜鸟物流和浙江省"最多跑一次"改革办公室，对应的思政元素是专业自豪感和荣誉感及国家和民族认同感。每个案例均给出案例讨论题以便学生进行深入剖析。

5. 题库资源

针对每一章的重点、难点内容建立题库，题型包括单选题、多选题、填空题、判断题、简答题、论述题 6 种题型。每一道题均设置分值和关联的知识点，丰富的题型保证学生可以从多角度检验是否掌握相应的知识点。利用这些题型可自动组卷，以便对学生进行测试。客观题由系统自动评分，主观题需要教师手动评分，通过学习通平台可对测试成绩进行客观分析，以及时了解学生对知识的掌握程度。

6. 活动资源

教学活动的开展可以活跃课堂气氛，增强师生互动性，提高学生学习的兴趣。本课程针对每一章设置了相应的活动资源，包括问卷、分组任务、讨论题、抢答题等。如针对"第三章　大数据基础知识"中的大数据安全内容设置的问卷有"你了解大数据安全知识吗""能列举出大数据安全问题的实例吗"，讨论题有"大数据安全对国家安全的影响""大数据安全对金融安全的影响"，分组任务有"列举影响大数据安全的主要因素"等。通过参与这些活动，学生能全面透彻地理解相关知识。

（三）混合式教学环节构建

"大数据管理概论"混合式教学模式基于学习通平台建设，教学环节分为课前、课中、课后 3 个阶段，针对 3 个阶段分别构建的教师活动和学生活动如表 19-2 所示。

表 19-2　混合式教学环节

阶段	教师活动	学生活动
课前	学情分析	明确学习目标
	发布预习任务	自主学习
	发布预习资源	互动讨论
	答疑指导	完成预习测试
课中	问题导入	明确学习目标
	重难点知识精讲	学习知识点
	组织课堂活动	参与课堂活动
	发布课堂练习	完成课堂练习
课后	发布知识拓展资料	学习拓展资料
	发布课后讨论题	参与课后讨论
	发布课后作业	完成课后作业
	发布课后测试题	完成课后测试题

1. 课前

教师针对所讲内容及学生特点进行学情分析，通过学习通平台发布预习任务，并发布课件、微课、预习测试等预习资源。学生首先要明确学习目标，基于学习通平台进行自主学习。教师可以通过平台解答学生的问题，教师与学生之间、学生与学生之间均可以通过平台进行讨论。要求学生课前通过平台完成预习测试，教师通过对学生预习资料的学习情况、提问情况、预习测试成绩等的分析，确定课堂教学中的重点、难点内容。

2. 课中

教师在课堂教学中结合案例讲解重点、难点内容，通过学生在课堂上的反应做出学生对相关知识掌握程度的判断，同时，对学生进行随机分组、布置分组任务，并且由教师引导各小组按要求完成任务。同时通过多种方式了解学生的学习效果，如小组总结、课堂提问、课堂练习、随堂测试等。学生学习知识点时，结合案例理解知识点在实际场景中的应用。要求学生积极参与分组讨论，认真完成课堂练习、随堂测试。最后由教师对分组任务的完成情况进行点评，对课堂教学情况进行总结。

3. 课后

课后教师通过学习通平台发布知识拓展资料，学生可以结合自己的兴趣点进行拓展学习。同时发布课后讨论题、课后作业及测试题。学生参与课后讨论，通过课后作业及测试题，学生可以自测对本章知识的掌握程度。教师结合课后作业及测试题的成绩客观评判教学效果。

（四）混合式教学模式评价

1. 混合式教学模式评价体系构建

"大数据管理概论"课程混合式教学模式评价包括过程性评价和总结性评价两个方面，过程性评价是针对整个教学过程各环节的评价，占总评成绩的 40%，包括课前、课中、课后

3个阶段，3个阶段的占比分别为10%、15%、15%。总结性评价是在教学活动全部完成后，对教学效果进行整体评价，占总评价成绩的60%，包括小组总结汇报和期末考试，分别占比10%和50%。评价采取以教师评价为主，学生自评与同学互评为辅的形式，以体现评价的客观性与公平性。评价指标体系如表19-3所示。

表19-3 混合式教学模式评价指标体系

评价形式	评价项目	评价指标	评价内容	比例
过程性评价（40%）	课前评价（10%）	预习课件、预习视频学习次数	完整性、次数	2%
		预习课件、预习视频学习时长	时长	2%
		线上讨论参与度	讨论次数、讨论内容	3%
		预习作业	作业完成情况	3%
	课中评价（15%）	签到	签到情况	5%
		课堂表现	表现情况	5%
		小组讨论	小组任务贡献率	2%
		课堂作业	作业完成情况	3%
	课后评价（15%）	课后讨论题参与度	参与度	5%
		课后测试题	完成情况	10%
总结性评价（60%）	期末评价（60%）	小组总结汇报	汇报成果	10%
		期末考试	期末考试	50%

2. 混合式教学模式效果分析

作者于2021—2022年第二学期和2022—2023年第二学期分别为大数据管理与应用专业2021级和2022级学生讲授"大数据管理概论"课程，该课程的混合式教学模式均基于学习通平台。利用平台数据统计功能，过程性评价中的主要指标数据如表19-4所示，期末考试的等级分布如表19-5所示。

表19-4 过程性评价相关数据统计

评价项目	百分比	
	2021级（40人）	2022级（41人）
线上讨论参与度	98%	99%
预习作业完成率	100%	100%
签到率	98%	99%
课堂练习完成率	98%	99%
课后讨论题参与度	100%	100%
课后测试题	100%	100%
小组总结汇报提交率	100%	100%

表19-5 期末考试等级分布

年级	人数	平均分	不及格（<60）	合格（60~69）	中等（70~79）	良好（80~89）	优秀（≥90）
2021级	40	83	0	2	5	25	8
2022级	41	84	0	1	4	26	10

统计结果显示，混合式教学模式使学生学习的自主性、积极性提高，两个班的预习作业的完成率均是100%。除了个别有特殊情况的学生，其他学生均能准时到课堂上课，课堂练习的完成率高，完成质量高，说明学生对知识掌握的情况较好。课后测试题的完成率达到100%，但部分综合应用题的完成质量有待提高，说明在教学中要加强对相关知识实践应用的训练。期末时，小组总结汇报提交率100%，汇报材料的质量也较高。期末考试试题的题量、难度适中，两个班的平均分均在80分以上，这验证了混合式教学模式的有效性。

四、结语

"大数据管理概论"课程是大数据管理与应用专业学生在大一学习的专业基础课，该课程的教学效果对学生形成全面、系统的专业认识有重要的作用。基于学习通平台的混合式教学模式在该课程中的应用，使师生间的互动交流更加便捷，教师对教学过程的管理更具针对性，对学生学习成绩的评价更加全面、客观、科学。学生学习的积极性和主动性高，教学效果明显。希望通过"大数据管理概论"课程混合式教学模式的探索与实践为高校课程的教学改革提供参考和借鉴。

参考文献

[1] 孙渝莉, 刘瑞. 国内高校混合式教学研究综述 [J]. 重庆交通大学学报, 2022, 22 (4): 96-103.

[2] 李利, 高燕红. 促进深度学习的高校混合式教学设计研究 [J]. 黑龙江高教究, 2021, 40 (5): 148-153.

[3] 李逢庆, 韩晓玲. 混合式教学质量评价体系的构建与实践 [J]. 中国电化教育, 2017, 38 (11): 108-113.

[4] 陈玲霞, 廖喜凤. 基于学习通的线上线下混合式教学 [J]. 西部素质教育, 2019, 5 (17): 99-100.

[5] 刘立云, 王永花, 田娟. "互联网+"时代下多元混合教学模式应用研究: 以超星学习通在《C程序设计》课程中的应用为例 [J]. 中国教育信息化, 2017 (21): 27-30.

[6] 胡广霞. 基于超星学习通平台的"安全管理信息系统"教学改革研究 [J]. 科技风, 2022 (16): 139-141.

[7] 成璐. 基于学习通的"Java程序设计"混合式教学改革研究 [J]. 科技风, 2023 (3): 130-132.

案例教学在"大数据管理概论"课程思政建设中的应用[一]

◎ 李 焱

[摘　要] 课程思政以"立德树人"作为教育的根本任务，课程思政建设对高校的人才培养具有重要意义。本文以"大数据管理概论"课程为例，首先介绍了案例教学在课程思政建设中的目标，接着探讨了案例教学在课程思政建设中的实施步骤，包括选择恰当的案例、设置讨论问题、展开讨论交流、案例总结、教学效果评价等环节。最后分析了案例教学在课程思政建设中存在的问题并提出了相应的建议，以期为高校课程思政建设提供借鉴。

[关键词] 案例教学；大数据管理概论；课程思政

一、引言

2020年5月教育部印发的《高等学校课程思政建设指导纲要》提出，课程思政建设工作要围绕全面提高人才培养能力这个核心点，在全国所有高校、所有学科专业全面推进。在此背景下，高校的课程思政建设对人才培养具有重大意义[1]。

"大数据管理概论"课程是一门为大数据管理与应用专业学生统揽全局、指明方向的重要课程，在新专业的开局、起步阶段，该课程的教学效果对学生的专业认识、专业兴趣有重要的引导作用。大数据产品类型繁多，大数据应用领域不断扩展，基于大数据的服务方式不断优化，大数据服务内容不断延伸，使得该课程的教学内容一直处于开放状态，课程内容中的思政元素丰富，适用于开展案例教学，所以将案例教学应用于课程思政建设具备可行性。

本文根据该课程特点，针对课程内容，充分挖掘课程思政元素，精心挑选与课程思政元素紧密相关的案例，通过案例教学，实现课程内容与家国情怀、责任担当意识、遵纪守法意识、专业自豪感和荣誉感等思政内容的有机结合，取得了良好的教学效果。

二、建设目标

案例教学是一种非常有效的教学方法，它通常以真实事件作为案例素材，采用启发式、互动式的教学方式，以提高学生综合运用相关知识的能力。案例教学在课程思政建设中的应

[一] 河北经贸大学教学研究项目：《大数据管理概论》课程混合式教学模式探索与实践（2023JYY20）。

用可以拓宽案例教学的维度，使学生在掌握专业知识的同时提升思政水平[2]。案例教学在"大数据管理概论"课程思政建设中的目标体现在以下几个方面。

（一）实现案例资源向育人资源的转化

"大数据管理概论"课程中的案例往往是非常具体、时效性强的内容，能够吸引学生的注意力、提高学生的学习兴趣，通过对案例的分析、讨论、总结，逐步将案例中的思政资源转化为优质的育人资源，进一步拓展课程思政的育人维度，增强课程思政的育人效果，实现案例资源向育人资源的转化[3]。

（二）实现显性育人与隐性育人的统一

显性教育强调明确传授知识和技能，隐性教育注重潜移默化地影响和塑造人的行为和态度。该课程案例教学中所选的案例与专业知识点紧密结合，同时能从所选案例中挖掘对应的思政元素，通过教学设计及教学活动的组织，实现在"大数据管理概论"课程教学中课程思政融得进、看得见、落得实的目标，做到教书与育人的统一，显性育人与隐性育人的统一。

（三）实现学生自主学习积极性的提高

"大数据管理概论"课程案例教学中所选的案例贴近大数据时代、贴近生活，增强了学生的认同感与亲切感。同时随着现代教育技术的发展，案例能够以多种媒体形式呈现，如文字、图片、音频、视频等，多样化的呈现方式能够更加真实、全面地反映案例的情境，能够吸引学生的注意力，引发学生积极思考，实现学生自主学习积极性的提高[4]。

三、实施步骤

（一）选择恰当的案例

根据"大数据管理概论"课程的特点，所选案例一是要遵循正确的政治方向，符合社会主义核心价值观的要求；二是准确选择案例，既要符合课程特点，又要有助于学生理解教学的重点和难点问题；三是所选的案件应真实可靠，不应主观臆造或虚构内容；四是所选案例内容和形式力求新颖。根据"大数据管理概论"课程内容，针对主要知识点选用的课程思政案例及对应的思政元素如表 20-1 所示。

表 20-1　主要知识点选用的思政案例及对应的思政元素

知识点	思政案例	思政元素
大数据安全	棱镜门事件 12306 数据泄露事件	家国情怀、责任担当意识
大数据思维	沃尔玛"啤酒加尿布"案例 吸烟有害健康的法律诉讼	科学思维方式、创新意识
大数据伦理	我国首例撞库打码案例 大数据杀熟案例	遵纪守法意识
大数据共享	菜鸟物流 浙江省"最多跑一次"办公室	专业自豪感和荣誉感、国家和民族认同感

(续)

知识点	思政案例	思政元素
大数据交易	贵阳大数据交易所 上海数据交易中心	爱国情怀、社会责任感
大数据应用	疫情防控系统 无人驾驶汽车	家国情怀、创新意识
大数据技术	阿里巴巴大数据技术 百度大数据技术	工匠精神、民族自豪感、专业自豪感、职业责任感
大数据与其他新兴技术的关系	物联网技术案例 掌上公交app 百度人工智能应用	技术强国、价值塑造

（二）设置讨论问题

由于"大数据管理概论"课程授课的对象是大一学生，因此所设置的问题必须难度适中，难度过高或过低都会让学生失去兴趣。要能够提出具有启发性的问题，调动学生主动思考的积极性，激发学生的学习兴趣。如大数据安全知识点中选用的是2013年的"棱镜门事件"，"棱镜门事件"是一个震惊全球的非常具有代表性的数据安全案例，针对这一案例，设计的4个讨论问题如表20-2所示。

表20-2 "棱镜门事件"案例讨论问题设置

知识点	思政案例	讨论问题设置
大数据安全	棱镜门事件	1. 从棱镜门看美国获取数据的能力 2. 分析棱镜门对我国数据安全的影响 3. 棱镜门的启示 4. 列举对你有触动的我国数据安全案例

（三）展开讨论交流

案例教学要求学生在课前熟悉案例内容并对相关问题进行准备。在此基础上，明确分组并进行分组讨论交流，为保障讨论交流的效果，一方面要为学生营造自由讨论、畅所欲言的氛围，同时也要对讨论的内容进行引导，使其紧密围绕讨论主题，避免跑题、偏题的问题出现。

如针对棱镜门案例的讨论交流的内容应围绕表20-2中的4个问题展开。为了回答这4个问题，仅靠案例本身的材料是不够的，还需要学生在课前查阅更多的资料，也需要教师根据案例丰富相关内容。在讨论交流中，教师的任务就是根据案例材料及扩充材料引导学生深入理解这4个问题。

第1个问题"从棱镜门看美国获取数据的能力"，只从棱镜门事件的报道可以知道美国数据获取能力很强，但到底怎么强？为什么强？显然并没有说清楚，还需要补充其他案例进行进一步的说明。

补充材料一：在当时，管理互联网的根服务器全球共有13台，1台主根服务器和12台辅根服务器，其中美国本部拥有1台主根服务器和9台辅根服务器，其余3台辅根服务器分别在英国、瑞典和日本。所以美国当时拥有最大的网络管理权限，可以直接进入相关网际公司的核心服务器中获得数据。

补充材料二：《纽约时代周刊》曾刊登过《美国如何抓取全球数据》这篇文章，文章介绍了美国获取全球数据的步骤。利用"三边测量法"获取位置信息；利用"无界限线人"获取通信信息；使用"沃森"计算机对数据进行挖掘、分析、处理；建立城堡存储数据。这些材料可以使学生对美国获取数据能力的认识更加具体化。

第2个问题"分析棱镜门对我国数据安全的影响"。我国也是棱镜计划的监控对象，所以棱镜计划直接威胁我国的数据安全。仅限于这一点明显不够，需要进一步阐述。如可引入美国思科网络设备的介绍，思科网络设备在我国应用广泛，可以说，思科一直伴随着我国网络的发展，参与了我国很多大型网络项目的建设，如163网、169网、海关、邮政等系统网络及我国三大电信运营商的网络基础建设等。当时，其产品在我国骨干网络的核心节点上占据着垄断地位。如果思科利用设备优势进行监听的话，那么我国的这些网络基本上处在开放的状态，大量思科设备的应用对我国的数据安全带来了威胁。而思科与美国政府、军方有着密切的关系。《华尔街日报》公开的报道显示，思科的投资者中有73人是美国国会议员。思科也多次参与了美国军方网络建设及网络战演习。通过这些资料的讨论，学生可以深刻认识我国数据安全面临的严峻形势。

第3个问题"棱镜门的启示"。可以多分配一些时间让学生讨论这个问题，教师进行归纳，主要包括3点：其一，完善我国信息安全保障体系；其二，加大对国家信息安全企业的扶持力度，加大相关人才的培养力度，对于大数据管理与应用专业的学生而言，生逢其时，更应加倍努力；其三，提升自主创新能力，只有掌握关键核心技术，才能赢得发展主动权，才能真正做到捍卫国家信息安全。

第4个问题"列举对你有触动的我国数据安全案例"。针对这一问题，学生会踊跃列举很多我国数据安全案例，教师可从中挑选有代表性的案例进行介绍。如2014年支付宝前技术员工将20GB用户数据非法贩卖；2014年淘宝大量用户信息泄漏；2017年京东试用期员工盗取约50亿条数据；2018年圆通10亿条快递数据在暗网兜售；2019年"社保掌上通"app窃取用户社保信息；2021年中国台湾计算机巨头宏基数据被盗等。通过这些案例资料，学生可以了解我国数据安全的现状。

（四）案例总结

案例总结要充分体现出教师的主导性作用。一是总结归纳案例的要点，为学生提供分析问题的正确视角，提高学生分析、解决问题的能力。二是点评学生的课堂表现，点评应简明扼要，切中要害，同时应鼓励和赞赏学生的独特观点。对于不正确的观点，要及时予以纠正。例如，对于棱镜门案例的案例总结包括3项内容。

一是梳理案例中所蕴含的知识点。对于这个案例来说就是理解大数据安全的重要性以及提升数据安全素养的必要性。

二是升华案例中所蕴含的思政元素。通过案例，学生可以理解在数据安全事件频发的背景下，作为大数据管理与应用专业的学生不仅应具有高度的数据安全意识、掌握数据安全技术，还要有家国情怀，要有责任意识，要有担当精神。

三是点评。教师可以从学生回答问题的踊跃度、小组讨论的有效度、案例分析的深入度等方面进行点评,要坚持以正面积极的评价为主,肯定和尊重学生所做的工作[5]。

(五)教学效果评价

课后教师需要对教学效果进行评价,评价的具体内容涵盖课程目标、思政目标、案例设计、思政元素、教学方法、教学效果 6 个方面。评价标准及分值设置如表 20-3 所示。

表 20-3 案例教学在课程思政中应用效果评价指标

评价指标	评价标准	分值
课程目标	目标清楚、具体,易于理解,便于实施	10
思政目标	以立德树人为导向,体现社会主义核心价值观、体现三全育人教育理念	10
案例设计	案例选择与知识点契合度高,与立德树人契合度高,案例运用方案合理	25
思政元素	爱国情怀、社会责任感、工匠精神、民族自豪感、遵纪守法意识等	20
教学方法	综合应用平台工具,创设教学环境,关注师生、生生互动,强调自主、合作、探究的学习	20
教学效果	激发学生学习热情,提升知识综合运用能力,帮助其树立正确的三观	15

四、存在的问题

(一)教师课程思政建设能力方面的问题

将案例教学应用于"大数据管理概论"课程思政建设中,教师的课程思政意识起到决定性的作用,目前主要存在以下几个问题。一是教师对课程思政的内涵及重要性认识不足,缺少开展相关工作的积极性、主动性。二是教师在所选案例中挖掘思政元素的能力不足,使得对相应知识点思政元素的识别不精准。三是教师在案例教学中渗透思政元素的能力不足,使得思政元素的应用痕迹过于明显,过于刻意,没有做到渗透式教育,而是仍处于灌输式教育。

(二)案例选择方面的问题

将案例教学应用于"大数据管理概论"课程思政建设中,案例的选择至关重要。目前在案例选择中存在以下几个问题。一是案例的新颖性不足,新颖的案例能拉近教学情景和实际工作场景,而新颖性不足的案例会降低学生的探究热情及求知欲。二是启发性不足,好的案例应该能够启发学生深入思考,启发性不足的案例无法保持学生思考兴趣的持续性,不利于学生全面思维能力的提高。三是趣味性不足,趣味性强的案例能够帮助学生轻松掌握知识点,趣味性不足的案例会降低学生学习的兴趣和信心,甚至会使学生失去学习的耐心。

(三)教学方式方面的问题

在"大数据管理概论"课程思政建设中应用案例教学时,教学方式方面的问题主要有以下几点。一是教学方式单一化,目前主要的教学方式是课堂教学,由于受时间限制,往往无法进行深入讨论、分析,导致教学效果不佳。二是互动性不足,互动需要教师合理把控时间，教学中教师往往会担心不能很好地控制课堂时间分配，更倾向于自己多讲解，使得分配给互动交流的时间偏少，同时互动参加对象往往是成绩优秀的学生，互动的形式也较常规、单一。三是没有及时的反馈机制，现有的教学方式缺乏学生学习效果的有效反馈机制，教师很难及时根据实际情况做出教学策略的调整，也难以满足学生的个性化需求。

（四）教学评价方面的问题

在"大数据管理概论"课程思政建设中应用案例教学时，教学评价方面的问题主要有以下几个方面。一是教学评价主体不够多元，目前主要评价主体是教师自身，教师根据评价指标对教学全过程进行评价。为了保证评价的客观性，应增加学生、系、学院等不同层次的评价主体。二是缺少动态的教学评价指标，课程思政的育人效果是一个生成性的动态过程，现有的教学评价更多偏重静态指标，如是否融入思政元素、思政元素的契合度等，忽视了思政情感的动态变化。

五、解决方案

（一）提高教师的课程思政建设水平

教师的课程思政建设水平是将案例教学应用于"大数据管理概论"课程思政建设的关键。一方面高校应采用多种形式加大培训力度，通过培训培养教师的课程思政意识，增强其思政育人的责任感、使命感，使其自觉、主动地开展课程思政教学工作。另一方面教师要努力提高在教学案例中挖掘思政元素的能力，可以结合国内外热点事件进行挖掘，结合中国特色社会主义伟大实践进行挖掘，结合学生的专业及应具备的职业素养进行挖掘。同时教师还要提高在案例教学中渗透思政元素的能力，将"思政之盐"融入"课程之汤"[6]。

（二）丰富课程思政案例教学资源

案例是开展案例教学的基础，在"大数据管理概论"课程思政建设中应有丰富的案例教学资源。要结合相关知识点，选择真实的、有针对性的、有代表性的、有启发性的案例，所选案例应符合专业能力和课程思政两方面的要求。可以由课程组教师自编，也可以直接使用高校成熟案例库的案例。案例的范围包括国内外与课程内容密切相关的案例。案例的表现形式包括多种形式，如文字、图片、音频、视频等。

（三）创新课程思政案例教学方式方法

案例教学在"大数据管理概论"课程思政建设中的应用可以采用基于翻转课堂的混合式教学方式。课前通过学习通、雨课堂、智慧树等网络教学平台，将案例背景资料及思考题发给学生，让学生熟悉案例资料，并根据案例资料探索思考题答案，教师通过网络教学平台及时解答学生的问题。在课中，教师组织学生针对案例进行分组讨论，引导学生进行案例分析，通过师生、学生间的互动交流，完成专业知识和思政知识的内化。课后通过网络教学平台发布融入思政元素的课后思考题，鼓励学生积极参与讨论，教师进行点评，将思政教育贯穿教学全过程[7]。

（四）完善课程思政案例教学评价体系

将案例教学应用于"大数据管理概论"课程思政建设中，需要师生互动、共同配合完成教学任务，学生应积极参与案例讨论并提出自己的观点，教师进行分析、点评，引导学生一步步完成专业教学目标和思政教学目标的有机融合。评价体系中应体现教师的自我评价、教师对学生的评价、学生对教师的评价，同时应增加系、学院等对教学效果的评价。评价指标应鼓励学生进行创新性、发散性思考，教师利用网络教学平台收集相关的评价意见，不断完善教学实施过程，增强教学效果。

六、结语

本文将案例教学应用于课程思政建设中，根据"大数据管理概论"课程特点，精选有针对性的案例，通过挖掘案例中的思政元素，实现思政教育和专业教育的有机融合。结果显示，将案例教学应用于课程思政建设，可以有效激发学生的学习动力和兴趣，提高学生的学习自主性、积极性，显著提升教学效果。案例教学对培养学生的家国情怀，引导学生树立正确的世界观、人生观和价值观起到了积极的推动作用。但同时也应该认识到，将案例教学应用于课程思政是一个新的尝试，在实际应用中需要持续的修正、丰富和完善。

参考文献

[1] 习近平：用新时代中国特色社会主义思想铸魂育人 贯彻党的教育方针落实立德树人根本任务[N]. 人民日报，2019-03-19（1）.

[2] 韩鹏云. 高校翻转课堂与课程思政建设的耦合及协同策略[J]. 现代教育科学，2020（4）：50-55，68.

[3] 吴中华. 案例教学在课程思政建设中的应用研究[J]. 中国乡镇企业会计，2020（9）：241-242.

[4] 南锐，李艳. 基于3P模型的案例教学困境反思与路径重构：以公共管理类专业为例[J]. 教育理论与实践，2020，40（36）：47-49.

[5] 王世新，郑艺龙. 汪琼：混合教学有望成为高校主流教学模式[J]. 中国教育网络，2020（9）：30-32.

[6] 石定方，廖婧茜. 新时代高校课程思政建设的本真、阻碍与进路[J]. 现代教育管理，2021（4）：38-44.

[7] 牟晖，郝卓凡，陈婧. 中美案例教学法对比研究[J]. 管理案例研究与评论，2021，14（4）：457-463.

"科技论文写作"课程思政元素挖掘与应用

◎刘 烨 李 焱 胡文岭 马秀红

[摘 要] 本文以"科技论文写作"课程为例,在新财经教育背景下,从课程目的、课程内容、课程设计3个方面出发,挖掘论文写作课程所蕴含的思政元素,将价值观引导与能力培养融为一体,实现育人与育才一体化课程建设,实现显性教育与隐性教育有机结合,引导学生树立正确的国家观、民族观、历史观和文化观。

[关键词] 科技论文写作;课程思政;新财经;教学内容设计

2020年5月教育部印发的《高等学校课程思政建设指导纲要》[1]提出,把思想政治教育贯穿人才培养体系,全面推进高校课程思政建设,发挥好每门课程的育人作用,提高高校人才培养质量。高校是培养高素质人才的重要阵地,是培养社会主义接班人的重要组成部分,教师必须将价值塑造、知识传授和能力培养融为一体,帮助学生塑造正确的世界观、人生观、价值观[2]。在新财经教育中,以培养具备"家国情怀、财经知识、信息技术、职业素养、国际视野"的人才为目标,对于管理类专业而言,需要培养具备人文精神和科学素养,能够适应并借助信息化技术手段解决现代管理工作的创新型人才[3]。"科技论文写作"课程是管理类专业学生创新思维与职业素养提升的重要选修课程之一,因此在课程中深入探索思政教育与专业知识融合点,于润物无声中塑造学生的价值观是非常必要的。本文围绕"培养开拓创新、诚信协作、勇于探究、具有高度社会责任感的社会主义接班人"的课程目标,从知识与技能、科学价值观等方面挖掘思政元素,将课堂教学与育人育才相结合。

一、课程目的及内容

"科技论文写作"课程是一门专业选修课,大学生的自学能力、独立研究能力和创造能力,离不开对信息的综合利用,因此"科技论文写作"是培养学生创新思维与职业素养的重要课程之一。针对教育部《高等学校课程思政建设指导纲要》及新财经人才培养提出的要求[4],本课程的主要教学内容可以分为学术思维培养、信息素养培养、论文写作能力培养3个模块。通过课程学习,加强学生对科学研究的理解并逐步形成科学与伪科学的辨识力,培养学生对科学价值进行判断的能力,逐步形成批判性思维。

二、教学方法及手段

"科技论文写作"课程除了采用传统的线下教学方式外,还利用智慧教学工具雨课堂辅助课堂教学。课前发布在线学习或主题讨论任务,学生可以观看、学习、发帖讨论等;课中在雨课堂中设置课堂签到、发弹幕等环节,实时了解学生学习效果;课后布置作业、主题讨论等,促进学生与教师之间的互动与交流。在教学过程中,多采用案例教学、情境教学,以问题为导向,提高学生的学习兴趣和参与度,帮助学生更好地理解和掌握知识。

三、"科技论文写作"课程思政元素的挖掘

教育部《高等学校课程思政建设指导纲要》中提出,对于经济学、管理学、法学类专业课程,要在课程教学中坚持以马克思主义为指导,加快构建中国特色哲学社会科学学科体系、学术体系、话语体系;要帮助学生了解相关专业和行业领域的国家战略、法律法规和相关政策,引导学生深入社会实践、关注现实问题,培育学生经世济民、诚信服务、德法兼修的职业素养。"科技论文写作"课程中的思政元素挖掘主要体现在以下3个方面。

(一)凝练思政育人目标

高校新财经教育的目标是主动应对新一轮科技革命和产业深入发展的国际局势,认识和把握高等财经教育的发展规律,在坚守为党育人、为国育才初心的同时,培养具有"家国情怀、财经知识、信息技术、职业素养和国际视野"的高素质人才。在"科技论文写作"课程中,主要结合新财经教育培养目标,深入分析课程目标与教学目的,凝练课程思政育人目标,具体做法如下:以立德树人为根本任务,优化专业知识目标、能力目标的培养要素,使教学目标层层递进,使思政目标贯穿并引领知识传授全过程,即在学术素养阶段通过对科学研究的理解逐步形成对科学与伪科学的辨识力,在信息素养阶段学会信息利用与管理,通过思考分析提升解决问题的能力,在论文写作阶段,通过阅读分析大量文章,对科学价值进行判断,逐步形成批判性思维,这3个阶段层层递进,循循善诱地实现对学生求真求善的科学价值观、诚实守信的道德素养和勇于探究的科学精神的塑造,如图21-1所示。

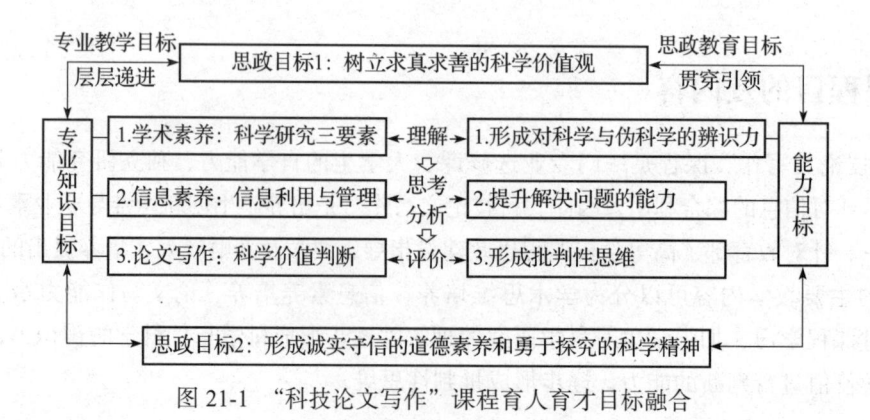

图 21-1 "科技论文写作"课程育人育才目标融合

（二）课程内容梳理优化

结合新财经教育目标及育人目标，以三条主线优化"科技论文写作"课程内容。一是以育人为教学之本，将社会主义核心价值观、中国特色社会主义、中国精神、科学家精神等思政元素融入专业知识，引导学生了解前人探索和解决问题的历程，感受科学家的创新精神，引导学生树立正确的世界观、价值观与人生观。二是以新财经人才培养为指导思想，有序组合教学内容，赋予教学内容以时代感和新鲜感，激发学生探索知识的欲望，培养学生适应时代要求的信息素养和信息思维能力。三是以丰富多样的教学方式辅助课堂教学，改变知识呈现方式，如与生活密切相关的案例教学、科学家演讲视频教学等。此外，充分利用智慧教学工具和网络教学平台与学生进行互动，提高教学效果。

（三）思政元素与知识技能融合

1. 学术素养培养

这一部分的学习主要采用理论与实践相结合的方式，通过科学家演讲、科技发展成果，理解科学探寻事物内在规律的主旨，秉持质疑态度、追求独立及探寻唯一真相的精髓，逻辑化、定量化、实证化相结合的实现途径，提高学生对科学研究的认知，引导学生形成求真求善的科学价值观。

2. 信息素养培养

这一部分的学习主要采用案例教学、情景教学和实践教学相结合的方式，以"学会提问""善用检索工具""懂技术——精通文献管理软件""懂阅读——会用思维导图梳理文献""巧做述评"为教学目标，充分发挥学生在学习中的主体作用，激发他们的学习热情，做到乐学善学，鼓励学生不断求知、勇于发表不同意见，培养学生的信息素养与思维能力，提升学生的科技创新能力。

3. 论文写作实践

这一部分的学习主要采用实践教学、课堂讨论相结合的方式，以实训为主，提升学生就某一领域或研究专题进行科学价值判断的能力，然后秉承学术诚信的态度按照一定的写作规范进行论文书写。培养学生诚实守信的专业素养和勇于探究的科学精神。

四、"科技论文写作"课程思政的教学实施

（一）教学资源设计

"科技论文写作"课程教学资源主要为多样化、立体式、混合式教学资源设计。网络教学平台学习资料与课后习题主要依托于雨课堂智慧教学软件，根据课程目标产出优化后的教学内容，将基本教学材料与拓展教学材料整合上传至雨课堂。基本教学材料包括课程教学大纲、教案、课件、教学视频，基本教学材料可以帮助学生建立本门课程初步的知识框架。拓展教学材料包括科学研究相关文献资料、科学家演讲实例，如格致论道讲坛等，拓展教学材料有助于提升学生对某一领域或研究专题进行科学价值判断的能力，丰富学生知识体系，提

升学生参与论文写作的主动性和持续性。另外，在雨课堂中设置课堂签到、课件回顾、课后作业、主题讨论等，实时了解学生学习效果，促进学生与教师之间的互动交流。

（二）教学方法设计

第一阶段，从专业课程人才培养目标出发，以情景式教学、案例教学为载体，实现学生获得专业知识的目标。

第二阶段，从育人育才一体化培养目标出发，以科学家演讲、课堂讨论为载体，实现学生价值观引导与知识传授的目标。

第三阶段，从适应国家经济建设需要的人才培养目标出发，以混合式教学方法深入挖掘线上、线下思政元素为载体，实现学生价值观塑造的目标，培养践行社会主义核心价值观、具有社会责任感和创新精神、学识丰富的专业人才。

五、"科技论文写作"教学单元设计实例

习近平总书记曾深刻而坚定地指出："实现中国梦必须弘扬中国精神。这就是以爱国主义为核心的民族精神，以改革创新为核心的时代精神。这种精神是凝心聚力的兴国之魂、强国之魂。[5]"这一精神内核丰富多元且深邃有力，既包含了以爱国主义为核心，承载着无数中华儿女爱国热情的民族精神，又涵盖了以改革创新为核心，体现时代脉搏，勇于探索未知、突破自我、追求卓越的时代精神。这两种精神力量犹如双翼，共同构成了凝聚全体国民意志、激发整个民族活力、推动社会持续进步的重要动力源泉，是构筑兴国之魂与强国之魂不可或缺的精神支柱。

在"科学是什么"这一课程单元的教学中，融入"中国精神"的思政教育元素，不仅能够系统培养学生的科学素养，培养学生严谨的科学态度和扎实的专业能力，还能将这份饱含民族智慧与坚忍不拔精神的宝贵财富传承下去，使其成为学生个人成长和未来发展的内在精神支撑。

（一）教学资源

1. 案例资源

挑选3个极具代表性的科技成果作为科技创新案例。首先，将北斗卫星导航系统的研发和应用作为自主创新的典范，展现我国科研工作者在自主创新方面的强大实力以及开放融合的合作精神，我国科研工作者万众一心、攻坚克难，最终成功研发了这一国际领先的导航系统，彰显出中国人民团结协作、追求卓越的品质；其次，将"蛟龙号"深海载人潜水器研发历程作为突破技术封锁的典型案例，"蛟龙号"潜至7 000m海底，生动诠释了面对困难时，我国科研人员不屈不挠、勇于探索未知、勇于探险的精神风貌；最后，选取"嫦娥五号"探月工程，展现出我国深空探测领域取得的重大突破，它代表了我国科研工作者对科学高峰永不停歇的攀登决心，体现了不懈奋斗、锐意创新的时代精神。

2. 视频资源

引入科学家楷模的主题演讲"科学是什么"。深入剖析科学的本质——发现并揭示自然

规律，以此强调科学精神的核心内涵在于质疑一切未经证实的观点，坚持独立思考，追求唯一性的科学结论。同时该演讲还突出展示了科学方法论的特点，包括逻辑推理、实证检验等普适性和严谨性原则，引导学生树立起实事求是、尊重客观规律的科学态度，培养他们积极发扬开拓创新、勤奋刻苦、敢于挑战权威、独立思考的批判性精神。

（二）教学方式及过程

在授课过程中采用案例分析、课堂讨论等多种教学手段相融合的方式。

首先，通过详细解读案例资源中北斗卫星系统、"蛟龙号"及"嫦娥五号"背后蕴含的科技进步故事，帮助学生理解并认同科学技术作为第一生产力的深远意义，从而激发他们的创新意识，培育学生强烈的民族自豪感和深厚的爱国主义情怀。

其次，借鉴竹简版《论语》、金陵本《本草纲目》等历史文献，带领学生追溯中华优秀传统文化的深厚积淀，让学生直观感受中华优秀传统文化的深厚底蕴及其在文明传承中的重要作用。在这一环节，学生能够体验到先辈们是如何通过严谨求真、勤勉治学为人类知识宝库贡献智慧的，同时还能感受到文献记载对于文明传承的重要性。

再次，安排学生观看科学家楷模的演讲视频，唤起他们内心深处追求真理的热情。通过视频的学习和讨论，召唤学生内心深处"求真"的价值观，进一步引导学生在学习生活中形成一套完整的科学品格体系：坚持实事求是、严格遵循科学规律的严谨态度；始终保持开拓创新的热情和动力，保持勤奋不息的进取意识；具备独立思考、敢于挑战既有知识框架的批判性精神。

最后，教师通过雨课堂互动平台收集每位学生的观后感想并进行针对性点评，确保每位学生都能深入理解科学精神与中国精神之间的内在联系，使他们在互动交流中深化认知，形成更加全面的价值观。

（三）教学效果

通过一系列精心策划的教学活动，学生不仅能通过图文并茂的教学资料、生动形象的教学视频以及富有感染力的语言描述，深切领悟科技论文在记录人类科技进步历史进程中的重要意义，更能意识到这些学术成果不仅是科技发展道路上的关键信息源，还是中华民族五千多年文明智慧不断积累、生生不息的瑰宝。尤为重要的是，当中国科技发展历程中所体现出的团结协作、科技创新、不懈奋斗等中国精神深深烙印在每一位学生的心灵深处时，这些精神品质无疑会转化为他们未来人生旅程中的内在驱动力，激励他们在科学探索的广阔天地里奋发向前，矢志不渝地攀登科技高峰，为实现中华民族伟大复兴的中国梦注入青春活力，贡献属于自己的力量。

六、结语

课程思政教育是切实贯彻立德树人根本任务的重要举措，在教学中贯彻以德为先的培养原则，在传授知识的同时注重启迪道德观念，从而实现教书与育人的和谐统一。在"科技论文写作"课程思政教育探索中，首先，以"培养什么样的人、怎样培养人、为谁培养人"为主线，针对教育部《高等学校课程思政建设指导纲要》及新财经人才培养提出的要求，制定课程专业目标与思政教育目标；其次，剖析专业知识目标、能力目标，优化课程内容，使教学目标层层递进、思政教育目标贯穿并引领知识传授全过程；最后，完善教学资源与教学方法，解决好专业知识与思政教育"两张皮"的问题，构建全面覆盖、类型丰富、层次递进的教学资源库，最终实现学生求真求善的科学价值观、诚实守信的道德素养、勇于探究的科学精神的塑造。

参考文献

[1] 中华人民共和国教育部. 教育部关于印发《高等学校课程思政建设指导纲要》的通知［EB/OL］.（2020-06-01）[2025-02-07]. http://www.moe.gov.cn/srcsite/A08/s7056/202006/t20200603_462437.html.

[2] 姚光庆，王华，高复阳，地矿类专业课程思政元素及融入课堂路径探析［J］. 中国地质教育，2023，32（3）：80-84.

[3] 刘烨，李焱，胡文岭. 思想政治教育与"管理信息系统"课程教学融合研究［J］. 教育教学论坛，2023（24）：86-90.

[4] 新华访谈. 董兆伟："新财经"教育改革培养新时代财经人才［EB/OL］.（2020-12-16）[2025-02-07]http://www.he.xinhuanet.com/talking/jmzf/index.htm.

[5] 辉卫，实现中国梦必须弘扬中国精神［EB/OL］.（2017-08-25）[2025-02-03]. http://theory.people.com.cn/GB/n1/2017/0825/c40531-29494597.html?ivk_sa=1024320u.

OBE 教学模式在"大数据存储与管理"课程中的应用[一]

◎刘 烨 李 焱 胡文岭 马秀红

[摘 要] OBE 教育理念提倡以学生为中心,运用反向思维手段对课程体系、内容加以构建,是提升人才培养质量和效率的一种有效的方法。本文首先介绍了在 OBE 教育理念下,"大数据存储与管理"课程目标的制定需要以人才产出为目标导向,建立课程目标与毕业要求之间的支撑关系矩阵;然后介绍了在明确基于 OBE 教育理念的课程目标后,"大数据存储与管理"课程内容的优化过程;最后针对"大数据存储与管理"课程特点,开展混合式教学资源建设,以期为提高学生学习成效,提高课程教学质量提供新思路。

[关键词] OBE 理念;大数据存储与管理;课程目标;课程内容;教学资源

一、引言

作为一种先进的教育理念,成果导向教育（Outcomes-based Education,OBE）以学生为中心,采用逆向思维的方式进行课程体系建设,强调教育者必须明确定位学生毕业时应具备的能力,并通过与之相对应的教育教学设计来保证学生达到预期目标[1-2]。随着工程教育专业认证、新工科建设教育改革、新财经教育建设的推进,越来越多的高校将 OBE 教育理念广泛应用于应用型、复合型人才培养体系中,采用 OBE 教育理念成为提高人才培养质量的有效途径。

数据是新一轮科技革命和产业变革的重要驱动力,是构建数字社会和数字经济的核心基础,是塑造竞争力的重要抓手。我国工业和信息化部发布的《"十四五"大数据产业发展规划》中明确指出,"十三五"期间,我国大数据产业快速起步,据测算,产业规模年均复合增长率超过 30%,2020 年超过 1 万亿元,发展取得显著成效,逐渐成为支撑我国经济社会发展的优势产业[3]。由此可见,大数据专业人才培养如果能够运用 OBE 教育理念,从学生毕业需要达到的能力角度出发,以数字化时代发展为引领,以社会需求为导向,设计课程目标、课程内容、教学资源,就能更好地满足社会发展对大数据人才的需求。

"大数据存储与管理"是大数据管理与应用专业的核心课程之一,是深入学习其他相关

[一] 河北经贸大学教学研究项目：基于OBE理念的《大数据存储与管理》课程教学改革探索与实践（2024JYQ08）。

课程的前提与基础。本文以"大数据存储与管理"课程为例,首先介绍了将OBE教育理念应用到"大数据存储与管理"课程中,以工业和信息化部发布的《大数据产业人才岗位能力要求》、学校专业特色及学生发展方向为出发点,确定毕业要求与课程目标,而后对课程内容进行优化,并围绕课程目标与内容,构建线上线下混合式教学资源,对网络教学平台中学习资料、课后习题与实验云平台资源进行开发,丰富教学活动与课程内容,为提高学生学习成效,提高课程教学质量奠定基础。

二、基于OBE教育理念的课程目标制定

课程目标是教学活动期待得到的学生的学习结果,是课程内容设计、教学过程实施和教学评价反馈的重要依据[4],在教学过程中,课程目标起着十分重要的作用。在OBE教育理念的指引下,明确课程目标时需要关注4个问题:通过本门课程学习,学生应取得的学习成果是什么?为什么要让学生取得这样的学习成果?怎样才能有效帮助学生取得这些既定的学习成果?如何知道学生已经取得这些学习成果?

河北经贸大学大数据管理与应用专业主要以培养具备"家国情怀、财经知识、信息技术、职业素养、国际视野"的新财经人才为目标[5],培养复合型、应用型高素质人才,服务数字社会发展。因此,本文围绕OBE教育理念关注的4个问题,工业和信息化部发布的《大数据产业人才岗位能力要求》及本校大数据管理与应用专业"毕业要求-课程体系"对应矩阵,结合"大数据存储与管理"课程特点,建立课程目标与毕业要求之间的支撑关系矩阵(如表22-1所示),从而制定"大数据存储与管理"课程目标,实现课程目标与毕业要求、人才产出之间的衔接。本校"大数据存储与管理"课程目标为:①熟悉Linux环境搭建,能够灵活运用虚拟软件工具部署Hadoop高可用集群,并部署大数据存储、管理与分析的数据库技术——Hive数据仓库;②应用数据仓库技术,掌握复杂的数据分析和查询方法,为日后从事数据分析、数据挖掘等工作奠定坚实的基础;③从庞大的数据体系里获取有价值的数据,为决策提供支持;④能够在项目建设、管理工作实践中团结协作,准确表达自己的观点。

表22-1 课程教学目标与毕业要求的支撑关系矩阵

毕业要求	毕业要求指标点	课程目标	支撑强度
1.专业知识	熟悉Linux环境搭建,能够灵活运用虚拟软件工具部署Hadoop高可用集群,并部署大数据存储、管理与分析的数据库技术——Hive数据仓库	课程目标1	H
2.问题分析	应用数据仓库技术,掌握复杂的数据分析和查询方法,为日后从事数据分析、数据挖掘等工作奠定坚实的基础	课程目标2	H
3.决策能力	从庞大的数据体系里获取有价值的数据,为决策提供支持	课程目标3	H
4.沟通与表达	能够在项目建设、管理工作实践中团结协作,准确表达自己的观点	课程目标4	M

注:H表示高支撑,M表示中支撑,L表示低支撑。

三、课程内容优化

课程内容是实现课程目标的重要载体，明确基于 OBE 教育理念的课程目标后，需要根据课程目标重塑和优化课程内容。根据本校大数据管理与应用专业人才培养方案，"大数据存储与管理"课程为 3 学分，理论教学 34 课时，实验教学 17 课时。针对本校大数据管理与应用专业特点，贯彻 3 条主线优化课程内容：以育人为教学之本，展示中国大政方针、技术领域成就，培养学生民族认同感，树立远大职业理想；以新财经人才培养为指导思想，引导学生明晰专业领域内工作岗位及工作内容的社会价值，以精益求精的工匠精神分析处理问题，树立专业自信荣誉感；以丰富多样的教学方式提高教学效果，以案例教学、实训实践项目、竞赛等夯实专业知识。

表 22-2 为"大数据存储与管理"课程部分理论教学与实验教学章节。理论教学方式多为学生课下自学、教师课上讲授、小组实操与讨论，而实验教学方式多为案例教学、小组实操与讨论、教师总结。

表 22-2 "大数据存储与管理"核心教学内容（部分理论教学与实验教学章节）

章节 （学时）	核心教学内容	能力要求	教学方式	对课程目标的支撑
第二章 Hive 部署 （6 学时）	1. 专业知识 （1）VMware 虚拟机搭建 （2）Hadoop 高可用集群部署 （3）Hive 部署 2. 思政教育 （1）Linux 应用场景 – 超级计算机，大国方针与理想信念 （2）实验环境部署实操，团结协作与精益求精的工匠精神	1. 能够灵活使用虚拟软件工具创建、克隆和启动虚拟机 2. 能够理解 Hadoop 高可用集群的规划方式及 Hive 部署方式，根据实验环境的需求灵活修改配置文件	1. 自学 2. 讲授 3. 小组实操与讨论	课程目标 1、4
第三章 Hive DDL （9 学时）	1. 专业知识 （1）Hive 数据库及数据表操作 （2）分区表、分桶表 （3）物化视图 （4）加载文件、插入数据 2. 培养学生规范撰写代码、善于动脑、勤于思考的学习习惯	1. 能够灵活使用 HiveQL 语句建立数据库、数据表 2. 能够理解分区表、分桶表等在数据查询效率方面的应用 3. 能够掌握插入数据的基本操作，并熟悉数据表的导入和导出操作	1. 自学 2. 讲授 3. 小组实操与讨论	课程目标 1、2、3、4
实验 1： 共享单车数据分析 （3 学时）	绿色城市建设理念及低碳城市发展管理背景下，分析共享单车数据 1. 共享单车数据集理解 2. 用户骑行规律分析 3. 用户群体分析	1. 熟悉并掌握 Hive 数据分析方法 2. 根据分析结果，提出后期共享单车运营思路与方法	1. 案例教学 2. 小组实操与讨论 3. 教师总结	课程目标 1、2、3、4
实验 2： 教育大数据分析平台项目 （6 学时）	教育数字化，数字中国战略下分析教育产业数据 1. 项目概述，原始数据表结构 2. 数据仓库分层和设计 3. 数据采集与转换 4. 数据分析及可视化	1. 能够理解数据分层和设计思路 2. 熟悉并掌握 Hive 数据分析方法 3. 熟悉并掌握数据可视化软件工具 FineBI，对数据分析结果进行可视化展示	1. 案例教学 2. 小组实操与讨论 3. 教师总结	课程目标 1、2、3、4

下面以表 22-2 中列出的理论教学与实验课程内容为例，详细介绍基于 OBE 教育理念的优化后的核心课程内容与课程目标之间的对接。

（一）课程理论内容优化

在"Hive 部署"这一章节中，核心专业知识为 VMware 虚拟机搭建，Hadoop 高可用集群部署及 Hive 部署。课前，利用网络教学平台将超级计算机视频推送给学生，学生课前自学时可以领略到大国方针与战略，坚定知识自信，坚定理想信念。课中，首先讲授实验环境搭建相关知识，引用中国古代教育家孔子名句"工欲善其事，必先利其器"，指出 Hadoop 集群每一步配置与实操都需要认真谨慎，如果配置出错，会影响整个程序的运行和后续实验的开展；然后利用大数据实验室云平台，构建 Hadoop 集群搭建题目，以小组为单位进行比赛，培养学生团结协作、精益求精的工匠精神。课后，利用网络教学平台推送课后习题，让学生能够在特定需求下掌握灵活修改集群配置文件的方法。在这一教学内容中，实验室云平台比赛项目将学科竞赛和专业知识深度融合，充分调动学生的积极性与参与性，实现教学内容与课程教学目标 1、4 的对接，同时也实现课程教学与学科竞赛之间的相互促进、相互依赖，由传统的知识灌输转变为提升学生自主探究学习能力的培养，达到以赛促学的目的。

在"Hive DDL"这一章节中，核心专业知识为 Hive 数据库及数据表操作，即分区表、分桶表、物化视图的建立以及数据加载、插入与导入导出。课前，利用网络教学平台将 Hive 相关学习材料推送给学生，学生以小组为单位自学章节内容，将学习的主动权转移给学生。课中，首先由小组汇报学习内容；然后提出遇到的问题及不明白的知识点，教师有针对性地进行解答；最后学生在实验室云平台上针对 Hive 知识点进行实操练习，培养学生规范撰写代码，善于动脑、勤于思考的学习习惯，使学生更好地理解知识。课后，利用网络教学平台推送拓展知识材料，巩固学习效果。在这一章节中，课上时间用来讨论、答疑，引导和培养学生自主学习能力，建立学生对所学知识的认知，实现教学内容与课程教学目标 1、2、3、4 的对接，同时也注重拓展学生的知识视野，为培养应用型人才夯实基础。

（二）课程实验内容优化

实验教学以案例教学为主，建立理论知识与典型应用场景下数据分析之间的实践桥梁，激发学习兴趣，提高学生运用大数据辅助决策分析的能力。

实验教学章节之一"共享单车数据分析"，核心内容为学生利用 Hive DDL、Hive DQL 相关知识对海量数据进行查询与分析，挖掘潜在商业价值信息。课前，教师提出共享单车数据分析启发思考题，学生在课前完成阅读和初步思考。课中，首先回顾案例内容，以小组为单位分组合作、讨论、整理分析结果；然后由小组汇报分析结果，同时教师引导并分析研究方向，其他小组提问、交流；最后教师总结，讲解案例中应用到的理论知识点，启发学生进一步思考。课后，学生完成实验案例报告，反馈学习效果。在这一章节的实验中，以绿色城市建设理念及低碳城市发展管理为背景，引导学生发现共享单车运营中面临的推广、投放、维护等问题，针对共享单车行业发展，运用 Hive 理论知识分析海量数据，为共享单车运营思路提供参考意见，实现教学内容与课程教学目标 1、2、3、4 的对接，提升学生在实际问题中运用知识辅助决策分析的能力。

教育数字化是数字中国战略的重要组成部分，党的二十大报告指出，要推进教育数字化，建设全民终身学习的学习型社会。实验教学章节之一"教育大数据分析平台项目"，核心内容为数据仓库分层和设计、数据采集与转换、数据分析及可视化。课前，学生以小组为单位分析项目启发思考题，理解原始数据表结构，完成初步思考。课中，教师首先组织小组讨论，分析在线教育产业数据采集、数据转换、数据仓库设计、分析中遇到的问题；然后由小组汇报分析结果，同时教师根据学生面临的问题引导解决方向，与其他小组一起讨论交流；最后教师总结，梳理教育大数据分析平台项目建设过程中用到的理论知识点，启发学生进一步思考。课后，学生完成实验案例报告，反馈学习效果。这一教学案例内容实现了与课程教学目标 1、2、3、4 的对接，能培养学生在项目建设、管理工作实践中团结协作的团队精神。

四、课程资源建设

为提高课堂教学质量，混合式课程资源建设在国内得到了大力推广。在 OBE 教育理念的指引下，针对"大数据存储与管理"课程目标与课程内容的优化，课程教学资源主要为多样化、立体式、混合式教学资源建设，即对网络教学平台中学习资料、课后习题与实验云平台进行开发，具体如图 22-1 所示。

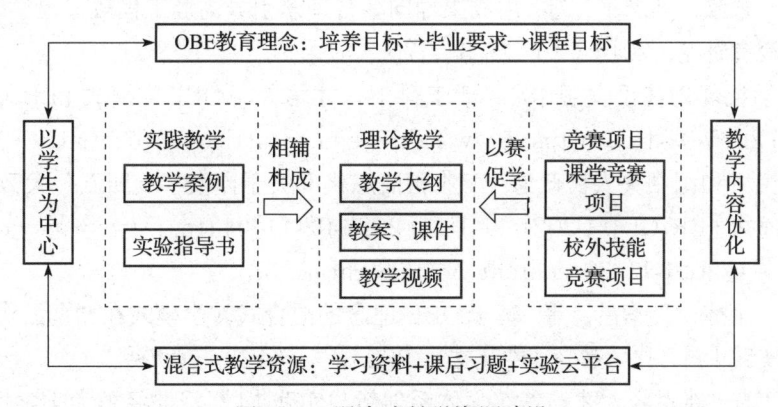

图 22-1 混合式教学资源建设

网络教学平台学习资料与课后习题主要依托雨课堂智慧教学软件，根据课程目标产出优化后的课程内容，将基本教学材料与拓展教学材料整合上传至雨课堂。基本教学材料包括课程教学大纲、教案、课件、教学视频，能初步帮助学生建立本门课程的知识框架。拓展教学材料包括数据仓库相关文献资料、数据仓库场景应用实例（如美团数仓、快手数据平台建设）等，能帮助学生对重难点问题开展深入理解与深入学习，丰富学生的知识体系，提升学生参与学习的主动性和持续性。另外，在雨课堂中设置课堂签到、课件回顾、课后作业、主题讨论等，实时了解学生学习效果，促进学生与教师之间的互动与交流。

实验云平台建设主要依托学校大数据实验室，学生可以在学校内任何一个教室远程登录实验云平台。实验云平台资源包括实践教学与竞赛项目两个模块。实践教学主要以教学案例建设、实验指导书编写为主，根据课程目标及课程内容，以创新精神、工匠精神、国家战略发展为指引，构建教学案例并编写实验指导书，搭建理论知识与实践相结合的桥梁，提高学生解决实际问题的能力。竞赛项目主要以课堂竞赛建设和校外技能竞赛为主，根据社会对大数据人才的需求情况，探索并构建与本门课程相关的竞赛试题，并鼓励学生参加校外技能竞赛，实现课堂教学与竞赛相结合，提高学生学习的能动性与积极性，将学、练、赛、教融为一体，培养适应社会要求、数字化时代要求的复合型、应用型人才。

五、结语

在 OBE 教育理念的指引下，以数字化时代发展为引领，以社会需求为导向，确定"大数据存储与管理"课程教学目标，优化课程教学内容，将学生从"被动式听课"转变为"主动、探究式学习"，激发学生学习的能动性与积极性。在教学中开展混合式教学资源建设，构建丰富的网络教学平台学习资料、课后习题与实验云平台训练项目，实现学、练、赛、教的融合，拓展学生对理论知识的理解，培养学生自主学习、独立思考、交流表达、解决实际问题的能力，为提高学生学习成效，提高课程教学质量奠定坚实的基础。

参考文献

[1] 李志义，朱泓，刘志军，等. 用成果导向教育理念引导高等工程教育教学改革[J]. 高等工程教育研究，2014（2）：29-34，70.

[2] 教育部学校规划建设发展中心. 新工科下人才培养"OBE"模式[EB/OL]. （2021-07-13）[2025-02-10]. https://www.csdp.edu.cn/article/2767.html.

[3] 中华人民共和国中央人民政府. 工业和信息化部关于印发"十四五"大数据产业发展规划的通知[EB/OL]. （2021-11-15）[2025-02-11]. https://www.gov.cn/zhengce/zhengceku/2021-11/30/content_5655089.htm.

[4] 粟立丹，丁捷，吴华昌，等. 基于 OBE 理念的混合式教学模式在"食品化学"课程教学中的实践[J]，化学教育（中英文），2023，44（12）：72-78.

[5] 赵霞，王琦. 新财经人才培养教学体系创新与实践[J]. 河北经贸大学学报（综合版），2022，22（3）：73-80.

"区块链与供应链金融"课程思政建设探究

◎杜晓丽

[摘 要] 区块链技术作为新兴技术,能够解决目前物流领域的许多问题。在此背景下,越来越多的高校开设了区块链相关课程。鉴于当前思政教学的重要性,本文以"区块链与供应链金融"课程为例,首先构建了课程思政教学目标;然后,总结了课程思政的设计理念和思政要点;最后,从优化课程思政教学内容设计,完善课程思政教学活动与方法,评价课程思政建设效果3个方面阐述了课程思政建设的具体措施。本文可为经济管理类课程的课程思政建设提供参考与借鉴。

[关键词] 区块链与供应链金融;思政课程;教学设计

一、引言

2020年教育部印发的《高等学校课程思政建设指导纲要》提出,要全面推进课程思政建设。2022年教育部等十部门出台的《全面推进"大思政课"建设的工作方案》为全面推动思政课改革创新提供了方向指引。可见在高校教育中思政教育建设十分重要,将思政元素融入专业课程成为高校实现育人和育才两手抓目标的关键。有关物流管理专业思政课程建设的研究较为丰富,梁红艳[1]认为物流类专业课程应在学科属性和专业培养方面融入思政元素,并就此提出了实现该课程建设的关注重点。南京林业大学王诗琦[2]以物流专业中的必修课程——运输管理为研究对象,开展了课程思政实践研究。李宁宁和白攀龙[3]对课程思政在物流类专业中的价值进行了研究。塔里木大学的王新娥和赵思雅[4]在对"国际物流学"课程思政研究的基础上,提出了物流管理专业课程思政的实践路径。综上所述,当前学术界针对物流管理专业课程思政建设方面的研究比较丰富,但有关培养物流专业学生数字思维的相关课程的研究较少。

区块链技术是分布式存储、点对点传输、共识机制、加密算法等技术的集成应用[5],其作为数字经济体系的核心支撑技术,引起了人们的普遍关注。在物流管理专业中通过开设区块链相关课程,可提升学生的数字思维和专业能力,而将思政教学融入其中,可进一步提升该类课程的教学效果与价值。因此,本文以"区块链与供应链金融"课程为研究对象,从课程思政教学目标的构建、课程思政的教学设计、课程思政教学内容设计、课程思政的教学活动与方法、课程思政建设效果的评价 5 个方面，对课程思政建设进行分析研究，具体建设路径如图 23-1 所示。

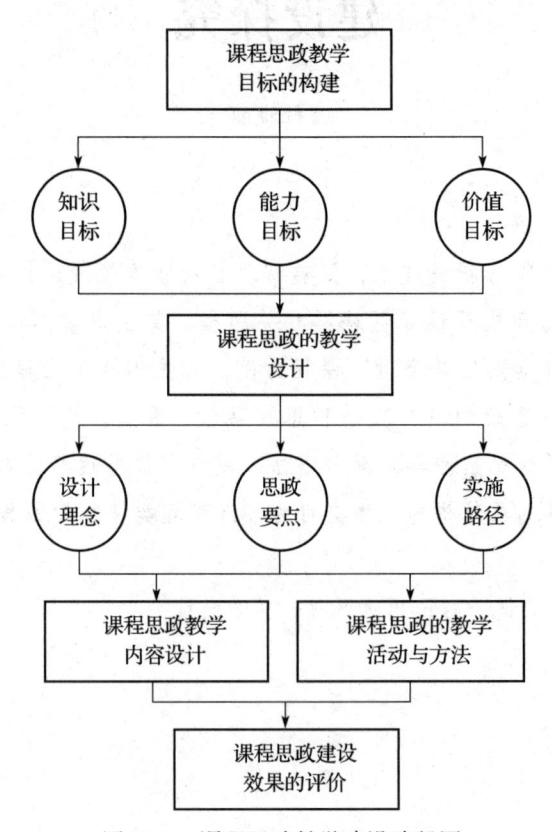

图 23-1　课程思政教学建设路径图

二、课程思政教学目标的构建

在课程思政教学越来越被重视的背景下，课程教学的目标主要分为知识目标、能力目标和价值目标三大类，为更好地、全面地将课程思政融入课堂教学，可在设置教学目标时考虑思政要素。因此，"区块链与供应链金融"课程可通过设置课程思政目标，在传授知识的同时，培养学生的综合能力，提升学生的综合素质，最终向学生传授有价值的思想。例如，在教学过程中结合世界正处于百年未有之大变局的背景，融入社会快速发展对供应链金融的影响、借助区块链技术建立供应链金融平台的案例，以及通证经济、数字货币发展对供应链金融的作用，培养学生的爱国情怀、责任意识、国际视野等优秀品质。

"区块链与供应链金融"课程作为物流管理专业学生的学习课程，以培养创新人才为目标，在这一过程中需要不断提升学生的综合能力以及综合素质。因此，该课程以全面介绍供应链金融的基本理论、区块链技术基本理论、区块链技术在供应链金融中的应用为主要内容。教师在讲授有关理论、案例、行业发展形势、相关政府政策的同时，需要不断挖掘隐藏其中的思政元素。基于上述分析，下文将介绍该课程的思政教学目标。

（一）知识目标

课程聚焦在供应链金融内涵、各类产融形态、供应链金融交易形态与单元、供应链信用链、区块链架构下的供应链金融创新、区块链与供应链金融资产证券化、供应链金融风险控制等内容的讲授，帮助学生了解供应链金融的基本理论、区块链技术在供应链金融中的作用与价值、区块链融入供应链金融的路径与方法，让学生熟悉专业和行业发展趋势，培养学生的供应链金融模式创新及风险防控等综合能力，增强学生管理供应链场景中的资金流的能力，以提高企业所处供应链的竞争优势。

（二）能力目标

能够理解供应链金融的内涵，掌握供应链金融的各种模式，即预付款类、库存类、债权类等。同时，在对供应链金融信用链理解的基础上，了解区块链技术应用于供应链金融的必要性与迫切性，并重点掌握区块链技术下的供应链金融创新实现路径，结合实践案例，提高理论联系实际的能力，开发对新兴技术融入专业课程的学习兴趣，逐渐培养学生的数字思维与科技创新能力。

（三）价值目标

培养学生具备独立获取知识、提出问题、分析问题和解决问题的全过程思考能力和思辨精神；具有诚信、保密、认真、细致、进取等职业素质和社会责任感。在当前金融科技不断涌现、区块链技术应用不断成熟、数字金融发展不断深入的形势下，培养学生拥有适应数字经济时代的数字素养、创新意识精神和工匠精神。激发学生的爱国主义热情，引导学生树立科技强国的远大抱负，激励学生的理性价值追求。

三、合理安排课程思政的教学设计

（一）设计理念

在"区块链与供应链金融"课程思政建设中融入知识传授和能力培养时，加强对学生思想道德素质的培养。具体来说，在传授供应链金融与区块链技术相关理论知识的同时，引导学生对于新兴技术的求知欲与探索欲，鼓励学生将个人理想融入党和国家的事业发展。

在新时代发展背景下，思政元素拥有新的内涵，"区块链与供应链金融"课程需要密切关注与该课程有关的理论和实践方面的前沿成果，并借助多元化的教学方式，考虑课前、课中、课后的授课全过程，开展课程思政建设。在此基础上，帮助学生树立正确的世界观、人生观和价值观，充分发挥课程立德树人根本任务。

（二）思政要点

"区块链与供应链金融"课程思政应以典型案例为主，结合国家规范、行业政策等，运用多种教学资源，激发学生的家国情怀，引导学生树立科技强国的远大抱负；培养学生的数字思维、创新能力与责任意识，以及诚实守信、积极进取的职业品质；激励学生的理性价值追求，使其拥有大局观和全局观，增强学生的专业自信，激励学生将专业学习所得用于应对百年之未有大变局。

（三）实施路径

将思政元素与课程内容有机融合，面向社会需求，以创新教学方法为主线，激发学生学习兴趣，提高其发现问题、思考问题、解决问题的能力。立足课程思政"三全育人"的目标，从为学生建立完善的知识体系、提高学生的综合素质和提升学生的专业能力等方面，将思政元素融入专业教育。

四、优化课程思政教学内容设计

在教学内容设计上，以教材为基础，通过搜集行业、产业相关政策与案例，主要借助3种方法引入思政元素。第一，案例阅读法。例如，引入"中国发射全球首颗区块链卫星开启了太空数字经济的新纪元"这一案例，增强学生的民族自豪感与科技自信；引入"2017年12月19日，腾讯、有贝、华夏银行的战略合作发布会在广东召开，以区块链技术作为底层打造的供应链金融服务平台'星贝云链'首次公开亮相；与此同时，华夏银行为'星贝云链'提供了百亿级别的授信额度，另外，'星贝云链'是国内首家与银行战略合作共建的基于区块链的供应链金融平台，也是国内首个基于大健康产业构建的供应链金融平台"等相关案例，通过案例让学生懂得合作共赢的重要性，同时了解区块链技术的应用现状。第二，引导法。例如在讲解区块链架构下的供应链金融创新时，引导学生分析传统供应链金融行业的痛点和区块链解决方案，进一步提高学生分析问题和解决问题的能力。第三，情感共鸣法。例如在讲解区块链技术概述时，介绍我国是世界上第一个官方探索数字货币理念的国家，包括我国在区块链领域获得的一系列成就，引起学生的情感共鸣，表明我国已经不是过去那个落后的国家，中华民族正走在高质量发展的道路上，对新兴领域的探索也已经处于世界前列，从而培养学生"四个自信"。详细思想政治教育点如表23-1所示。

表23-1 "区块链与供应链金融"课程思想政治教育点

教学章节	素质目标	思想政治教育点
区块链技术概述	具备对新兴技术和学科的求知欲、探索欲，培养学生对本专业的兴趣	1. "人无信则不立"的道理讲解 2. 学术诚信 3. 通过新兴技术的诞生，培养科学素养与科研兴趣 4. 中国发射全球首颗区块链卫星
供应链金融产生背景与内涵	具备行业相关的基本知识与行业风险意识	1. 我国应对百年未有之大变局的举措 2. 哲学思维：特殊与一般的关系，如法律与人情的关系
供应链金融再辨析：对各类产融形态的认识	具有分析问题、解决问题的能力以及服务社会的意识	1. 合作共赢的重要性，如"一带一路"、京津冀协同发展 2. 大局观与全局意识，如负荆请罪、黄继光、邱少云、三顾茅庐等例子
供应链金融模式	诚实守信、合作共赢	1. 加强风险意识，如生于忧患，死于安乐 2. 合作意识：独木不成林、狼图腾

(续)

教学章节	素质目标	思想政治教育点
供应链金融信用链	创新精神、诚实守信	1. 现实中建立信任的方法 2. 人文历史：信任建立的历史演变 3. 当前我国针对供应链金融出台的政策
区块链架构下的供应链金融创新	具有创新意识	1. 区块链技术在供应链金融中的应用案例分析，如星贝云链、平安银行 SAS 平台 2. 国家鼓励关于区块链创新的举措，《关于加快推动区块链技术应用和产业发展的指导意见》《关于印发国家区块链创新应用试点名单的通知》等
区块链与供应链金融资产证券化	具备创新意识、服务社会的意识	"链交融"作为国内市场首创、基于分布式理念和区块链技术的证券化系统，依托第三方专业机构重点布局企业资产证券化业务
供应链金融风险控制	具有风险意识、民族自豪感	1. 我国应对国际变局的举措与效果，增强爱国情怀 2. 个人命运同国家命运紧密相连

五、完善课程思政的教学活动与方法

（一）结合实际，情境教学

"区块链与供应链金融"的教学需要理论结合实际，在讲授理论知识的同时，增强学生对于课程思政内涵的理解，可通过丰富相关案例，在实现理论知识与实践案例相结合的同时，增强课程的实用性和趣味性，帮助学生快速掌握知识内容，并对理论与实践之间的差距有所了解，实现润物无声的教学效果。例如，在讲解区块链技术概述时，在对其技术特性与优势进行介绍之后，让学生思考区块链技术存在的弊端以及应用该技术的瓶颈与阻碍，增强学生理论联系实践的能力。

（二）交互融合，互动教学

面对当前丰富的学习平台和工具，如超星学习通、中国大学 MOOC、网易云课堂等，教师可借助这些技术将优质教学资源、优秀纪录片等融入课程教学，构建线上线下教学的混合式教与学模式，达到实时互动交流以及丰富课程内容的目的。例如，国外纪录片《我们信任比特币》《区块链之新》、国内纪录片《大国使命之科技创新》《智造美好生活》等，均以独特的视角和震撼的镜头，记录了高新技术的发展历史。

（三）自主学习，强化认知

在"区块链与供应链金融"课程中实施课程思政建设，引导学生自主学习和设计课程内容，如书写区块链技术应用方案、梳理区块链技术应用考核指标、归纳区块链技术应用涉及的各方利益相关者，帮助学生构建完善、自主的学习体系。围绕供应链金融领域的区块链+证券、区块链+大宗商品交易、区块链+标准仓单、区块链+应收账款质押等热点应用，布置任务，组织小组自主学习，教师适当引导，培养学生的家国情怀和科技创新意识。

（四）以赛促教，学赛结合

教师通过科教融合式教学，分析和讨论区块链技术在供应链金融领域的科研或实践成果，指导学生参与专业竞赛，提升科学素养、培养创新精神。同时，带领学生共同分析区块链技术应用相关的学科竞赛与专业竞赛的获奖作品，培养学生举一反三的能力，除掌握区块链技术在供应链金融的应用路径外，帮助学生从不同视角，拓展区块链技术在其他领域与行业的应用。

（五）线上线下混合式教学

面对当前丰富的线上教学资源，为践行"三全育人"理念，可在课前为学生提供供应链金融、区块链技术应用等方面的经典案例文档与视频，做好课程引导。课中主要以线下课堂教学为主，在此过程中引导学生思考、分析、讨论、总结，使学生更好地吸收与掌握相关知识点。课后可借助线上资源鼓励学生参与学科竞赛、大创项目等。通过线上线下混合式课程思政教学，实现课程全过程的有机整合与联动，达到思政育人的目的。

六、课程思政建设效果的评价

课程教学效果需要在教与学的不断互动和反馈过程中得到提升，"区块链与供应链金融"课程是在数字经济背景下，考虑行业实践发展需求所开设的课程。为进一步凸显该课程思政建设效果，应在建设全过程中注重课程评价，不断提升课程思政效果。从学生角度来说，为进一步调动学生参与课程思政教学的积极性和自主性，教师可在课程思政教学过程中设置课堂任务，通过学生互评打分来提高学生完成任务的效率和热情。当然，该方式同样适用于课外实习实践。同时，也可采用匿名调研的方式，收集学生对课堂教学方式、方法、内容等方面的反馈和建议，进而更好地实现课程思政教学。从教学评估角度来看，将思政育人效果作为评价指标加入教学评价体系，可将与课程相关的素质比赛、社会实践、大创项目等实践活动作为子指标反映课程思政效果。在此基础上，教师间应加强交流学习，如教研室探讨、教学督导听课评价、教师间互相听课学习等方式，不断完善教学方式，不断提高教师教学能力。

七、结论

本文在数字经济迅猛发展以及新财经教育的背景下，针对"区块链与供应链金融"课程将思政元素与专业知识有机融合，从整个教学设计角度探索该课程思政建设的路径与方法，培养学生的创新意识和数字思维，引导学生树立科技强国的远大抱负，激励学生的理性价值追求，最终实现有效提升课程授课质量、提高物流管理类学生综合素质的目标。

参考文献

[1] 梁红艳. 物流类专业课程思政建设的基本原则与核心要点[J]. 物流研究，2023（4）：78-84.

［2］王诗琦. 课程思政视角下《运输管理》的教学创新与实践［J］. 物流科技，2023，46（10）：154-156.

［3］李宁宁，白攀龙. 物流管理思政教育的重要性探究［J］. 物流科技，2023，46（10）：10-12.

［4］王新娥，赵思雅. "课程思政"融入物流管理专业课教学的探索与实践：以《国际物流学》课程为例［J］. 物流科技，2023，46（11）：176-178.

［5］袁勇，王飞跃. 区块链技术发展现状与展望［J］. 自动化学报，2016，42（4）：481-494.

新财经背景下 BIM 实训课程赛教融合实施路径研究[一]

◎ 曹聪慧　张　敏　赵丽丽

[摘　要]　现代信息技术的发展推动了数字经济的蓬勃发展，产业结构发生巨大改变。为适应社会需求，财经类高校积极开展新财经教育改革，依据学科特点和优势，制定专业特色发展路径，实现专业转型升级。本文通过分析当前工程行业数字化、智能化的转型发展局势与新财经教育改革对工程管理专业的人才培养需求，提出了财经类高校工程管理专业在 BIM 实训课程中实施赛教融合教学模式的必要性及具体实施路径，以推动行业新技术、新需求与传统教学模式的融合，对我国财经类高校工程管理专业建设具有一定借鉴意义。

[关键词]　新财经；BIM 实训；BIM 学科竞赛；赛教融合

　　人工智能、云计算、大数据、物联网等现代科技的应用，推动了人类社会的数字化发展，导致全球化进程加速、市场竞争加剧。随着经济结构的调整和产业升级，社会对财经类高校人才培养提出了更高的要求，学生除了具备扎实的专业知识和技能，还需要具备创新意识、跨文化沟通能力、团队合作能力等综合素质，此外，社会的快速变革还要求人们具备终身学习的能力。为适应挑战，河北经贸大学不断改革和创新教育模式，并于 2019 年 11 月与教育部合作开展新财经本科教育改革。新财经教育改革要求高校各学科根据自身特点和学科优势，寻找与社会需求的最佳契合点，制定财经类高校的专业特色发展路径，形成特色学科人才培养模式[1]。受产业数字化、智能化转型升级和社会经济变革的多重影响，如何在新财经教育改革中找准定位，针对社会与新财经对人才能力的需求，科学设计人才培养方案和教学计划，培养符合现代社会需要的创新型、应用型、复合型人才，成为当前财经类高校工程管理专业急需解决的重要问题。

　　BIM 实训课程是高校工程管理专业开展实践教学的重要载体，是专业建设、人才培养和科学研究的必备要素。为激发学生学习兴趣，提高学生专业技能水平和创新能力，河北经贸大学开展 BIM 实训课程与 BIM 学科竞赛相结合的赛教融合教学模式，积极探索新财经教育改革背景下工程管理专业创新型、应用型、复合型人才的培养路径。

[一]　河北省高等教育教学改革研究与实践项目：基于"新财经"数字化管理的学生学习生态圈建设研究——以 BIM 实训类课程为例（2021GJJG174）。

一、新财经高校 BIM 实训课程开展赛教融合教学的必要性

（一）顺应新财经培养要求，有效推动教学改革

工程管理专业的 BIM 实训课程是一门实践性、创新性、团队协作性很强的课程，需要学生通过实操掌握 BIM 软件的使用，建立建筑信息模型，结合工程项目管理理论对案例工程进行数字化管理。对于高校的工程管理专业来说，BIM 实训课程等工程类学科相对于经济、管理、法律等学科是薄弱学科，此类课程即使开展了混合式教学、翻转课堂等教学改革，也会由于相关课程开展广度与深度的限制，使学生对工程管理中的"工程"知识认知不深，难以与"管理"知识有效结合。而新财经教育改革要求培养能够应对经济全球化与数字化双重变革挑战的人才，培养的规格与要求包括具备新技术应用能力、跨界整合能力和创新创造能力[2]。在此背景下，高校在 BIM 实训课程中开展赛教融合教学，能将行业新技术、新发展与课程教学相融合，锻炼学生的创新思维和科研能力，充分调动教师和学生的积极性，为高校教学改革提供新思路。

（二）摆脱高校 BIM 实训课程开展困境，促进工程行业 BIM 技术发展

高校开展 BIM 实训课程往往面临 3 个方面的问题。

1. 实训教材缺乏或滞后

目前市场上的 BIM 实训教材种类繁多，但质量参差不齐。教材的内容或过于理论化，或偏软件操作，使得学生在学习过程中难以将理论知识与实际操作相结合。同时，教材的更新速度也相对较慢，无法跟上 BIM 技术的快速发展。

2. 教师经验不足

BIM 技术是一门新兴技术，许多教师可能没有足够的经验来教授这门课程。一些教师可能只是简单地参考一些网络或培训机构的课程，并没有深入了解 BIM 技术的实际应用和操作，导致学生在学习过程中遇到困难时无法得到及时的指导和帮助。

3. 实训设备不足

BIM 技术需要相应的软件和硬件设备来支持，而这些设备的价格相对较高，一些学校可能无法提供足够与时俱进的设备来满足学生的学习需求，这也导致学生在学习过程中只能使用一些老旧或过时的设备，无法得到充分的实践操作机会。

而 BIM 学科竞赛是在国家政策的指引下，由行业协会、科技企业、高校师生等共同参与的竞赛，各参与方充分发挥优势，共同促进了 BIM 技术的发展，同时也为高校 BIM 实训课程的开展提供了新思路。其中行业协会在 BIM 学科竞赛中起着重要的引导和规范作用，行业协会负责制定竞赛规则，提供技术支持，定期举办培训和研讨会，促进企业、高校和科技企业之间的交流与合作，推动 BIM 技术的创新和发展；科技企业为竞赛提供了强大的技术支持，如软件、硬件和云服务等，为高校参赛者提供了丰富的案例和经验，帮助他们在实际操作中更好地理解和应用 BIM 技术，从而推动 BIM 技术的研发和应用；高校参与的 BIM 学科竞赛是在 BIM 实训课程教学的基础上开展的 BIM 技能与管理综合训练，师

生在 BIM 学科竞赛中接触行业前沿信息与技术，通过探索式学习对实际项目进行模拟管理，推动 BIM 技术的理论发展，为行业培养 BIM 高新技术人才，促进 BIM 技术的普及和应用。

二、BIM 实训课程赛教融合教学设计

在赛教融合教学模式下，教学与竞赛相互融通。学生通过教学过程掌握和理解学科知识，提高解决问题的能力，为竞赛提供知识和技能基础。竞赛可以提供一种激励和动力，激发学生的学习兴趣、创新和竞争意识，推动学生在实践中不断提升自己的能力。BIM 实训课程赛教融合教学模式应着重从教学目标与内容、教学组织、教学评价等方面开展教学设计。

（一）整合教学目标与内容：竞赛融入课程，提升课程高阶性

BIM 学科竞赛比高校的 BIM 实训课程更具前沿性和创新性，以全国高校 BIM 毕业设计创新大赛为例，该竞赛是为贯彻落实国家"十四五"规划有关"加快数字化发展，建设数字中国"战略部署而举办的，主要目的是在新形势下更好地发展新兴技术，加快建筑行业数字化人才培养，将行业新技术、新需求与传统教学融合，全面培养大学生的创新思维和科研能力，提高全国大学生对数字建筑的认知，搭建相互交流、学习、展示的平台，实现以赛促教、以赛促学、以赛促创。竞赛内容选择典型的 BIM 项目管理应用场景，涵盖了设计、施工、项目管理、智能建造与管理创新、节能减排等项目建设与管理过程，要求学生组建项目团队，依据模块设计任务书，搜集项目图纸及建设资料，运用所学专业知识建立 BIM 模型，鼓励采用新技术、工具或方法研究和解决建筑工程管理领域的精细化管理问题，提高学生的自学能力，锻炼学生的沟通能力、团队协作能力，培养学生进行交叉学科研究的综合分析能力。

BIM 实训课程实施赛教融合教学模式时，应结合课程既有目标和内容融入竞赛的思想和内容，提升课程高阶性，但切不可出现"为赛而赛""应赛教育"的现象。因此，BIM 实训课程的教学目标与内容可从基础到高阶进行设置，以培养不同层次的人才。

（1）基础要求包括学生掌握 BIM 在工程领域的应用原理，学会使用特定 BIM 软件进行基本的建模、绘图和数据编辑操作，会使用 BIM 软件进行模型分析及优化模型设计，并运用项目管理原理与方法对特定案例进行工程项目管理，培养学生的自学能力和解决问题的能力。

（2）高阶要求包括学生以小组为单位对实际工程项目资料开展特定主题的项目管理设计，侧重培养学生发现问题、分析问题并解决问题的能力，创新能力以及科研能力，鼓励学生采用不同学科的理论与方法开展综合分析，培养学生终身学习的能力。

（二）培养教学组织：建立"三人行""多人行"小组

科学合理的教学组织是有效开展教学活动的前提，也是学生顺利完成竞赛的重要保障。BIM 实训课程可根据"同组异质、异组同质"原则，设立"三人行"研讨小组。同组中学

习能力好的成员可以担任解答员角色，学习能力待激活的学生会提出新问题供小组成员共同解决，以达到良好的学习效果。此外教师可以根据需要建立小组档案，统计学生的学习目标、特长等信息，有的放矢地开展层次化教学。

"三人行"小组的建立能初步培养学生的团队协作能力，使学生学会提出问题、解决问题。在 BIM 学科竞赛中，根据竞赛要求，需要成立 5 人、10 人，甚至十几人的团队，如何利用团队的力量在课下完成备赛任务是竞赛中面临的核心问题。为充分发挥学生团队作用，竞赛指导教师应选择学习能力突出、具有号召力的学生担任队长，由队长自行组建团队，与队长商定阶段学习计划，定期组织小组汇报与指导，对学生备赛提出明确的学习目标，必要时开展线上展示与答疑等活动，采用学生示范、高年级带低年级、自主学习＋团队讨论、个人反复强化练习等学习方式，夯实学生基础，争取获得优异的竞赛成绩。

（三）重视教学评价：课程内外综合评价，关注学生可持续发展

BIM 实训课程开展赛教融合教学改革时，应充分调动学生的参与积极性，过程性教学评价有助于达到学评结合、以评促学的效果，具体可从课程内和课程外两方面对学生进行综合评价。

（1）课程内的评价分为量化指标和质化指标。量化指标是学生在教学平台上测评、作业、讨论、建模练习等个人数据；质化指标是指这些平台数据反映的学生学习态度、诚信水平等，如学生完成任务是否及时，建模练习时长、频次多少，作业是否由本人完成，在信息交流平台提出高质量问题和解答问题的表现及课堂表现等。BIM 实训课程应提高平时成绩的占比，加强课程教学过程管理，同时开放学生每阶段建模的次数，允许学生通过多次练习刷新该部分的成绩，实现部分教学评价自主化。如有学生在课程同期参与 BIM 学科竞赛，可将学生在竞赛中获得的奖项折算成一定分数作为学生平时成绩的加分项。

（2）课程外的评价是对学生可持续发展的评价，可持续锻炼并检验学生的自学能力和终身学习能力，一般是在 BIM 实训课程结束后，对学生在校内继续学习 BIM 类其他软件、参加学科竞赛、完成相关毕业设计、毕业后忠于职业操守、担当社会责任的评价。此类评价能让学生坚定职业发展路线，立志共同参与中国式现代化建设，也能促使 BIM 实训课程持续改进，对低年级学生形成榜样作用。

三、BIM 实训课程赛教融合教学具体实施过程

BIM 实训课程是一门以学生实操为主的课程，竞赛思想与内容融入教学后，会增加教学的内容与难度，而传统的讲授模式会占用学生大量的练习时间，使得学生对 BIM 软件操作不熟，难以达成基础教学目标。经多方调研与实践，基于信息化翻转课堂的线上线下混合式教学是开展 BIM 实训课程的有效教学方式，以河北经贸大学"工程计量与计价上机"课程为例，对照布鲁姆教育目标分类法，在教学过程中将传统教学中课上、课下的教学内容进行大批量转换（如图 24-1 所示），通过设计多种教学活动，开展"两阶段三时段"教学，将竞赛内容和备赛方式有机融入混合式教学过程。

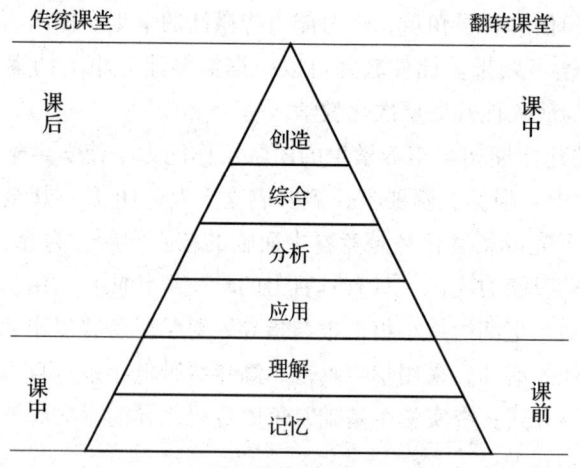

图 24-1　基于布鲁姆教育目标分类法的教学过程转换

（一）课前：任务驱动式自学，达成理解、记忆目标

课前开展任务驱动式自学（如图 24-2 所示），教师在基础教学活动平台发布教学视频学习任务，并在 QQ 群或微信群发布学习通知，学生在电脑端或手机端学习教学视频内容、做笔记并完成相关测试/作业，如有问题可以借助 QQ 平台或微信寻求教师或其他同学的帮助。同时，教师可以通过大数据锁定未及时完成任务的学生，并私下了解其学习情况。

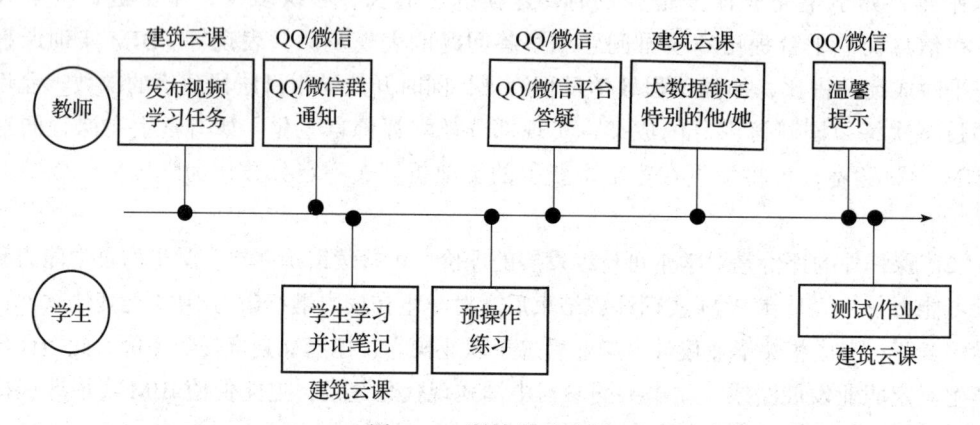

图 24-2　课前学习流程

（二）课中：遵循学生学习规律，教学过程阶段化、层次化

考虑到学生对实训类课程不熟悉，建模不自信，学习有畏难情绪等问题，BIM 实训课程可以根据学生的学习规律采用阶段化、层次化教学。首次课时向学生详细说明本课程的学习方法和步骤，并将第 2～17 次课分为两个阶段，如图 24-3 所示。

第一阶段：第 2～12 次课。本阶段的学习将以"三人行"研讨小组为主，开展图纸识图和建模练习的小组讨论，同时开展建筑模型展示、个人测验、画图、提问、抢答、角色扮演等多种教学活动，教学中给学生多"挖坑"、多设问、多追问。通过小组互助式、探究式学习，进一步深化理论知识的理解和记忆，并在小组建模练习中锻炼学生的应用、分析和综合能力，逐步培养学生的团队协作能力。

图 24-3 课中"两阶段"学习模式

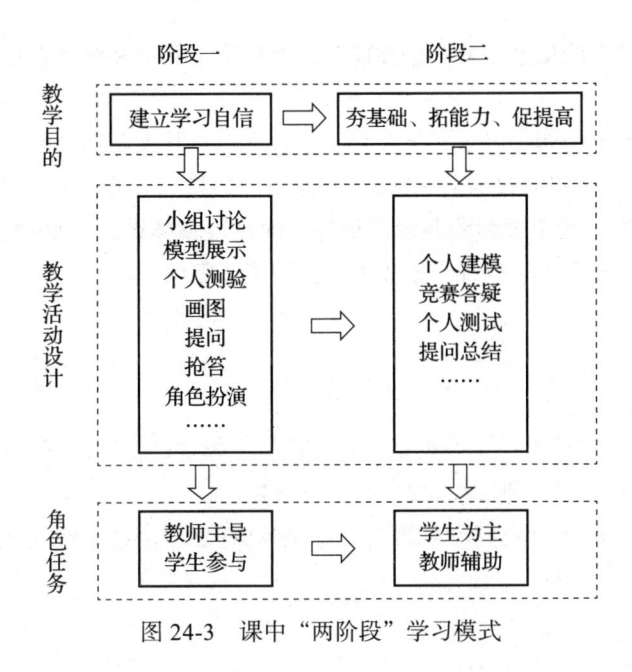

第二阶段：第 13～17 次课。第一阶段的学习结束后，多数学生已经掌握本课程的学习方法，熟悉图集、图纸和计量计价软件，建模水平较高，但由于以小组讨论为主的学习不能让教师在课堂上亲眼见证每位学生的建模情况，所以可能会出现个别学生在小组讨论中学习效果不理想的情况。因此第二阶段的课堂学习模式由团队讨论转向个人建模展示/学科竞赛答疑，凸显个人学习成效，以达到"夯基础、拓能力、促提高"的目的，实现学生的个性化发展。竞赛答疑过程中，注意引导学生对实际案例进行项目管理整体设计，并采用交叉学科分析并解决问题。

（三）课后：练赛结合，学生专注于个人能力的提升

课后学生在建模测试平台进行建模练习，即时获得练习分数和评分明细，为获得较高的平时成绩，学生可以根据评分明细自行查找建模中的问题，解决不了的可以与老师或其他学生交流，并在建模测试平台反复练习，刷新建模成绩。

同时，为提高学生实践能力、激发学生学习兴趣、实现层次化发展，在课程教学同期，教师应继续指导部分学习能力强的学生参加 BIM 学科竞赛，学习方式包括自主学习、学生线上示范、以老带新、团队讨论和个人反复练习等，为减轻学生学习负担，竞赛的练习可以代替建模测试平台的作业练习。

课后"练赛结合"的学习可以使学生沉下心来，专注于个人能力的提升，提高学生个人的应用、分析、综合及创新能力，培养学生精益求精的工匠精神和勇于面对挑战的竞赛精神。

四、结语

赛教融合教学模式通过使用多媒体教育技术、互动性教学软件和网络教育资源等手段，促进了学生的主动学习和合作学习。该教学模式在 BIM 实训课程中的实施可有效提高学生

的学习兴趣、培养学生的信息素养和创新能力、促进师生互动和学生合作，全面提高学生学习效果。

赛教融合教学模式是新经济形式下高校工程管理专业开展新财经教育改革与创新的必然选择。高校BIM实训课程通过融合BIM学科竞赛中的指导思想与竞赛内容，从教学目标、教学内容、教学组织、教学过程和教学评价等方面进行整体设计，推动了BIM技术在高校的普及和应用，为培养交叉学科综合素质人才提供了可靠保障。

参考文献

[1] 祁红梅，宋晓刚."新财经"背景下管理科学与工程学科创新发展路径研究[J]. 河北经贸大学学报（综合版），2022，22（2）：38-44.

[2] 刘兵，刘培琪. 新财经教育改革的内涵与路径探究[J]. 河北经贸大学学报（综合版），2023，23（3）：5-10.